卢川 著

清代驻防城空间规划史研究

人民出版社

目 录

表 格 目 录

插 图 目 录

绪　　论

一、研究背景

　　"驻防城"这一学术概念,源自清代文献中的"八旗驻防",并在现代学术研究中获得了新的学术生命。该概念在历史研究中呈现出多样的面貌,体现为"八旗驻防城""驻防八旗城""旗城""满城""旗营""满营"等不同的称谓,每一种都有其独特的研究视野。尽管对这些术语的使用仍存在一定的分歧,特别是在城市的数量和内涵方面意见纷出,但为了讨论便利,本书将统一使用"驻防城"这一称谓,以指称清朝历史文献中的"满城"。驻防城是清朝时期的军事城市,也是历史时期满族、蒙古族等民族的重要居住空间①,是清朝时期我国不同民族走向融合、中华民族共同体形成的重要"城市空间"。

　　时至今日,在历史学、历史地理学等领域,关于清代驻防城的研究,已有较为丰硕的学术研究成果,主要以马协弟、定宜庄、朱永杰等学者为代表。20 世纪 90 年代,驻防城开始进入城市规划学科的视野。董鉴泓先生在《中国城市建设史》一书中写道:"清代虽然专门的军事城市较少,但由于民族矛盾的加深,在战略地位重要的封建统治中心城市都设有单独城墙,用以驻扎旗营的设

---

　　① "满族"这一概念在清朝时期并不存在。清朝时期的"满人"也并不称自己为"满族人",而自称为"满洲人"或"旗人"。为了研究时指称方便,本书在行文之时,使用"满族"一词来指代清朝时期人们所称的"满洲人"群体。

防城堡——满城"①,在其另外一篇专文中,认为此种城市类型是我国古代的一种"特殊城市"②。由此可见,驻防城是清代"新城市""新空间",也是清代城市规划的"新内容"。对清朝城市史③、规划史的研究,一直以来未受到城市规划学科学者们的普遍重视,对清代驻防城从规划史角度进行的体系化研究仍有一定空间。

驻防城是清朝时期的新城市类型,我国其他历史时期也有类似的"新城市"产生。在我国古代历史发展时期,城市规划历史发展前后相继,是连续与非连续的统一,并具有内在的演变过程,与中华文明的产生发展相伴始终,并具有不同时期历史文化的特点。古往今来,不同历史时期也都出现过一些新的"特殊城市"。这些城市与各自所处时代的政治、经济、文化或军事,甚至是地理环境都有着密切的关联,在当时城市规划者的规划思想指导下,能敏锐地感受并表现出时代文化特色的新因素,体现出时代的技术和文化。如汉朝时期的"军市",明朝时期的"卫所军城"④,均是在军事防御目的下所规划和建设的"特殊城市"。

新中国成立以后,伴随着国家建设发展和改革开放的步伐,我国"特殊城市"仍然在不断涌现。20 世纪 50—70 年代所建立的"石油城市"即是代表⑤。我国较大的石油城市主要有玉门、克拉玛依、东营、盘锦、榆林、濮阳、大港、库尔勒、大庆等。石油城市的规划具有特殊性,与带有军事防御目的的城市有所不同,是以油田勘探为起点,以油田资源为中心,由附近作业居民点生发,并逐步向城市演变。

---

① 董鉴泓:《中国城市建设史》,中国建筑工业出版社 2004 年版,第 124 页。

② 董鉴泓:《我国古代若干特殊类型的城市》,《同济大学学报(社会科学版)》1992 年第 3 期。

③ 何一民:《清代城市研究的意义、现状与趋势》,《湘潭大学学报(哲学社会科学版)》2009 年第 5 期。

④ 何一民、吴朝彦:《明代卫所军城的修筑、空间分布与意义》,《福建论坛(人文社会科学版)》2015 年第 1 期。

⑤ 罗春钦:《石油城市规划建设初探》,《江汉石油学院学报》1991 年第 3 期。

除此之外,20 世纪 80—90 年代所设立的"经济特区"、21 世纪以来形成的"国家级新区"也均是如此。19 个国家级新区分别是:上海浦东新区、天津滨海新区、重庆两江新区、浙江舟山群岛新区、甘肃兰州新区、广州南沙新区、陕西西咸新区、贵州贵安新区、青岛西海岸新区、大连金普新区、四川天府新区、湖南湘江新区、南京江北新区、福建福州新区、云南滇中新区、哈尔滨的哈尔滨新区、长春的长春新区、江西赣江新区以及河北雄安新区。以上都是不同时期的"特殊城市"类型。2017 年 4 月,河北建设了一座以新发展理念引领的现代新型城区,并设立国家级新区——雄安新区。

目前,在"驻防城"概念的理解和认识上,不同学科研究者仍存在较大分歧①。从整体研究成果看,关于清代驻防城的"历史叙述"已经具备了一定的知识积累,初步实现历史文献向知识体系的转化,但仍未能从政治、经济、军事和文化等多重角度,对驻防城空间的"规划史"进行整体考察和专题研究。

基于以往的研究成果,本书将在中国城市规划历史的整体发展脉络下,关注并研究清代驻防城空间的规划史,并试图回答以下问题:清代驻防城的整体发展历程、空间格局和特征如何? 驻防城的规划如何内在体现出清朝历史中不同民族从矛盾冲突到各民族融合的过程? 驻防城在促进中华文化共同体的形成上是否起到了不可忽视的作用? 驻防城空间的规划史对当下城市空间规划有何重要的借鉴意义? 要想回答以上系列问题,就必须进一步深入历史之后,再回归现实进行思考。这也正是本书开展研究的缘起和背景。

二、研究目的与意义

学术界已对驻防城空间规划进行了大量研究工作,主要集中在驻防城的规划历史与文献的梳理、城市分布的研究及历史作用等方面。本书在对驻防城概念进行重新界定的基础上,重新审视清代驻防城空间的规划史。在此基

---

① 韩效等:《清代满城概念研究》,《西南交通大学学报(社会科学版)》2018 年第 3 期。

础上,试图推动学术界已有相关"认知体系"发展,深化驻防城空间规划史的"理论研究",并为清朝城市规划史的研究,提供更多思索和参考。

1. 研究目的

首先,本书研究目的之一,是试图在前人研究的基础上,力图进一步揭示清朝驻防城空间规划的历史及其演变规律。"真实历史"与文献记载有较大差异,要想把握"真实历史",需要在前人的研究基础上,多角度、多方法进行剖析和综合研究。本书综合运用城市规划学、历史学、历史地理学等多学科研究方法,通过对清朝历史文献的"综合理解",突破历史文献的"时代束缚",综合了解清朝驻防城的规划历史。

更具体而言,在现代学术研究基础上,重新抽离并揭示驻防城空间规划的史实和规律。首先,在疆域的尺度视野下,系统揭示清朝驻防城空间规划的过程,对空间规划的历史进行历史分期,并进行提炼式的"历史构建";其次,在区域的尺度视野下,探讨清朝不同区域内驻防城空间分布的历史格局,归纳不同区域中驻防城空间分布特征;最后,在城市的尺度视野下,认识和了解驻防城的类型及其与汉城关系,以及城市内部空间布局,并归纳其布局特征。

其次,在学术研究的基础上,明确清代驻防城空间规划史的历史价值。不可否认,驻防城空间规划具有重要历史使命,其规划史既属于清史研究的范畴,又属于清代城市规划史的重要研究内容。清朝城市规划史是连接清朝以前城市规划史、近现代城市规划史的重要环节。在研究上,本书着重突出驻防城空间规划史在清代城市规划史中的重要地位,分析其与清代政治史、清代军事史、清代民族史以及清代文化史之间错综复杂的联系,揭示其历史价值。

驻防城空间规划具有重要历史启示。相对于清朝而言,驻防城空间的规划,既是为了维护清朝疆域和不同区域的军事安全,也是清廷重要的军事"节点"。军事和城市相结合、整体规划和区域规划结合的规划布局方法,具有系统性、持续性的特征,具有历史、现实的启示价值。

清代驻防城空间规划更具有深厚的历史影响。驻防城的空间规划为清朝时期的满族、蒙古族等民族创造了大量城市居住空间,同时也是清朝民族融合的重要空间,驻防城见证了中华民族共同体的历史形成过程,还对清朝"疆域"的形成产生了重要的促进和维护作用,对当今我国疆域的形成也产生了深远影响。

2.研究意义

（1）学术意义

一是丰富中国古代城市规划史"清代"部分的研究。驻防城是清朝重要城市类型,是清代城市规划史的重要组成部分。清朝城市规划史是中国古代城市规划史、近代城市规划史的中间环节。对驻防城规划历史的研究,不仅加强了中国规划史这一链条和脉络的强度,同时也揭示了目前学术界未能完全揭示的相关知识和规律。在以往中国古代城市规划史的研究中,驻防城规划历史并未得到足够重视。对驻防城空间规划史的研究,可以进一步挖掘清代城市规划历史的内容,促进研究的深度和广度。这不仅有利于丰富我国古代城市规划史的内涵,而且还有利于催生中西学术对话中更有意味的规划史话题。

二是重新厘清并认识驻防城的数量,更新驻防城空间规划"知识体系"。尽管历史学、历史地理学及城市规划学对驻防城已有关注和研究,但概念的界定等仍存在分歧,标准仍较难统一。本书旨在从多维尺度的视野,重新审视清朝历史文献,在重新厘清驻防城概念的基础上,对驻防城空间规划史进行再探讨和再认识,分析驻防城空间规划历史现象,揭示驻防城空间规划史的规律。

（2）现实意义

首先,本书的研究可为当下各城市的更新、建设与保护等提供科学依据。城市的发展是持续的、由古至今的,兴建、重建、改建和再建是世界城市发展的基本特点之一。清代驻防城所在的古代城市大多在今天仍然有着顽强的生命力。因此,本书研究旨在揭示古代城市发展历史中的一些重要线索和城市规划史实,进一步完善城市发展的脉络,丰富不同城市的规划历史的知识。

其次，为当今国家空间规划提供历史借鉴。充分了解清代军事脉络中驻防城空间形成和分布规律，为国家空间规划、国家安全提供历史借鉴。学科知识中国化之后，在未来"中国知识全球化"发展阶段之中①，在加深中国、世界城市及区域军事安全关系的理解、研究与借鉴等方面，将产生重要的现实意义。

第三，为多民族国家城市规划提供历史启示。驻防城是我国清朝历史上多民族"共生共存"的特殊城市空间，是历史的、必然的、合理的"规划选择"。城中的空间分割，在当时的确带来了极大的负面作用和影响，对各民族之间的融合也产生了一定的阻力，但另一方面，驻防城空间在长时期内缓解了清朝不同民族共生共存的居住矛盾，从八旗驻防到共生共存，体现出清朝城市规划的"时代智慧"。结合清朝驻防城空间规划史，再来思考未来世界城市规划中的相关问题，促进不同城市、区域中不同民族人们的共生共存等问题，就会具有更强现实启示、价值和思考意义。

三、国内外研究现状及述评

1. 国外相关研究

国外学者对驻防城规划史的研究，目前尚未形成专门研究成果。不过，在已有清史和中国城市史等方面的研究成果中，零星涉及部分城市的八旗驻防历史等内容。国外学者的研究视野、研究方法及理论构建，对本书的研究具有一定借鉴和启发意义。

（1）清朝历史脉络的梳理

整体而言，海外清史研究经历"断裂""传承""联系"发展阶段②。早在17—18 世纪，欧洲就开启了清史研究的先河，西方传教士围绕清朝社会历史，

---

① 罗震东：《经验、规律与知识：新时期国际规划历史研究的任务》，《国际城市规划》2018年第 4 期。

② 胡祥雨：《海外清史研究：历史、趋势与问题》，《清史研究》2020 年第 4 期。

向西方推介古老东方的大清帝国。此时,欧洲人对清史的研究,带有很强的政治目的。研究内容主要为满族文献翻译、历史语言解释。研究者主要集中在法国①、德国②等。

自 19 世纪开始,清史研究高地开始转向日本、美国,研究内容主要着重于清朝历史脉络整体梳理。这种脉络梳理带有一定主观构建的性质,并呈现出不同研究风格和结论。1912 年,内藤湖南《清朝衰亡论》一文写成,此时正值清朝灭亡后不久,研究极具政治敏锐性,分析了清朝崩溃的兵力、财经和思想内因。他继而又创作了"通史著作"《中国史通论》,其中明确清朝历史和中国史的"逻辑关联"③。1914 年,稻叶君山《清朝全史》问世,是国际汉学界首部"清朝通史"④。宫崎市定《清帝国的繁荣》和《中国史》⑤,对清朝历史进行了整体"勾勒"。此外,增井经夫《清帝国》作为《中国的历史》系列丛书中的一部,亦可作为日本"东洋史学"理论体系代表。20 世纪 80 年代以来,日本学者清史研究成果更为丰富⑥。整体而言,在研究理论和方法上,日本学者提出"地域社会论""公共领域论"等论断,关注清代地方社会秩序特殊性,研究内容更为深入,并注重运用多学科研究方法研究清史,这对本书的研究也具有一定的启示性。

美国学者因文化背景不同,清史研究形成了不同的"学术谱系"。在此学术体系下,美国清史研究者在观念上重新构建了清朝历史,并进行了完整"历

---

① 17—18 世纪法国来华传教士,以白晋(Joachim Bouvet,1656—1707)、张诚(Jean-Francois Gerbillon,1654-1707)、钱德明(PereJean-Jacques Marie Amyotor Amiot,1718—1794)、杜赫德(Jean Baptistedu Halde,1674—1743)等为代表。他们绘制清朝地图,撰写中国志书、传教十旅居书信和报告集等,为后来欧洲清史研究提供了丰富的原始史料。

② 德国清史研究,以满学研究为中心,以克拉普罗特(Julius Klaproth,1783—1835)、汉斯加贝伦茨(Hans Cononvonder Gbelentz,1807—1874)为代表。

③ [日]内藤湖南:《中国史通论》,九州出版社 2017 年版。

④ 刘海峰:《百年清史纂修史》,安徽人民出版社 2014 年版,第 166 页。

⑤ [日]宫崎市定:《宫崎市定中国史》,浙江人民出版社 2015 年版,第 281—304 页。

⑥ [日]山根幸夫:《中国史研究入门(增订本)》,社会科学文献出版社 2000 年版,第 546—613 页。

史叙述",受写作、解读因素的不同影响,美国学者体现出一定集体化学术观念倾向,整体表现为从"冲击—反应"到"中国中心观"的观念转变趋势。费正清(John King Fairbank,1907—1991)、孔飞力(Philip A.Kuhn,1933—2016),是美国最早从事清史研究的学者。1932 年,费正清至中国留学,坚持以"历史因素"解释中国现实,他利用故宫档案开展学术研究,开创"哈佛学派",对国际汉学研究产生了深远影响。他对中国多民族历史融合进程和疆域形成,描述尤为突出,并主张通过区域研究加强学术探讨。他在区域研究上采用了跨学科综合研究的方法,如《剑桥中国史》便是他这一方法论的最好例证。其核心学术观点集中在《美国与中国》《剑桥中国晚清史》,提出"冲击—回应"说,认为旧清朝是以种族自我为中心,是一个自我封闭的封建国家,文化逻辑具有明显的东方文化色彩。孔飞力则以研究晚清以来的中国社会史、政治史著称。他的学术研究明显表现出跨越社会科学、历史学、人类学的态势,将社会科学、人类学的研究方法引入历史研究中。在其《中华帝国晚期的叛乱及其敌人——1796—1864 年的军事化与社会结构》一书中,重视清朝社会内部状况和历史背景研究,尤其注重对晚清地方军事化问题、清中后期军事和社会结构变迁进行研究。

"新清史"研究重视对关键历史领域的深入阐释。"新清史"学派代表学者是:罗友枝(Evelyn S.Rawski)、柯娇燕(Pamela K.Crossley)、路康乐(Edward J.M.Rhoad)及欧立德(Mark C.Elliott)。罗友枝在《最后的帝君:清帝国机关的社会历史》中,从政治史角度观察清朝晚期社会历史;柯娇燕《半透明之镜:清帝国意识形态中的历史与民族认同》提出"种族是社会史、文化史"的观点,研究了清朝意识形态中满洲民族的形成及历史构建;路康乐《满与汉:民国早期的族群关系和政治权力》侧重于满汉族群关系的研究①;欧立德《满洲之道:八

---

① Edward J.M.Rhoads,*Manchus and Han:Ethnic Relations and Political Power in Late Qing and Early Republican China,1861-1928*[M].Seattle and London:University of Washington Press,2000.

旗制度和中华帝国晚期的族群认同》中有一章为《清八旗的种族性》①，从满洲八旗制度、八旗社会结构、旗人生活方式、18 世纪社会危机等方面，探索满洲身份认同和族群原则。可见，"新清史"学派学者，对政治史、民族史等具有强烈冲突矛盾的研究领域十分感兴趣，并善于从对立、冲突、矛盾中找到关键问题。

重视对清朝历史的重构叙述，是美国清史研究者的又一特色。"新清史"学派的清史研究，重点在于对历史脉络的重建，构建了西方学术观念中的清朝历史。魏斐德(Frederic Wakeman，Jr.)《洪业——清朝开国史》从多角度深入解读满人"入主中原"后的秩序重建，以及构建清朝开国的历史②，明清两朝历史具有延续性还是断裂性，是该书研究的重要落脚点。裴德生(Willard J. Peterson)《剑桥中国清代前中期史》，对清朝历史进行整体梳理，体现出了"中国中心观"，其清史研究主要集中在明清时期社会经济变迁、地方政治、民间信仰等方面。罗威廉(William T.Rowe)《中国最后的帝国：大清王朝》将清朝置于全球的视野中，按主题、分时序对清朝政治、社会、经济和文化进行分析叙述③，揭示清朝不同阶段文化的发展及特点。

时至今日，中西清史学术争鸣中"新清史"争论格局已然形成④。这自然是中西文化、研究视野、研究方法，以及研究观念的不同所带来的结果。需要注意的是，海外清史研究也开始显现出全球化趋势⑤。其学术目的是重构清朝历史"叙事体系"，是对中国国内"汉化观"的对立与解构。需要特别说明的是，本书整体研究立场为"汉化观"。

---

① Mark C.Elliot.*Ethnicity in the Qing Eight Banners*[C]//Pamela Kyle Crossley，ed.*Empire at the Margins*:*Culture*,*Ethnicity*,*and Frontier in Early Modern China*.University of California Press,2006.

② [美]魏斐德：《洪业——清朝开国史》，新星出版社 2017 年版。

③ [美]罗威廉：《中国最后的帝国：大清王朝》，台湾台大出版社中心 2013 年版。

④ 徐泓：《"新清史"论争：从何炳棣、罗友枝论战说起》，《首都师范大学学报（社会科学版）》2016 年第 1 期。

⑤ 胡祥雨：《百年清史研究史 海外研究卷》，中国人民大学出版社 2021 年版。

从整体而言,海外清史学者研究视野是开阔的,突破了囿于清朝古籍文献的弊端。学者观念体系、历史构建虽然还有很多地方值得商榷,但宏观体系构建、研究框架搭建、研究方法运用,以及研究格局的形成等方面,对本书的写作而言,具有开阔视野、启示思考的价值和作用。

(2)清朝城市史的勾勒

西方城市史研究方兴未艾,成果极为丰硕①。对于中国清朝城市历史的研究,也有着相当丰富的成果。研究内容主要侧重于城市性质和起源、历史城市形态空间等等。

西方的城市史研究,整体上已形成了对世界城市发展演变和整体脉络的哲学观察。刘易斯·芒福德(Lewis Mumford)所著《城市发展史——起源、演变和前景》一书②,是国外城市史研究的重要代表性著作。该著作以世界整体城市发展现象为考察对象,在全球化视野下,研究人类古代城市起源、演变历程和发展趋势。在这本著作之中,虽然没有专门研究中国古代的城市,但其对世界城市发展脉络、规律和现象的哲学认知和研究,对本书的研究有重要参考价值和意义。

西方学者认识到中国和西方城市史有着根本不同。罗兹·墨菲(Rhoads Murphey)是美国研究中国城市史的重要先驱者之一,与费正清的清史观念相呼应,他认为,中国和西欧城市的文化内质是有所不同的,城市发展具有不同文化浸润下的自我演变之路。在《作为变化中心的城市:西欧和中国》一书中,他认为中国古代城市在历史上的角色,与西方城市完全不同:西方城市是新思想、政治和经济及反叛权力的中心,而中国古代城市则是驻守军队用以防守③。

---

① 朱政惠、胡逢祥:《全球视野下的史学区域性与国际性》,上海辞书出版社 2010 年版,第727—753 页。

② [美]刘易斯·芒福德:《城市发展史——起源、演变和前景》,中国建筑工业出版社 2005年版。

③ Rhoads Murphey.The City as a Center of Change:Western Europe and China[J].*Annals of the Association of American Geographers*,1954,44(4):349-362.

另外值得一提的是,章生道还从地理学的角度,对中国城市史进行研究,他的博士学位论文《中国县都:城市历史地理的研究》,重点从历史地理角度研究了中国古代县级的城市体系,他的具有代表性的论文还有《有关中国县都的城市地理》《对中国墙围城市变迁的观察》①。地理学对其观点的形成有很深的影响,他认为中国古代城市产生的根源是农业经济,农业文明导致墙围城市发展,并表现出军事护卫农业的象征意义。

西方学者中国城市史研究,基本形成多角度认识清朝城市规律的研究方法。施坚雅(G.William Skinner)主编的《中华帝国晚期的城市》,收集了研究中国古代城市的系列论文。施坚雅认为,古代中国城市是独特的"文化类型"②,以及"历史上的城市""空间的城市""作为社会体系的城市"三个维度,从脉络、机理和规律三个层面,有所侧重地研究清朝城市。这种多角度认识城市的方法,对本书研究视野具有重要启示作用。安德鲁·鲍义得(Andrew Boyd)对中国传统城市规划做出了综合论述,分析了建筑的概念和理论,从微观建筑入手,勾勒中国城镇规划的特色,侧重对城镇规划设计进行思考。罗威廉则从单个城镇入手,研究城市空间、社会结构及政治文化,他在《汉口:一个中国城市的商业和社会(1796—1889)》③、《汉口:一个中国城市的冲突和社区(1796—1895)》④之中,对汉口城镇历史进行整体构建,关注城市建筑空间、城市社会结构及城市权力构架等问题。

整体而言,国外对清朝城市史的研究,不仅关注城市经济发展、社会结构和政治变迁,还深入探讨了城市空间布局、建筑风格和文化艺术等方面。这些

---

① 朱政惠、胡逢祥:《全球视野下的史学区域性与国际性》,上海辞书出版社 2010 年版,第732 页。

② [美]施坚雅:《中华帝国晚期的城市》,中华书局 2000 年版,第 6 页。

③ [美]罗威廉:《汉口:一个中国城市的商业和社会(1796—1889)》,中国人民大学出版社2016 年版。

④ [美]罗威廉:《汉口:一个中国城市的冲突和社区(1796—1895)》,中国人民大学出版社2016 年版。

研究既有宏观历史视角,又有中观社会文化分析,还有微观个案研究,形成了多角度、多尺度、多方法的研究格局。在研究方法和思路上,国外学者对清朝城市史的研究具有一定的借鉴和启发作用。例如,他们运用跨学科的研究方法,将历史学、地理学、社会学、人类学等多种学科的知识融合在一起,为我们提供了全新的研究视角。此外,他们还注重实证研究和比较研究,通过对不同城市、不同时期的比较分析,揭示出清朝城市发展的规律和特点。

(3)清代驻防城的历史探索

国外对清代驻防城历史的研究和关注,主要以章生道、欧立德、细谷良夫等为代表。在论及城市史、民族史、军事史的过程时,部分研究内容涉及了驻防城的历史。

章生道《城治的形态与结构研究》(The Cosmology of the Chinese City)一文,收录于施坚雅《中华帝国晚期的城市》一书中的"历史城市"(The City in History)这一部分之中。以明清时期中国古代城市为研究对象,具体分析了中国古代城市选址、形状与规模、复式城市、土地利用与运输网络。其中,当论及中国古代"复式城市"(multiple cities)时,他还重点关注到了部分"满汉双城"的城市结构,并绘制了一些"复式城市"的简图,还注意到新疆乌鲁木齐"满城"的多重性特征①。章生道是国外较早关注到"满城"作为复式城市的学者。

美国学者欧立德对驻防城的历史也有专门的篇章进行探索。他精通汉语、满语,研究中国城市史具有得天独厚的条件。需要特别注意的是,他在《满族之路:中华帝国晚期的八旗与民族认同》(*Manchu Way: The Eight Banners and Ethnic Identity in Late Imperial China*)一书中的"满城:山中的猛虎"(Manchu Cities: Tigers on the Mountain)这一小节中,较为集中地对清军入关前军事驻防、满洲民族隔离、清代北京满汉隔离、各省驻防城的营建等情况

---

① 〔美〕施坚雅:《中华帝国晚期的城市》,中华书局 2000 年版,第 100 页。

进行叙述,他借鉴并认同中国学者将八旗驻防城整体布防划分为"长城防线""黄河防线""运河防线""沿海防线"的区域划分的观点,在行文中还为西安、南京、杭州、荆州、青州、广州的八旗驻防城制作了简图,对各城基本形制和建设情况进行简要介绍①。欧立德是国外最早专门研究八旗驻防城的学者。

日本、韩国学者围绕"八旗制度"②"八旗驻防""满城"研究成果相对较为丰富③。在八旗驻防研究方面,周藤吉之《清朝满洲驻防特殊性考察》对清朝八旗驻防"特殊性"进行考察④;包慕萍《绥远城的空间构造和变迁》梳理了清代绥远驻防城的空间结构变迁⑤;北山康夫《关于清代驻防八旗》对清朝驻防八旗进行专题研究⑥;细谷良夫《中国东北部的清朝史迹》《寻访湖北和四川的八旗和清朝的史迹——荆州满城、成都满城、平定金川之碑》的调查报告⑦,对东北、荆州、成都的八旗史迹进行了考察和总结。韩国任桂淳《清朝八旗驻防兴衰史》一书,重点以广州、杭州、荆州、福州和绥远八旗驻防城为研究切入点,梳理了清朝八旗驻防的产生、发展与衰亡的历史过程⑧。

　　① Mark C.Elliott.*Manchu Way*:*The Eight Banners and Ethnic Identity in Late Imperial China* [M].Stanford:Stanford University Press,2001:112.

　　② 日本《东洋学报》《东洋文库论丛》等学刊,多年来发表大量"八旗史"研究成果。此外,需要注意的研究有:神田信夫以《满文老档》为中心,对"满洲"一词进行历史梳理,对该词最早使用时间进行考证。三田村泰助对满洲八旗的固山、牛录、牛录额真进行考证,并论述八旗制度形成过程。细谷良夫《清代八旗制度之演变》一文,对清代八旗制度形成与发展规律进行深入探讨。杉山清彦《作为满人王国的清帝国:八旗制的统治结构》一文,考察清朝满族统治的结构特点。谷井阳子《八旗制度研究》一书,对八旗制度的经济背景、财政、军事、八旗编制、军队管理以及政治构造等问题进行系统研究。

　　③ 刘小萌:《近年来日本的八旗问题研究综述》,《满族研究》2002 年第 1 期。

　　④ [日]周藤吉之:《清朝に於ける满州驻防の特殊性する一考察》,《东方学报》1940 年第 1 期。

　　⑤ 包慕萍:《绥远城の空间构造と变容》,载《モンゴルにおける都市建筑史研究——游牧と定住の重层都市フフホト》,日本东方书店 2005 年版,第 191—220 页。

　　⑥ [日]北山康夫:《清代の驻防八旗について》,载《羽田博士颂寿纪念东洋史论丛》,日本东洋史研究会 1950 年版,第 489—503 页。

　　⑦ 刘小萌、[日]细谷良夫:《湖北と四川に八旗と清朝の史迹をずねて——荆州满城·成都满城·平定金川の碑》,《满族史研究》2007 年第 6 期。

　　⑧ [韩]任桂淳:《清代八旗驻防兴衰史》,生活·读书·新知三联书店 1993 年版。

总体而言,日本和韩国学者在研究过程中强调"重文献""重考证""重调查"的特点。他们的研究方法、思路与中国学者在很大程度上是一致的,从历史脉络到城市空间的探讨都有所体现。在八旗驻防研究中,学者们主要围绕驻防城的空间展开论述,对驻防城的军事、文化等方面进行综合研究。

2.国内相关研究

(1)清朝城市规划研究

在中国古代规划史的经典教材中,大多数仅勾勒了清朝城市规划史的基本线索,明确了清朝城市规划史在古代城市规划史、城市建设史中的地位和作用。这些教材通常按照"通史体例"进行叙述,其中最具代表性的是董鉴泓先生所主编的《中国城市建设史》。经过多次修订,该书已成为几代规划学者的"集体记忆"。书中将清朝与明朝合并为一章,对清代城市分布和不同类型城市进行了介绍。汪德华的《中国城市规划史》更进一步地将元、明、清三朝合列①,认为清代城市建设延续了明代的特点,并重点关注了清朝在世界格局下的文化对峙和技术成就。在规划思想方面,汪德华还关注到了清代规划思想中的风水学问题。贺业钜在《中国古代城市规划史》一书中,从社会性质的角度将封建社会划分为"前期""中期""后期",但并未对清朝整体规划史和城市建设特点进行专门的总结②。

对于清代城市的系统和整体研究,四川大学何一民教授及其团队成员的研究具有显著特色,代表著作是《清代城市空间分布研究》。该书对清代十八行省城市、内陆边疆城市和流域城市的分布进行了综合分析,揭示了清代城市分布规律和发展内因③。其中也涉及了清朝的部分驻防城,并将其置于清代整体城市体系中进行考察。同时,还对清代个体城市(如成都、长沙、南昌、昆明、广州、西安、武昌、保定等)和区域城市(如甘肃、新疆等)的城市史进行了

---

① 汪德华:《中国城市规划史》,东南大学出版社 2014 年版,第 105 页。
② 贺业钜:《中国古代城市规划史》,中国建筑工业出版社 1996 年版,第 672 页。
③ 何一民等:《清代城市空间分布研究》,巴蜀书社 2018 年版。

研究,展现了较为宏大的清代城市历史画卷。

从微观角度关注单个清代城市规划历史的研究,具体表现为研究方法多样化和研究视角多样化。从专门研究论文来看,例如阴劼、邓奕等人的研究,他们从历史图像中研究清代城市意象(如以浙江省地方志为例的方志城池图)①、北京城街道空间等(如从《万寿盛典图》解析清代北京城街道活动空间)②。大多数关于清代城市规划历史的研究都包含在单个城市的历史研究专著之中。

(2)八旗驻防及驻防城的历史追溯

20 世纪 30 年代以来,八旗制度开始进入历史学的研究视野③。八旗驻防即是八旗制度下的重要研究内容。20 世纪 90 年代,定宜庄首开八旗驻防制度和历史研究先河。当八旗驻防落实到历史地理中的城市空间之时,就衍生出了驻防城的研究范畴。

清代关于驻防城的史事、城市分布、城市内部格局等的文字记载和档案地图,是本书研究的重要史料支撑。这些历史文献可分为清朝官方文献、地方志文献两大类。清朝官方文献是驻防城规划历史的基础文献,以《清实录》《八旗通志初集》《钦定八旗通志》等史籍为主。《清实录》浩如烟海,不过可以借助数据库检索,从中抽离部分八旗驻防设立的脉络线索和部分史实细节;两部"八旗通志"记载了八旗史事、城市、旗人及文化,较为全面地展示了八旗驻防历史,是本书开展研究的重要基础性文献(表 1)。

清朝地方志文献异常丰富。清代地方志文献几乎囊括了有清一代所有省、府、州、县,地方志可分为"一统志、省志、府志、县志"4 个等级,现有《中国地方志集成》丛书可供查阅。同时,在地理空间上,几乎所有驻防城所在城市

---

① 阴劼等:《方志城池图中的中国古代城市意象研究——以清代浙江省地方志为例》,《城市规划》2016 年第 2 期。

② 阴劼等:《从〈万寿盛典图〉解析清代北京城街道活动空间》,《城市规划》2016 年第 6 期。

③ 刘小萌:《清朝史中的八旗研究》,《清史研究》2010 年第 2 期。

的地方志文献,都记载了八旗驻防和驻防城的营建历史。但是,地方志中关于驻防城历史的记载并不详细。主要原因是,八旗驻防受清廷直接管辖,驻防将军品级甚至高于省级官员,加之有些信息涉及军事,因此地方志文献只是记载了八旗驻防的时间、基本驻军情况、驻防城的规模等基本内容。这部分文献可以为官方文献提供相应的佐证材料。

表1 《八旗通志初集》《钦定八旗通志》中驻防城相关史料分布表

典籍名称	文献作者	编撰年代	卷目	条目	史料内容
八旗通志初集	(清)鄂尔泰等修	雍正五年至乾隆四年(1727—1739)	卷二三至卷二四	营建志	衙署营房、城垣周长
			卷二七至卷二八	兵制志	驻防甲兵人数
			卷三五	职官志	八旗驻防官员制度
			卷一二〇至卷一二三	直省大臣年表	驻防大臣及任职时间
钦定八旗通志	(清)纪昀等修	乾隆五十一年至嘉庆间(1786—?)	卷三〇	旗分志	八旗方位
			卷三五	兵制志	八旗驻防兵制
			卷四九	职官志	各处驻防的大臣、新疆各官
			卷一一六至卷一一八	营建志	八旗驻防规制衙署数量及城垣周长
			卷三三〇至卷三三八	直省大臣年表	将军、都统、副都统任职时间等

(作者据《八旗通志初集》《钦定八旗通志》绘制)

在地方志文献这一类型中,还有一类比较特殊的地方志,与驻防城的历史有着更为直接的关系,即由八旗驻防官员所修的"八旗驻防志"。目前所见有《驻粤八旗志》《荆州驻防志》《绥远旗志》《京口八旗志》《福州驻防志》《杭州八旗驻防营志略》,对不同驻防城的官职、城池、人口和军事等进行详细记载,有的还附有部分历史地图和城市史迹图,大致揭示了不同驻防城的军事历史脉络。

整体而言,官方文献注重"事件脉络""整体格局"的归纳,方志文献讲求"细节"和"机理"的展现。两者从宏观和微观角度,反映并展现了驻防城的历史、军事、城市格局和内部空间变迁等内容,是本书的重要研究支撑。

国内对八旗驻防的研究,首先是对八旗驻防文献的整理。马协弟、陆玉华等系统整理并点校出版《驻粤八旗志》《荆州驻防八旗志》《福州驻防志(附琴江志)》《绥远旗志》《京口八旗志》《杭州八旗驻防营志略》等,这套丛书名为《清代八旗驻防志丛书》,除以上列举的志书之外,本来还计划出版《京畿八旗驻防志》《直省八旗驻防志》《东北八旗驻防志》《新疆八旗驻防志》,只不过这几部是具有史料汇编性质的专书。至1994年,丛书出版思路有所变化,这几部史料汇编统一归为《清代散佚八旗驻防史志汇编》,这可能是出于史料太过于繁杂之故,但仍为八旗驻防研究提供了大量原始资料。此外,詹福瑞主编的《八旗文献集成》丛书,是近年来国内对八旗文献进行系统整理的重要文献工程,对八旗史、八旗驻防史研究都具有重要文献价值①。

其次,对八旗驻防历史整体研究。以定宜庄《清代八旗驻防制度研究》和《清代八旗驻防研究》这两本书最具有代表性。两本书对清代八旗驻防演变历程进行了梳理,对驻防机构、驻防将领、驻防与皇权关系等问题进行深入探讨,并对驻防制度内部矛盾进行分析,是属于制度史、军事史范畴的研究,同时还把军事与王权、与地方的关系等结合起来,这种做法和思路对本书的写作具有启发作用。

第三,对单个城市八旗驻防历史的研究。综合来看,这些学术成果所涉及的学科主要在"历史、地理""政治、法律""军事"学科领域。在研究过程中,零星涉及各驻防城的"城市史"内容。以学术专著、学位论文为考察。实际上是将"八旗驻防"作为区域史、军事史和政治史研究的代言词,对进行过八旗驻防的区域历史和文化进行研究,重点在于归纳八旗驻防的历史脉络、政治制

---

① 詹福瑞:《八旗文献集成》,辽海出版社2015年版。

度、军事活动和特色文化。研究主要是围绕八旗驻防政治、军事、文化和民族关系展开研究。整体来看，八旗驻防研究发轫于20世纪80年代初，2000年以前"八旗驻防"的研究尚属冷门，从21世纪开始逐步呈现上升趋势。2010年开始，学术界对于"八旗驻防"研究，逐步出现升温的迹象。

从宏观角度研究驻防城历史的学术研究成果，以朱永杰的研究为代表。他主要是从历史地理学角度，研究清代八旗驻防城的时空结构。在其一系列关于驻防城的学术论文中，开始明确使用"驻防城"概念，并将其与"满城""满营"等概念进行比较和区分，在此概念群的框架下，他的《清代驻防城时空结构研究》《清代满城历史地理研究》这两本书，共同探讨了清代满城的数量和基本特征、管理结构和军事实力、发展过程、满城地域分布、形制、设施及整体空间结构等，并结合太原、密云的驻防城，分析了清朝驻防城的"时空特征"。两本书所研究的对象、研究框架和方法基本相同，只是受"驻防城""满城"概念区分影响，研究对象范围有些不同。后者是前者进一步研究的成果。

学者还关注并研究了不同区域内驻防城历史。清朝中期，驻防城的区域分布情况，已得到清廷官方重视，将驻防城划分为"畿辅""东北""直省""新疆"等几个区域。这种区域划分也影响到现代学者的研究划分。在区域视野下的研究，也大体分为畿辅驻防[1]、新疆驻防[2]、伊犁驻防[3]、黑龙江驻防[4]、东北驻防等。研究方法、逻辑以及对史料的解读与展现，基本相同或相似。

更深入地说，这些研究成果整体上侧重于八旗驻防的区域应对、城市变

---

① 朱永杰：《清代畿辅驻防城时空结构研究》，《博物院》2017年第4期。

② 苏奎俊：《清代新疆满城探析》，《新疆大学学报（哲学·人文社会科学版）》2007年第5期。

③ 郝园林：《清代新疆"伊犁九城"建置始末——兼论满城形制的渊源》，《清史研究》2020年第3期。

④ 冯丹：《黑龙江将军辖卜八旗驻防研究》，齐齐哈尔大学2016年硕士学位论文。

迁,还大致涉及清代驻防城的建设史料、城市空间的格局①,以及八旗驻防制度变迁等②。锋晖博士学位论文《乾隆朝新疆八旗驻防研究》以专章对新疆区域内的驻防城进行研究,将研究时间划定为乾隆时期,研究了新疆旗营的特点、新疆八旗驻防的格局形成过程、八旗驻防制度所表现出来的因素等,并将新疆八旗驻防与其他区域八旗驻防进行比较,揭示了新疆八旗驻防的历史进程及历史命运。其中,第二章第一节专门对新疆部分驻防城的营建情况进行了历史文献的梳理和归纳③。黄达远对新疆区域内的复合满、汉、回城市结构,由“分”至“合”的历史过程进行了研究④。

　　现代学者还注重对单个驻防城历史的梳理,此项研究多是对某个城市进行纵向研究之时,涉及史实时所进行的归纳和论述。如吴宏岐在《西安历史地理研究》中第九章“元明清西安城形态与结构演变研究”的第三点,就重点分析了清代西安城内旗人所居的满城和南城的专题问题⑤;再如赵寰熹在《清代北京城市形态与功能演变》一书中,按照时间顺序深入研究清军入关定都北京后,北京城在“旗民分治”政策影响下,各个时期城市布局与相应功能分区的情况。并运用历史地理学方法,从空间布局及变化视角,分析了清代北京城旗民居址分布,总结各个时期北京城市形态变化情况。特别是该书第五章,还对清代北京八旗空间格局演变、内外城空间格局进行分析⑥。此类文献都可以看作单个驻防城历史研究的重要成果。

　　从研究方法上来看,针对单个驻防城的专门研究成果,大多突出了对清朝

　　①　魏立华、闫小培、刘玉亭:《清代广州城市社会空间结构研究》,《地理学报》2008 年第 6 期。
　　②　任玉雪:《从八旗驻防到地方行政制度——以清代盛京八旗驻防制度的嬗变为中心》,《中国历史地理论丛》2007 年第 3 期。
　　③　锋晖:《乾隆朝新疆八旗驻防研究》,吉林师范大学 2018 年博士学位论文。
　　④　黄达远:《隔离下的融合:清代新疆城市发展与社会变迁(1759—1911)》,四川大学 2006 年博士学位论文。
　　⑤　吴宏岐:《西安历史地理研究》,西安地图出版社 2006 年版,第 329 页。
　　⑥　赵寰熹:《清代北京城市形态与功能演变》,华南理工大学出版社 2016 年版,第 112 页。

历史文献的极大重视。多是以清朝官方文献及驻防城所在城市地方志文献为中心进行研究,主要以陈一石①、定宜庄②、雷履平③、李凤琪④、朱永杰⑤、黄治国⑥等人为代表。陈一石从民族关系视角,对成都八旗驻防的设置及"旗民分治"的具体做法进行了系统研究。其他所列学者的研究,也都以具体单个驻防城作为切入点,从八旗驻防历史、旗人生计、时空结构、发展变迁等不同角度,揭示单个驻防城的历史。

这些研究注重驻防城的"历史还原",涉及内容包括驻防史、军事历史、旗民关系、文化变迁等,但是在驻防城规划的理论阐释、体系构建等方面仍略显单薄,并未形成对规划史的整体研究体系。

(3)驻防城规划的探讨

从城市规划学角度对驻防城规划的研究,与历史研究有所不同,历史研究注重"历史文献",而驻防城的规划研究则注重"理论阐释"。可以感受到不同学科研究方法、视野和结论的旨趣及偏向都有所不同。

关于驻防城规划的整体研究,学术界成果并不算丰硕。2006 年黄平《清代满城兴建与规划建设研究》,是较早从城市史角度关注清代驻防城规划建设历史的学术成果,主要从兴建历史、内部规划及城市影响等方面进行研究。张威以清朝直省的驻防城作为研究对象,对西安八旗驻防城的城市形态影响进行研究⑦,在其《清代直省驻防城对其所依附城市形态演变的作用研究》一书中,关注清代直省驻防城建立的历史,考察了清朝灭亡后这些驻防城的解体及现代遗存

---

① 陈一石、王端玉:《清代成都的"满城"与旗汉分治》,《四川大学学报(哲学社会科学版)》1981 年第 3 期。

② 定宜庄:《辛亥革命后的八旗驻防:山东青州满城个案考察(1911—2003)》,《满族研究》2008 年第 4 期。

③ 雷履平:《成都满城考》,《成都大学学报(社会科学版)》1985 年第 3 期。

④ 李凤琪:《青州驻防城建城概述》,《满族研究》2002 年第 4 期。

⑤ 朱永杰、崔跃峰、韩光辉:《清代密云"满城"时空结构研究》,《江汉论坛》2010 年第 5 期。

⑥ 黄治国:《漠南军府:清代绥远城驻防研究》,社会科学文献出版社 2018 年版。

⑦ 张威:《清代满城兴建对西安城市形态演变的影响》,《兰台世界》2016 年第 2 期。

情况,侧重直省驻防城对近代城市形态的影响研究,最后还分析清代驻防城对其依附城市的形态演变的作用,以个案分析方式,揭示驻防城对当下城市规划的内在影响①,是城市规划学界开始逐步体系化研究驻防城的一部专著。

关于单个驻防城的规划史研究,城市规划学界也有所涉及,但专门就清代驻防城的规划问题的研究成果,相对比较少,但仍有不少精彩之作。主要代表学者为诸葛净、梁江、许富翔、郝园林等。诸葛净在《城中之城——清江宁府城中的满洲驻防》一文中,从历史文献中梳理了江宁(南京)八旗驻防的历史脉络,明确了江宁驻防城的位置,划分了江宁驻防城建设发展的阶段,并认为其是"以特殊区域表达特殊身份的传统做法的延续"②,强调八旗驻防城的规划具有"特殊性""延续性"的规划内涵。梁江和沈娜在《西安满城区城市形态演变的启示》一文中,以西安驻防城作为研究范围,重点分析此区域在清代、民国及现代的街道形态特征变迁,通过定性和定量分析,探讨驻防城市形态演变模式和动因③。许富翔分析了江宁驻防城空间结构变迁,虽然是从历史学角度切入的,但对江宁驻防城的城市空间变迁也进行了细致的分析④,并有大量图像的呈现与表达。韦承君在其硕士学位论文中,涉及了新疆"伊犁九城"的城市形态和结构⑤。特别需要注意的是,郝园林有数篇关于新疆"伊犁九城"的学术论文,结合实地调查、考古材料等,对新疆"伊犁九城"城市形态、布局进行研究⑥,综合运用了历史、文献、考古及城市规划的研究方法,探讨了新疆驻防城形制渊源,颇具跨学科研究的功力。

关于驻防城规划历史研究,还分散于不同学术研究论著之中。当学者们

---

①　张威:《清代直省驻防城对其所依附城市形态演变的作用研究》,中国建筑工业出版社2019年版。

②　诸葛净:《城中之城——清江宁府城中的满洲驻防》,载刘先觉、张十庆:《建筑历史与理论研究文集1997—2007》,中国建筑工业出版社2007年版,第250—267页。

③　梁江、沈娜:《西安满城区城市形态演变的启示》,《城市规划》2005年第2期。

④　许富翔:《从明皇城到清满城:清代江宁驻防城空间结构的变迁》,《史铎》2008年第4期。

⑤　韦承君:《伊犁河谷传统建筑营造研究》,北京工业大学2020年硕士学位论文。

⑥　郝园林:《"式样图"所见"伊犁九城"形态与布局》,《故宫博物院院刊》2021年第7期。

在梳理古代城市发展历程之时,多数都会注意到所研究城市在清朝时期受到了"八旗驻防"影响。史红帅博士学位论文《明清时期西安城市地理研究》,在把握一手资料的基础上,多方法复原了明清西安城的面貌,不可回避地对清代西安的驻防城空间进行了研究①;任云英博士学位论文《近代西安城市空间结构演变研究(1840—1949)》,主要运用历史地理学研究方法,以城市近代化为主线,从宏观、中观、微观三个层面,分析了城市空间结构相关要素及其作用,揭示了西安城市空间结构的近代化过程,探究西安作为内陆城市的城市空间结构、近代化的演变特征以及内在的演变机理。在第三章第二节,当论及清朝西安城市格局变迁时,重点探讨了西安驻防城的空间格局、军事防御及内部布局特征,梳理从晚清到民国时期西安城市形态的变化,并将晚清驻防城的空间结构,看作近代西安城市变迁历程的重要组成部分②。另外,如李岚在对近代太原规划与建设历史研究中,分析"清代城市功能的转变与发展",专门就对太原"新满城""旧满城"规划建设历史进行梳理和展现③;王骏在对沈阳近代城市规划历史进行研究时,涉及清代盛京城规划历程和规划内容,从文化、行政和社会变迁角度进行了研究④;王鹤、董卫关注到了盛京从明城到清城的城市空间变迁过程⑤。

综合来看,此部分的研究成果,既有对个体驻防城的规划研究,也有对区域驻防城的整体规划观照。学者们注重对相关史实进行提炼、对发展阶段进行划分、对城市功能进行关注,并对驻防城空间布局进行初步分析。整体上来看,成果较为分散,仍然未能形成驻防城空间规划历史的体系化研究成果。

---

① 史红帅:《明清时期西安城市地理研究》,中国社会科学出版社 2008 年版。
② 任云英:《转型与重构:近代西安城市空间结构演变》,科学出版社 2019 年版。
③ 李岚:《近代太原城市规划与建设历史研究(1881—1949)》,西安建筑科技大学 2020 年博士学位论文。
④ 王骏:《行政主体视野下的沈阳近代城市规划发展研究》,武汉理工大学 2013 年博士学位论文。
⑤ 王鹤、董卫:《沈阳城市形态历史变迁研究——从明卫城到清盛京时期》,《城市规划学刊》2011 年第 1 期。

3. 研究述评

（1）叙述还是构建？——"历史叙述"多于"理论构建"。国内学者经过漫长的研究积累，使八旗驻防的历史得到了基本揭示。学者们主要集中在历史学、历史地理学领域，围绕八旗驻防历史研究，使作为八旗驻防空间的驻防城，也具有了丰富的现代学术内涵。整体而言，国内学者的研究逻辑是：从文献整理到文献分析，再到历史还原，但研究成果在整体上仍表现为"历史叙述"。历史叙述的内容主要包括：八旗驻防军事史、驻防城的历史、八旗驻防文化，以及围绕驻防城空间所在区域的多民族关系等。研究重点在于八旗驻防"政治史""民族史""军事史"或"文化史"。关于驻防城空间的规划史虽有所涉及，但如凤毛麟角，并未形成整体性的研究成果。

（2）中西对话——"天下道术以为裂"。对于国外学者而言，因研究者语言、文化背景不同，大多很难从历史文献的梳理之中，客观地揭示八旗驻防史和驻防城的规划史。特别是19世纪下半叶以来，因西方学者对清史一手资料把握极为有限，通常的做法是，在海外所藏有限的清史文献的基础上，对中国学者学术研究进行"转译"，在此基础之上再进行理论阐释，从而发表自己的见解。在研究成果中，因历史解释多于"客观史事"，加之阅读者、接受者立场不同，研究观念与真实历史实质上并不一致。逻辑走向表现为"道术以为裂"，最终形成"新清史"学术思潮。这一现象产生的根本原因在于，研究者"文化基因"与清朝真实历史并不具有内在匹配度。值得注意的是，日本、韩国学者具有一定语言优势，以及汉文化圈的共通性的影响，他们在研究上多注重文献、考据及实地考察，研究路数与中国学者基本一致，因此"陌生感"略比其他国家的学者相对要好。总体而言，国外学者的研究对本书的写作有着框架、思路、视野和方法的启示作用。

（3）圆融浑然——需要"归纳式""提升式"的整体研究。学术界不同学科既有的相关研究成果，缺乏对清朝驻防城空间规划史的整体考察。相关研究之中，根据历史文献描述得多，理论阐释得少；个案城市研究得多一些，整体考察得少一些。更重要的是,理论性、哲理性的思考、提升相对缺乏一些。为数不多的从整体角度研究驻防城的研究成果,多出于对概念界定的不同,较严格按历史文献进行考据和还原,因而整体上未能对清朝驻防城的规划历史演变、空间分布及城市结构等问题,进行较为全面的理论归纳、阐述与提升。因此,驻防城空间规划历史的研究,还有一定的学术探讨和整合的空间。

四、研究内容与创新点

1. 研究内容

任何学术研究都有一定的时间起止点和空间范围。以下将明确本书研究的时间范围和空间范围,并阐述主要研究内容。

(1)研究时间和空间

中国城市规划历史的发展与中国古代史、近代史和现代史的演变紧密相连。在清朝这一历史阶段,有两个特殊的情况值得关注:首先,史学界普遍认为清朝的历史始于 1644 年,即清政权迁都北京;其次,1840 年被视为近代史的开端。作为我国最后一个封建王朝,清朝不仅标志着中国古代史的终结,还标志着近代史的兴起。因此在学术研究中,清朝历史并未被独立阐述,而是与明朝历史相结合,共同被称为"明清时期"。

事实上,清朝更名为"清"的时间点,并非其军队入关之后,而是早在 1636 年。这个朝代在更名为清朝之前,原名为建立于 1616 年的"后金"汗国。本书的研究起始于后金汗国的成立,终于 1911 年清朝的灭亡,旨在彻底探究清朝驻防城规划的历史发展。因此,本书的研究时段被设定为 1616 年至 1911 年。需要说明的是,本书研究的空间范围,也并不是固定的、一成不变的。1616 年,清朝早期疆域产生于长白山,当时只是赫图阿拉城周围的部分地区,是属于明朝建州右卫的管辖之地。随着后金汗国的征战,其疆域不断扩大。1643 年,清军突破山海关进入华北平原,清朝迁都北京。至康熙末期,原明朝"十八行省"已全部归清朝所有;雍正至乾隆时期,清朝疆域空间进一步地扩张到今新疆区域;至嘉庆时期,清朝的疆域空间得以形成。因此,清朝疆域随着历史的发展,其变化经历了"从无到有、从有到大"的过程。

驻防城空间规划的历史,正好伴随着清朝疆域空间的形成过程。因此,本书研究的空间范围,是随着驻防城规划不同历史时期的展开而不断扩大,以至于清朝后期最大版图的。需要说明的是,清朝有些驻防城所处的地理位置,已并非今天中国的版图,如清朝乌里雅苏,大部位于今蒙古人民共和国境内,清朝新疆肇丰城所在地方也非今日中国领土,这些在研究中都是需要注意的。

(2)研究的主要内容

一是疆域尺度下驻防城空间规划历史发展过程。驻防城空间规划历史是清朝历史的一部分,两者是个体和整体的关系。个体历史发展具有自身特点,发展趋势又与整体相关。驻防城空间规划历史与清朝政治史、军事史、民族史和文化史等脉络密切相关,后者是前者演变发展的内在动因。

在"疆域"的尺度下,结合清朝政治、军事和民族关系等发展脉络,本书认为,驻防城空间规划的形成和发展,可以划分为"初创期""发展期""成熟期""衰亡期"这4个时期,具有内在的、整体的、延续的、历史的演变规律。

二是区域尺度下驻防城空间格局及其特征。在清朝"区域"的视野下,将驻防城规划与清朝历史,特别是军事史、民族史等结合起来研究,分析驻防城规划的实践,分析不同驻防城之间的关系,了解驻防城规划与清朝军事发展、疆域变迁之间的内在联系。

驻防城因军事驻防、民族隔离而产生,因而空间分布也具有"军事""隔离"的性质。本书还将在区域的尺度下,研究清畿辅、东北(盛京、吉林、黑龙江)、新疆以及"直省"①等不同区域内驻防城空间的分布现象,并进行多角度

① 清朝行政区划管理制度,具有自身发展和变迁的规律。清朝早期,沿用明朝行政区划的基本体系,如顺天府,即京师所在地,沿袭明制。多数直省沿用旧名,但有的省份在清初并不存在,而是清朝后期新出现的省份,如吉林省。"吉林"之名,一直到乾隆中期才出现,是因设立吉林将军而得名。吉林省到清光绪时期东北"建省改制"之后才得以正式确立。本书为论述区域地理空间之便,在后面的行文过程中,对清朝各省还是运用清朝中后期全国各省称呼。

的考察。从规划现象中归纳规划本质,总结清朝区域尺度中驻防城空间的格局特征。

三是城市尺度下驻防城类型、空间关系及内部空间布局。在个体的驻防城空间视野下,分析不同角度下的驻防城类型、驻防城与汉城的空间关系,考察驻防城空间布局的"独特性"。还结合基本史料、档案历史图以及现代学术研究成果,揭示新建驻防城内部的"城池""地块""街道"空间,并归纳分析驻防城空间布局的特征。

四是驻防城空间的规划理念。在前文研究基础上,分析驻防城整体空间规划中所体现出来的规划理念。驻防城从整体布局上沿袭了传统整体观哲学思想,在空间分布上,体现出了军事拱卫理念;在内部空间规划上,体现了军事性和民族性的规划理念。

2.研究创新点

(1)视角及方法创新

本书在研究视角上,突破传统历史学、历史地理学、城市规划学的单一研究格局,综合运用到了以上学科的学术研究方法。同时,紧扣清朝王权、军事、民族和观念内因,内在地从"疆域""区域""城市"三个尺度,研究驻防城空间的规划史。

(2)内容创新

有关清朝八旗驻防"历史还原",已历经近半个世纪,这个阶段目前仍在继续,研究重视"还原"轻"阐释",在叙述上更为重视"史料挖掘"。本书从城市规划学、历史学和历史地理学等多学科的角度,突破传统历史文献束缚,重新审视驻防城的内涵、数量及演变规律。

在此基础上,重视历史文献及前人研究成果,注重引入王权政治、军事脉络、民族关系、地理格局、规划观念等影响,归纳驻防城整体规划历史演变过程,分析驻防城空间分布格局,探索城市空间的基本机理,最后分析规划理念及其历史价值。

（3）观点创新

本书在归纳和审视国内外学术界关于驻防城整体知识体系和研究成果后，认为前人关于驻防城历史的叙述仍有待进一步提升，在理论阐释和学理分析方面还有更多空间可待挖掘。

传统意义上所认识的驻防城，是从城市角度进行观察的。本书认为，驻防城的类型具有多样性，除了传统学术界所认识的城市类型，驻防城还应从城市规划学的角度，进一步理解为"军事城市""军事城区""军事街区"这3种类型，同时还从城市空间的角度，对驻防城的数量进行了重新的界定。

驻防城空间规划历史不仅是中国古代规划史的一部分，更与清朝政治史、军事史、民族史和文化史有着千丝万缕的联系，形成了自成体系的发展演变过程、独具特色的空间格局、融会贯通的空间布局。规划理念上，既体现对传统文化的沿袭，也体现出满族文化的创新。

本书综合认为，军事征服、民族隔离是驻防城空间规划的基本动力，疆域扩张、王权维护是驻防城空间规划的根本目的。驻防城空间规划在这样交织的历史时空中产生、发展和衰亡，不仅是王权延续、军事脉络、民族关系三者共同影响的结果，还体现出清朝帝王"立足疆域、着眼区域"的体系化空间规划思维。

五、研究方法和研究框架

1. 主要研究方法

本书的研究涉及城市规划学、历史学和历史地理学这三个学科，试图融合各学科的研究范式和方法。这种跨学科的研究方法要求我们不仅要紧扣城市规划学的基本理论和研究方法，还要深入利用历史学和历史地理学的研究手段。在城市规划学领域，着重于研究城市的发展轨迹、空间结构以及城市间的关系。同时，还将依托历史学和历史地理学的研究成果，通过对历史文献、地图和遗址等的深入研究，来探究城市规划的历史背景、相互之间的关联性以及其演化过程。

（1）历史研究法

任何学科的学术研究都离不开"基础文献"的支撑，在此基础上又离不开历史学基本研究方法支撑。"历史叙述"对演变过程的揭示至关重要。清朝历史与当下相去不远，清史文献资料最为丰富。本课题所依靠的基础文献，按照对文献整体分析和理解，可分为"共时文献"和"历时文献"。

"共时文献"是指在清代就已形成的文献资料。包括清朝官方文献（把握整体脉络）、档案史料（了解史实细节）、历史地图（理解空间格局）。具体来说，关于驻防城历史的记载，主要集中在《清实录》、《八旗通志初集》、《钦定八旗通志》、地方志文献以及清朝的部分档案文献之中。

"历时文献"是指现代学术研究成果。通过多年以来学者们对浩如烟海的清代古籍的整理和研究，目前已基本构建了驻防城"知识框架"和部分"历史细节"，对本书研究具有重要价值和作用，是了解驻防城空间规划史的重要参考资料。

（2）理论分析法

在历史学和文献学的基础研究方法下，历史文献的罗列，绝不是本书展开研究的方法。虽然行文中的历史叙述有时也必不可少，但却是本书始终都在极力回避的问题。因此，必要文献多以注释方式列于文下，更多地注重从历史文献中抽离重要脉络，从多维视野下研究驻防城空间的规划史，注重理论分析和理论构建。

城市规划史的研究，绝不能囿于历史文献，应从"宏观""中观""微观"视野，对王权政治格局、军事脉络、民族关系之中的规划现象进行理论解读，力图将"历史还原"与"阐释构建"相结合，多视野研究清代驻防城空间规划历史的"过程""格局""肌理""布局""理念"。较为准确、全面地把握驻防城空间规划历史的本质规律。

（3）实地调查法

清代的驻防城至今还遗存一些遗迹和遗址，比较零散，有的还存有城池，有的只存一些遗迹。在研究的过程中,实地走访了一些驻防城所在的现代城市,如荆州、南京、西安、杭州、广州以及北京。在驻防城所在的空间中,从地理空间等角度进行实地的观察与思考,获得与研究相关的理性思考。

(4)民族学研究法

清朝是以满族为统治主体的封建国家,民族学的内在关注视野就必不可少。清朝从"满汉有别"到"满汉一家"的民族对立到民族融合,需要将民族学的研究视野引入研究之中,用于考察驻防城空间规划历史中的特殊动因。

民族学研究方法的内在引用,旨在弥补本书研究主视野所带来的缺陷。因为驻防城中所形成的空间,并不能直接反映出民族隔离现象,只是外在地表现为城垣形态。因此,从清朝历史上民族冲突、历史民族文化及历史民族融合角度,关注驻防城空间规划的内在文化问题,充分理解驻防城"隔离性"规划的内在动因。在本书研究中,注重满族民族对城市规划和建设的影响,并通过此研究方法及视野,阐释清代驻防城民族特色和规划文化的特点。

2. 研究框架

基于清代政治史、军事史、民族史、文化史等,多重视野下对驻防城空间规划史进行研究,综合以上研究方法,以及本书在开展研究前把握的文献资料,以及基于个人的研究思路,确定以下研究的基本框架:(1)在疆域尺度下梳理驻防城空间形成的"过程";(2)在区域尺度下分析驻防城分布的空间"格局";(3)在城市尺度下探索驻防城空间的不同"类型";(4)在城市尺度下研究驻防城与汉城的空间"关系";(5)在城市尺度下研究新建驻防城的内部空间"布局";(6)剖析驻防城空间规划理念的文化"基因";(7)分析驻防城空间规划史的"启示"。

具体而言,本书的研究框架的主体为:"历史阐述""理论分析""价值启示",这三个部分共同构成本书研究的三个逻辑层次。同时,三个研究尺度对应不同的研究层次。

六、概念界定和研究尺度

清代的驻防城空间,自始至终都伴随着清朝王权形成、军事活动以及民族交流与融合的过程而变迁发展,既是清朝的特殊"军事空间",又是民族融合的"城市空间",还与清朝时期"府、州、县"等不同等级的城市空间相依相伴,共同构成清代整体的城市空间体系。

1. 驻防城的概念及辨析

清朝统治者突破"华夷观念",在开拓疆域过程中进行八旗驻防,从而营建了大量驻防城。我国古代"华夷观念"起源于春秋时期,形成时间早、延续时间长。这种观念实质是强调"内外有别""尊卑有序"。华夏族认为处于"天下之中","夷""狄""蛮""戎"只能居于国家边裔之地。《国语》所载"甸服""侯服""宾服""要服""荒服",即体现出了空间范围之下的等级性。满族前身为肃慎、女真等,在清朝建立以前,其生活区域处于今我国东北一带,也即古代"北狄"的大致居住空间范围之内。清朝建立以后,满洲统治者需要在不同新的地方居住下来,同时驻守军队,这就形成了"驻防城"。

从整体上来看,历史学界首先是按清朝官方文献的记载,运用了"满城"这个词来描述驻防城,这是研究者重视清朝历史文献的表现。本小节的研究思想,主要是基于清朝时期的官方观念、现代学术研究共同体对驻防的认知体系进行梳理,明确历史概念、现代概念的正确性和合理性。

清朝时期,"满城"一词最早出现在雍正时期官方文献之中①。以《清实录》《八旗通志》等文献进行信息检索和考察,清朝统治者提及"满城"之时,实际上是指的"八旗军营",是八旗官兵及家眷在驻军所在地的居住空间,且用得并不多。归纳起来看,清朝统治者自称八旗驻防军事城市之时,主要是在所

---

① 《清实录》是最早使用"满城"一词的清朝官方文献。据《清世宗实录》卷五记载:"川省满城营房有官生捐资盖造者,准予议叙。"但并非是清朝时期的常用词。雍正时期,清廷开始向西北用兵,驻防城大规模的规划建设,即是从这一时期开始的。

依附城市名称之后加"城"字,如东京城、复州城、秀岩城等,或在原城市名称后加"驻防"两字,如义州驻防、锦州府驻防①,都是侧重于城市八旗驻防的军事性特征,强调的是军事性,反倒是"满城"这个词在官方文献中用得比较少。

但是,在八旗驻防所在各府、州、县的地方志文献中,存在不同称呼混用的情况②。清朝地方官员有满、汉之别,作为不同民族出身的官吏,提到驻防城时,满官多称"满城",这是对自身民族身份的认同;汉官多称"八旗驻防城",这是民族身份不同所带来的结果。在清朝民间,还有"满营""旗营""满营城""满洲营""满洲城"等不同称呼。不同称呼需要有一个比较合适的词语来统一指称。

20世纪80年代以来,"驻防城"受到不同学科的持续关注。观念不同、认识不同、视野不同,引发对概念的探讨和分歧。基于对历史文献的解读,因不同学者研究领域、立场不同,不断"异化"概念,将清代所使用的"满城""满营""驻防"等转化为现代学术概念。

在本书看来,学者们对清朝驻防城数量的认识,其实是受到了历史文献记载的影响,并形成了一些不同的看法。章生道认为有34座"满城",马协弟认为有20座"满城",何一民、黄平认为有24座"满城",朱永杰认为有27座③,而韩效等认为只有11座④。另外,据马协弟早期调查,民间还有所谓48座"满城"的说法。众说纷纭,莫衷一是。由此可见,用"满城"来界定清朝的这一特殊的城市,可能并不太适合。这也是本书从城市规划学角度进行研究时所要重点突破的"概念壁垒"。

学术界对清代"驻防城"概念的认知观念,归纳起来,本书认为,一种是"概念趋同论",另一种是"概念异化论"。这两种倾向使对清代具有民族隔

---

① （清）鄂尔泰等:《八旗通志》,东北师范大学出版社1985年版,第452—453页。
② 黄平:《清代满城兴建与规划建设研究》,四川大学2006年硕士学位论文。
③ 朱永杰:《"满城"特征探析》,《清史研究》2005年第4期。
④ 韩效、叶皓然、周至人等:《清代满城概念研究》,《西南交通大学学报（社会科学版）》2018年第3期。

离、军事驻防性质的新城市空间的认识和研究变得更为复杂,城市数量的认识也就各不相同。

首先,概念趋同论。有的学者认为"满城""驻防城""满营""旗营"所指相同。马协弟、定宜庄等认为,"满城"和"驻防城"是同一概念的不同表述。"满营"本身是清朝对以八旗满、蒙、汉军为主的军营的称呼。从雍正时期奏折中可见,各地官员均以"满营"指称满城,此时也正是驻防城空间规划的发展时期,清朝学者也有称"满营"①。现代研究者也有将"满营"等同于"满城"②,认为满营是清代满族八旗兵丁的聚居区③。新疆因少数民族众多,只要有八旗军驻防过的城市,多称其为"满营"以示民族区别。

其次,概念异化论。有学者认为"满城""驻防城""满营"有根本区别且不可混用。对概念进行严格区分,主要是从这类城市的数量及认定角度进行的。如朱永杰就严格区分"满城"和"驻防城"概念④,此外还区分了"满城""驻防城""满营"这些概念之间的区别和联系,认为驻防城和满营都包括满城。韩效等学者也认为,"满城"是驻防城中居住有八旗官兵及眷属的城市⑤。

根据清代历史文献的记载,现代学者归纳了被认定为"满城"的 3 条标准:第一,必须专门营建有封闭城垣。在《八旗通志初集》和《钦定八旗通志》中,杭州、江宁(今江苏省南京市)、荆州、凉州(今甘肃省武威市)、庄浪(今甘肃省永登县)、宁夏、成都、西安、巴里坤、吐鲁番等 10 处城市,都建有单独城池,被清朝官方文献称为"满城",朱永杰认为满城必须要建有封闭城垣。第二,认为满城内一定要有"正三品"以上的武官驻守。朱永杰据文献的记载,

---

① (清)章学诚:《文史通义》,上海古籍出版社 2015 年版,第 323 页。
② 纪大椿:《新疆历史词典》,新疆人民出版社 1994 年版,第 688 页。
③ 蒲开夫、朱一凡、李行力:《新疆百科知识辞典》,陕西人民出版社 2008 年版,第 994 页。
④ 朱永杰:《"满城"特征探析》,《清史研究》2005 年第 4 期。
⑤ 韩效等:《清代满城概念研究》,《西南交通大学学报(社会科学版)》2018 年第 3 期。

认为驻防将军①、副都统②、城守尉③、参赞大臣、办事大臣、领队大臣④等所驻之地，均专设有"驻防之城"，认为只有"专城"可称为"满城"，其余则不行，并将驻防官员品级作为判断是否为满城的标准。第三，城内还一定要有满洲八旗官兵驻防居住。也有研究者认为，城内居民只能为旗人，这样才可认定为"满城"⑤。

任何历史问题的认知和探索，都需要多学科的长期研究、辨析和融会，才可能更加接近"真实历史"。在历史学以往的研究中，其实早已涉及驻防城空间结构、满汉城关系等问题，只是未能在城市规划学视野中进行综合考察。一般而言，研究者多将驻防城视作单个"城市"或"军营"，再从民族关系角度分析"满城"和汉城的关系。如马协弟、定宜庄、朱永杰⑥、张威等学者，均将驻防城看作城市。从本质上说，驻防城空间隔离的本质目的，即是为了处理民族关系和维护军事安全。因此，在清朝行政城市的体系下，驻防城并不能完全与"城市"画上等号。

基于以上认识，我们认为，特定时代文献具有特定时代的观念背景，表述也有其特定语言文化内涵。同样，概念表述也有其特定语境，因此不能以清朝观念来界定现代学术概念。前已述及，学者将"营建有封闭城垣""驻守官员为正三品以上"等作为认定为"满城"的必要条件，其实，早有研究者注意到，

---

① 驻防将军在清初时为正一品武官，至乾隆时期改为从一品。是清代八旗驻防的最高军事长官。

② 都统是清八旗组织中各旗的最高军事官员，原为正一品，后改为从一品。副都统为正二品，掌管旗下户口、生产、教养和训练。在各省所设驻防之内，设有将军的城中，也一般设有副都统进行协助管理，如荆州；也有不设将军而直接设都统的，如张家口、热河。

③ 城守尉为清朝驻守于各省的专职武职，为正三品官职。其职掌为管理所在驻防城内的旗籍。

④ 参赞大臣、办事大臣和领队大臣主要设于清新疆，在伊犁将军下设此职，辅助将军进行军事等事务管理。参赞大臣主要职责是处理蒙古、回部相关事务；办事大臣主要辅助处理新疆地方军政事务；领队大臣统管索伦、额鲁特军队。

⑤ 贾建飞：《满城，还是汉城——论清中期南疆各驻防城市的称呼问题》，《西域研究》2005年第3期。

⑥ 朱永杰、韩光辉：《清代新疆"满城"时空结构研究》，《满族研究》2010年第3期。

清代有些城并未营建专门封闭的城垣,如福州、广州等。对于福州、广州是否为"满城"的问题,朱永杰、张威认为,没有专门城垣的八旗驻防城,只能称为"驻防城",而不能称为"满城"。何一民、黄平以及韩国任桂淳认为,福州、广州八旗驻防城,可以称为"满城"。

以上充分重视清代官方文献的研究方法,出发点当然是正确的,也的确呼应了历史研究的基本要求。但是,对清代驻防城的规划历史研究,更需要从宏观上把握重要历史和军事线索,用现代学术研究方法和思路进行探索。驻防城的确是清朝八旗驻防的特殊城市,但官方并未提出城垣、官员品级是判断是否为驻防城或满城的标准。从现代学术研究的角度而言,首先应突破传统文献的"束缚"。从城市规划学角度,"满城"中的"满"字,突出的是民族空间性质。有些驻防城中居住者不仅有满洲八旗,还有蒙古、汉军、察哈尔、锡伯八旗等。

而这种比较严谨的划分方法,使得清代的驻防城体系没有办法在同一个概念下完全得到认识。由以上分析,本书认为可进一步地提出,所有关于清朝八旗驻防城的名称中,可以统一于"驻防城"这一名称,但可以有广义和狭义之分。广义的驻防城,是指由清廷主持规划和营建的,具有军事、民族功能的"军事城市"、"军事城区"或"军事街区"。狭义的驻防城,是指建有封闭城垣,有八旗军队驻防,有规定品级官员驻守,并仅供八旗旗人居住的军事城市。狭义的概念即是清朝文献、现代学者研究所称的"满城",是"军事城市"类型的"驻防城"。

需要说明的是,在现代学术研究中广为使用的"驻防城"一词,虽然在最具代表性的清代官方文献《清实录》中只出现过1次,但隐含"八旗驻防城"的意义。据《清高宗实录》第七三一卷记载:"伊犁将军明瑞等以伊犁河新筑满洲驻防城,及哈什回人新筑城工告竣,奏请赐以嘉名,寻定伊犁河驻防城曰'惠远'。""筑满洲驻防城"句中"满洲驻防"为一词,其后"城"为一词,或并不能断句为"满洲(的)驻防城",而应是"满洲驻防(的)城"。可见,本体概念的称呼虽然有很多不同,但指向却只有一个核心词,因此用"驻防城"来统称比较合适。

从城市规划史角度,按本书所重新界定的"驻防城"概念,与以往"驻防城"概念有一定区别。在进行史料梳理和整理研究的基础上,本书提出,清朝先后在全国规划建设了 161 座驻防城,其中清朝"直隶"①共有 29 座,清朝"满洲"(今东北三省)共有 73 座,各"直省"共有 20 座,新疆及乌里雅苏台②共有 39 座。本书关于驻防城的数量、分布、规模、官员、兵丁以及建筑数量等信息,均基于《清实录》《八旗通志》《钦定八旗通志》以及诸驻防城所在省、府、县的地方志文献进行统计。同时,还注重历时性文献对驻防城数据的辨析,参考了现代学者研究成果,并基于前期研究的结果,对数据加以分析、选择和修订。

2. 多维尺度下的驻防城空间

本书在考察清朝驻防城时,加了"空间"两字,主要是从城市空间的不同维度来考虑的。清廷在扩张疆域之时,驻防城空间是整体的,体现为城市群的发展;从区域角度而言,在一定的历史时期内,驻防城的空间又是在一个特定的区域内展开规划和发展的;从城市的角度而言,为了满足军事、民族的不同功能,驻防城空间又呈现出了不同的特点。因而,本书的研究,内在地运用到了三个尺度的研究视野,即疆域、区域和城市。多尺度的研究关注不同时间和空间尺度上的历史地理与事件的相互作用,有利于理解地理、军事、政治以及文化等对城市空间变化的影响。三个尺度的研究,是由整体到局部,再由局部到城市,体现了层层递进的考察视野。在论及驻防城规划过程时,运用的是疆域的尺度;在论及驻防城的分布时,运用的是区域的尺度;论及驻防城的类型、

---

① 明清时期,将京畿地区称为"直隶"。明朝有两京,为"京师""南京",京师所在区域为北直隶,南京所在地为南直隶。

② 乌里雅苏台是清代北部的行政区划,其境为今蒙古国西部、苏联土瓦自治州、戈尔诺阿尔泰州、哈卡斯自治州和克麦罗沃州的南部,以及中国新疆阿勒泰地区。

内部空间时,运用的是城市的尺度。

需要说明的是,本书的"驻防城空间"与今天的"国土空间规划"有着一定的联系,但又有所区别。疆域尺度下的驻防城空间,是清代"空间规划"在军事空间上的表现,两者之间并不能画上等号。而区域尺度下的驻防城空间,则是清朝"区域空间规划"的表现。至于城市尺度下的驻防城空间,则是具有特殊类型的民族、军事防御的古代城池空间、城市区域或城市"街区"。

(1)疆域尺度下的驻防城空间

"疆域"是封建王权在地理空间上的表现形式。古代人们称"国土"为"疆域""疆土",各类史书无论是"一统志""省志""府志"还是"县志",都会论及"疆域",清朝"疆域"相当于今天"国土"的概念。清朝时期,满洲统治者不仅仅重视城池,还重视了地界。

明朝中后期疆域,并不及清朝中期疆域那么大。特别是在北方、西北地区,政权林立,并非全是明朝疆土范围。1616年,后金汗国早期"疆域"产生于明朝东北"辽东都司"。1375年,明朝将都卫改为都司,定辽都卫指挥使司改为辽东都指使司,简称"辽东都司",其辖区东起鸭绿江,西至山海关,南到旅顺口,北至开原。其地理空间大致相当于今天辽宁省的大部分区域。明辽东都司属于山东省,是东北政治、交通和经济的中心。至明末时期,东北对外交通路线主要有3条:一是辽东都司向南至旅顺口入辽东湾;二是辽东都司向西南经辽西走廊入山海关;三是大宁都司向西跨过长城关隘喜峰口进入北京。明朝在东北辽东都司境内并未设布政使,和其他直省有所不同,不实行州县制,而是实行的卫所制。这主要是针对东北一带的民族特点,而采取的特殊军事、行政相结合的管理方式。后金政权崛起于山脉、平原边缘,借助地理上的优势,战略上进守皆宜。这也是后金汗国疆域的"空间起点"。

至清朝中期,疆域才基本稳定下来。在此借用现代研究者的表述进行说明,"北至外兴安岭、恰克图(今蒙古国阿尔丹布拉克)、唐努乌梁海的额尔吉克塔尔噶克山,南至海南岛及南海诸岛(东沙群岛、西沙群岛、中沙群岛、南沙群岛和黄岩岛,最南点为曾母暗沙),西至巴尔喀什湖和葱岭,东至库页岛、台湾及其包括钓鱼岛等在内的附属岛屿"①。清朝中后期疆域的形成,实际上经过了漫长的扩张过程。光绪时期所绘制的地图,已对清朝疆域进行了空间描画。

至清朝时期,疆域有其历史变迁过程。清顺治至康熙时期(1644—1722),军事由山海关外转向明朝"十八行省",明朝疆域在双方军事斗争过程中,开始逐步缩小,同时也是清朝疆域扩张的开始。相较而言,清人入关后,驻防城空间的规划,开始具有统一的规划管理,规划速度和规模也远超清人入关以前。驻防城建设的加快,也与清朝疆域快速扩张的过程息息相关。

在疆域的尺度下,"驻防城空间"是将不同的驻防城看作一个个的空间上的"点",而并不关注这一层面上驻防城内部的地块、道路等,而是把驻防城置于清朝疆域的开始、形成、扩张与最后形成的历史空间之中进行研究,从而探索驻防城空间的初创、形成、高潮和衰亡的不同阶段。

紧密围绕清朝军事活动开展,本书在研究中还注重清朝时期"疆域"由小到大、从关外到关内、由北到南再到西北边疆的扩张变迁过程。在疆域尺度视野下,再次回归到清朝区域空间,对驻防城空间的认识就有了不同的空间格局形态,具有了多重研究视野和认知。

(2)区域尺度下的驻防城空间

"区域"本属于地理学概念。在本书的研究尺度中,"区域"和"疆域"是两个相对的概念,是整体和部分的辩证关系。在一定历史条件下,两者可以相互转化,关系也是动态的、变化的。清朝取代明朝疆域,这个历史过程实质上可以理解为"从区域到疆域"的转化过程,这同时也是驻防城规划历史发展的"空间背景"。

---

① 邱心田、孔德骐:《清代前期军事史》,军事科学出版社1998年版,第631页。

明朝早期"区域"向后金早期"疆域"转变。1636年后金改称"清"①,1644年清人迁都北京。但此时中原各省仍属明朝疆域,南明政权、农民政权林立,反清势力仍与清廷进行着长期的斗争,两个朝代疆域消长有一个过程。历经顺治至乾隆朝时期(1644—1795)约150年的军事斗争,才最终形成明朝"疆域"向清朝"疆域"的整体转变。

清朝在行政管理制度上,大体上仍然承袭明朝。明朝原有的行省在清朝时期基本上都得到沿用。"行政区划"是"解释历史事件的基础"②,是本书研究区域划分的重要参考指标,明朝实行"三司分治"(都指挥使司、布政使司、按察使司)③,布政使司相当于行政管理机构,主要负责地方民政和财政,其所负责的政区建置范围略同于后世所谓的"省域",除京师、南京之外,分别设山东、山西、河南、陕西、四川、江西、湖广、浙江、福建、广东、广西、云南、贵州等共14个布政司,下辖若干府、州、县,并大致对应了今天的这些省份。清廷将明"湖广省"划分为湖北、湖南2省,新增江苏省、安徽省、台湾省、甘肃省、新疆省、盛京省、吉林省和黑龙江省。本书研究中所指称的"区域"尺度,主要包括清朝的大部分"直省"④。按驻防城的分布情况,本书在论述中所用到的区域,主要包括"京畿"(直隶)、"直省"(诸省)、"满洲"(东北三省)以及"新疆",有一些省份内是没有设驻防城的。以上4个区域的划分也是现代研究者所基本

---

① 清朝帝王将相与古代专制帝王一样认为,朝代的兴亡与五行观念之间,存在着极为重要的内在关联。清朝原国号为"金",史称"后金","金"字五行属金,明朝之"明"五行属火。从五行上来看,有"火克金"之意,象征着明朝可以克制后金。后金在汉臣的建议下,改国号为"清",而"清"和"青"同音,意为黑色,五行属水,即是出于对"水克火"五行相克观念的运用。

② 周振鹤、李晓杰:《中国行政区划通史·总论 先秦卷》,复旦大学出版社2017年版,第23页。

③ 都指挥使司是明代掌管地方军事的官员;布政使司是"承宣布政使司",是明朝地方一级最高的行政机构,至明永乐时全国有13布政使司;按察使司为"提刑按察使司",掌管刑法。以上合称为"三司",均为明朝的封疆大吏,三司互不相属,布政使司属于明六部,按察使司属都察院,都指挥使司属五军都督府。

④ 需要说明的是,清朝的各个省的建省时间,并不是在清朝早期就已经确立了的事情,而是在不断发展的过程中逐步确立的。为了研究之方便,本书是以清朝中后期省份的划定作为标准的。

认可的,同时与清代魏源的划分方法基本一致,其中,"直省""满洲"是由多省所构成的区域。

区域尺度下的"驻防城空间",与疆域尺度下的"驻防城空间"具有相同的概念内涵,不同的是在区域视野下,将驻防城看作空间中的"点",城与城的距离更加接近,更容易形成驻防城市群,因而更适合在区域的视野下观察和研究这些驻防城市群。

(3)城市尺度下的驻防城空间

在关注驻防城的类型、满汉城的空间关系,以及城市内部空间布局之时,本书内在地是以城市作为研究尺度的。需要说明的是,此处"城市"与中国传统城池空间有着密切的关系,但又有所不同。在空间上,本书认为古代城市的核心是城池空间,但是古代城市不仅有中心城池,还有周围的县城等。作为府城的城市,有城池空间,还有地界空间。对于古代城市地界的描绘,是古代地方志最为看重的因素。城市尺度下的"驻防城空间"即是以传统城池作为驻防城空间的边界的,城垣、城门围合成的城市尺度下的"军事空间"。但是,需要说明的是,清朝有一些驻防城,并没有像传统城池空间那样,用城垣进行围合,而是在原有的府城之中,划定一个区域作为军事驻防的空间。

因此,驻防城空间形成与中国传统城市延续发展有一些不同,有的是在传统城市中嵌入军事和民族空间,有的是择地新建一座用于八旗驻防的新城池。为了更好研究这些驻防城空间,本书研究视野除了"疆域""区域"之外,还从"城市"尺度对驻防城空间关系、内部空间规划进行研究,实际上是从三个不同的尺度,研究并展现驻防城空间演变规律的。

第一章 驻防城空间规划的
历史文化背景

驻防城空间规划历史的产生、发展及演变,有其特定的历史文化背景。清朝历代帝王全力延续其专制王权,进而形成政治史;为了征服和获得更多土地、人口及财富,进而形成军事史;处理清朝时期不同民族之间的关系,确保王权不被推翻,进而形成民族史;等等。与此同时,清朝驻防城整体和局部的空间布局,也与清朝帝王的观念有着密切关系。为了达到巩固和延续王权的根本目的,清朝驻防城空间规划的历史应运而生。

本章的研究尽量避免宽泛的历史叙述,而是紧密围绕与驻防城空间规划历史密切相关的历史文化进行分析。在此基础上,明晰这些历史文化既是驻防城空间规划的背景,又是空间规划历史产生、发展和演变的内在动因,从中抽离出与规划史高度相关的历史知识和动因。

第一节 清朝王权构建及其延续

王权是催生驻防城空间规划的首要动力因素。王权又称"君权",在古代中国及西方世界之中,"君权神授"的专制君主制度,都是很普遍的文化现象。古代君主具有较大的个人权力,有时甚至可以"一言兴邦",专制国家的兴衰和王权的延续是密切相关的。中国古代的皇帝大多集王权、神权和军权于一身，清朝更是集大成者。王权深刻影响政治、文化、城市和建筑等的"形式变迁"①。

一、王权的构建

从詹姆斯·弗雷泽（James George Frazer）对宗教、王权关系进行论述，到玛丽亚·欧赫尼亚·奥贝特（Maria Eugenia Aubet）对地区王权在政治和经济方面的重要性论述，王权与宗教、经济、政治以及军事有着高度的互动关系。特别是军事，不仅支撑了王权的强度和稳定性，还决定了王权的影响力和持久性。清代的王权与民族关系、地方关系、科举制度关系、对外关系等相关。

在后金汗国建立之初，女真族还未形成自身民族文字、法律和思想体系。其后，则迅速仿效明朝设"内三院"，并建立选官、荫袭和致仕体系②，统治者想从根本上取代明朝并获得新生政权"合法性"③。新王权的确立不仅需要依靠一定的制度体系，还需要持续的军事活动进行维护。从本质上来说，后金统治者要回答并解决"如何使社会无序走向有序？""如何处理好不同民族之间的关系？"等一系列重大问题，从而才能完善社会支配形态，最终达到政治和思想的高度统一。

王权的构建，首先具体体现在制度构建方面。在清朝前期，特别是在迁都北京以前，文化制度实际上已经形成"多元的、混合型文化"④，这也为"入主中原"奠定了较为深厚的文化基础。清人入关后，依托明朝已有的制度基础，制定了大量的律令制度，即是在此文化体系下所进行的文化行为。其中，包括

---

① 莫海量、李鸣、张琳：《王权的印记：东南亚宫殿建筑》，东南大学出版社2008年版，第34页。

② 武航宇、明月：《元、明、清前期中国北方少数民族法律汇编与研究》，吉林文史出版社2009年版，第122页。

③ 葛兆光：《中国思想史》第1卷《七世纪前中国的知识、思想与信仰世界》，复旦大学出版社1998年版，第159页。

④ 刘凤云：《奠都盛京：清朝入关前文化体系的构建》，《清史研究》2016年第3期。

制定并不断完善的《大清律例》《大清会典》，以及大量清廷各部"则例"。这些制度通常是通过以内阁、六部、议政王大臣为中心的官僚体系来执行的。清朝王权沿袭"集权于上，分权于下"的专制方式，并借助国家机关进而达到控制全国的目的。

王权构建中更为深层次的部分，即是礼制的构建。礼制关乎形式和人的行为，相较军事和武力而言，需要更多时间完成其构建过程，但却是军事和武力手段之外的有效方法。1644 年，清朝迁都北京之后不久，清廷就提出"崇儒重道""文教是先""满汉一体"的治国思路，并任用大量汉臣来协助治理国家。清朝礼制构建方面的措施，主要包括对传统礼经的重新"解释"，形成《三礼义疏》等文献，社会对传统"经""史""子""集"文献有广泛的接受基础。清朝经学复古，脉络重传①，且通过科举教育和考试进行传承并发挥持续影响。

在社会思想方面，清代士人也一改明朝以来心学、理学禁锢，开创"经世致用"新风气，也为清代汉族士人专注解决当时社会问题，提供了"文化出路"。清朝统治者再借助政治机构来笼络汉族人才，以礼制文化实行观念巩固，"制度化""礼治化"得以逐步形成。

二、王权脉络及其延续

王权的延续主要还是依靠军事来进行维护的。军事目的下的驻防城空间规划，其形成与发展与传统世袭制下"王权延续"有密切联系。为了加强和巩固王权，"军机处""密折制度""秘建皇储制度""文字狱"等政治和文化现象不断出现，这也正是清朝君主集权强化的重要手段和表现。

清朝不同皇帝个人的施政行为，往往会因性格和能力的不同而有所不同。帝王虽然拥有强大的个人权力，但却完全受制于以儒家思想为主的思想体系。自 1616 年后金立国至 1911 年清朝灭亡，共有 12 位皇帝前后相继，体现的是

---

① 叶鋆生：《中国史略丛刊 第 2 辑 中国人文小史》，中国书籍出版社 2019 年版，第 144 页。

清朝王权的延续过程(表2)。

值得注意的是,在继承王权的过程中,不同帝王仍然会极力贯彻先王的政治、军事等的主张。同一个重大军事策略,往往会涉及好几位帝王。一个王朝的王权构建与维护,并不是哪一个帝王的事情,而是在世袭制度之下多个皇帝共同"帝业"。为延续王权,清朝建立密储制度,以皇位继承方式完成。

表 2　清朝帝王及纪元表

帝王庙号及姓名 (爱新觉罗氏)	年号及 沿用时间	公元纪年	帝王庙号及姓名 (爱新觉罗氏)	年号及 沿用时间	公元纪年
太祖(努尔哈赤)	天命(11)	1616	仁宗(颙琰)	嘉庆(25)	1796
太宗(皇太极)	天聪(10)	1627	宣宗(旻宁)	道光(30)	1821
	崇德(8)	1636	文宗(奕詝)	咸丰(11)	1851
世祖(福临)	顺治(18)	1644	穆宗(载淳)	同治(13)	1862
圣祖(玄烨)	康熙(61)	1662	德宗(载湉)	光绪(34)	1875
世宗(胤禛)	雍正(13)	1723	溥仪	宣统(3)	1909
高宗(弘历)	乾隆(60)	1736			

总而言之,驻防城的产生、发展和演变,有其独特的、内在的演变规律,这也正是清朝统治者为了确保王权的延续所带来的必然结果。

第二节　清朝军事文化及军事发展脉络

古代王朝对王权的巩固,直接表现为疆域的扩张和维护,疆域的扩张和维护又主要是以军事的方式来实现的。简言之,王权是军事的动因,军事是王权的保障。帝王专制及王权初创,会影响历史时期军事活动产生和发展。因此,军事发展脉络是促进驻防城规划历史产生、发展和演变的重要因素。

一、军事文化特色

清朝的军事文化对驻防城规划的影响是内在的。前已论及,驻防城有

"旗城""八旗驻防城"等不同称谓,这即是和"八旗""八旗制度"等密切相关。这实际上也暗示了清朝军事文化具有其自身特点。八旗制度形成自上而下的严格管理体系,是清朝的重要制度,也是清朝军事文化的特点。

"八旗"之制的"八",在制度渊源上与周代"八侣"①、辽金元时期"分镇边圉"、明代"卫所制"一脉相承。"分镇""拱卫"是其基本军事和组织特征。明代卫所制度中"百户所"下辖"总旗""小旗"基层单位,每个"总旗"下5个"小旗",每个"小旗"有10人。在明朝曾经做官的努尔哈赤对此应相当了解。因此,清朝"八旗"即是在汉文化的基础上创造而来的。

从满族民族角度而言,"八旗"也有其民族文化基础。八旗与女真人的牛录制度有密切关系。牛录是满洲早期生产和军事相结合的社会基层组织②,同一个牛录中的成员,大多来自同一个"穆昆"或"嘎珊"③。努尔哈赤在征战及兼并散居于吉林、黑龙江等各处女真部落过程中,用不同旗色区分不同牛录。1635年,设立蒙古八旗,将察哈尔官兵、蒙古等部编为蒙古八旗,后来又设立汉军八旗。形成于17世纪初的"八旗",与满族共同体的形成是同步的,也是在满、汉文化的融合中形成的。

在清朝建立之初,八旗制度有利于各民族的融合,也有利于清朝王权的集中④。担任八旗的旗主,有皇帝、诸王或贝勒。八旗"以旗统人,以旗统兵",同时也是区分"旗人""民人"的重要手段,这种划分自然具有鲜明的满

---

① 程建军:《中国古代建筑与周易哲学》,吉林教育出版社1991年版,第126页。
② "牛录"意为"大披箭",是女真族不同村寨代表,镌刻记号以示区别。牛录首领称为"额真",意为"主人","牛录额真"的汉语为"佐领"。
③ "八旗"可上溯到我国满族前身女真族的早期社会组织形式——穆昆制。穆昆制以血缘关系为基础,是女真基层社会组织形式。后金汗国建立以前,随着女真族人口的不断增多,逐步形成以村屯为组织单位的聚居方式——嘎珊。该制度自金代起就已经存在,是以女真人的地缘关系作为基础的。反映了历史上女真人狩猎、生产和军事行动的基本特征,体现了女真族军事联盟的性质。
④ 徐凯:《清代八旗制度的变革与皇权集中》,《北京大学学报(哲学社会科学版)》1989年第5期。

族民族特色①。

"八旗驻防"是八旗制度在军事上的体现。清代地方统兵体制分为八旗系统和绿营系统,正规军有八旗军和绿营军。八旗军队由都统、将军统属,其下设八旗驻防衙门,称为"军府制";绿营军队由总督、巡抚、提督统率,称为"督抚制"。在军事上,清朝形成了完备的体系,由皇帝控制的军机处为最高机构②,军事政令机关为清兵部。掌管八旗军事机构还有八旗都统衙门,是掌管旗务的最高机构。

驻防城中的八旗军队,分为"禁旅八旗"和"驻防八旗"。"禁旅八旗"驻守于北京内城之中,"驻防八旗"驻守于各地驻防城市之中③。但实际上,八旗军队中按民族成分来看,满族仍然占少数。清朝初期,八旗军队约20万,而明朝降兵约60万,兵力对比悬殊④。因此,八旗军队实际上是在八旗制度下整编而成的多民族军队。

驻防城与八旗驻防有密切的关系,八旗军队需要有一定的军事空间来驻守。两者之间的关系可概括为:八旗驻防是驻防城空间规划的动因,驻防城是八旗驻防的军事、民族空间。总之,因为八旗驻防才产生驻防城,驻防城是为了八旗驻防而规划和建设的。

需要注意的是,清朝官方文献将"八旗驻防"简称为"驻防",这体现了清朝统治者的民族身份。有的还在驻防地所在城市名称之后加上"驻防"两字,如

① 据《八旗通志初集》记载:"以镶黄、正黄、正白为上三旗。余五旗统以宗室王公,居重驭轻"。由皇帝控制的正黄、镶黄、正白三旗为"上三旗",余则由诸王、贝勒统辖,为"下五旗"。八旗制度由上至下、由里至外,形成了完备管理体系。

② 清朝"军机处"全称为"办理军机事务处",设立于雍正八年(1730)。军机大臣和官员均为兼职,其职责是"掌军国大政,以赞机务"。清朝兵部早在清人入关之前就已经设立,设立于天聪五年(1631)。兵部下设有:武选清吏司、车驾清吏司、职方清吏司、武库清吏司等官职。

③ 清朝"禁旅八旗"主要是居住于北京内城之中,分为"亲军营""前锋营""护军营""步军营""骁骑营""火器营""健锐营"等的禁卫军;驻防八旗的人数,按区域来划分,在东北区域一共有兵力38661人,在畿辅区域共有兵力15844人,在各直省区域共约5万人,总人数约为11万人。

④ 定宜庄:《清代八旗驻防研究》,辽宁民族出版社2003年版,第1—2页。

"荆州驻防""西安驻防""广州驻防"等,省去"八旗"两字,是从清朝统治者民族身份角度而言。因此,清朝时期"八旗驻防"与"驻防"存在通用现象①,在史籍中要加以注意和辨别。此外,在实际学术研究中,也有学者使用"驻防八旗"一词,并与"八旗驻防"多有混用②,这也是需要在研究中加以注意的现象。

二、军事脉络发展

早在先秦时期,人们对战争已有理性认识,认为城市是军事争夺的中心。《尉缭子·兵教下》就提出了"地大而城小者,必先收其地。城大而地窄者,必先攻其城"。城市选址、水陆交通线路,往往经过详细规划,是地理空间的节点,更是古代军事战略的核心。古代大到王城、省城、府城和县城,甚至小到村落,都充分考虑军事防御因素,并对古城市规划行为产生了长期而深远的影响。

"开疆拓土"的军事行为,是巩固王权的重要手段之一。清朝迁都北京以后,在多尔衮(1612—1650)的军事策略下,清军逐步进军中原,并彻底取代了明朝政权。康熙、雍正、乾隆时期,军事活动频繁并"防内御外",不断开拓疆域并使之远超明朝。

---

① 在清朝官方文献中,"八旗驻防"一词最早见于康熙时期。据《清圣祖实录》记载,"今西安、江宁设八旗驻防官员,亦应照荆州设立",以全本《清实录》进行统计,该词仅使用过20次。在《八旗通志初集》《钦定八旗通志》之中,多用"驻防"一词。《八旗通志初集》是专门记述八旗历史的志书,成书于乾隆初期,该书《兵制志》将"八旗官制"与"八旗驻防官员"并列,但其《职官志》又将"八旗通例"与"驻防通例"并举。《钦定八旗通志》也是专门记述八旗历史的志书,成书于嘉庆初期,书中《兵制志》将"八旗兵制"与"八旗驻防"对举,《职官志》称"各处驻防大臣"而不著"八旗"。光绪初所修《荆州驻防志》的书名只称"驻防"而无"八旗"二字,不过该典籍"序言"及正文部分,却同时有"荆州驻防八旗志""荆州旗营驻防志""荆州驻防志"等几种不同表述方法,相对比较混乱。

② 从现代汉语角度分析,"八旗驻防"有"八旗驻防于某地"之意,是属于主谓结构的短语。不过,在清朝文献中却具有"名词化"的特征,有"八旗驻防的军事基地"之意。八旗制度为清朝所独有,八旗驻防亦为清朝所专有,其意即是指以清朝八旗军为武装力量的军事驻防。"驻防八旗"应是指八旗驻防地的"旗人",该词意应是指"驻防(地的)八旗(旗人)",是属于偏正结构的词语,承后有省"旗人"的意味。综合来看,清朝时期"八旗驻防"与"驻防"意义相通,"驻防八旗"又有"驻防旗人"之意。在现代学术研究中,这两个词语内涵都发生了变化,因而具有历史学、民族学的概念特征。

清朝军事对驻防城空间规划的产生起到了推动作用。清朝的军事活动较为频繁,在不同时期、不同区域内表现各有不同。本书通过对清朝历史文献和现代学术研究成果的梳理,现将清朝重要军事活动归纳如下(表3)。

表3　清朝时期重要军事事件一览表

历史时期	重要军事事件	时间	军事目的	战事主要区域
天命时期 (1616— 1626)	萨尔浒战役	1618	争夺辽西区域	明山东省辽东都司
	沈辽战役	1621		
	广宁战役	1622		
	宁远之战	1626		
天聪至 崇德时期 (1627— 1643)	宁锦之战	1627		
	东征朝鲜	1627—1636	巩固满洲后方	朝鲜
	统一蒙古诸部	1627—1638		鞑靼
	大凌河之战	1631	争夺辽西区域	明山东省辽东都司
	旅顺之战	1633	突破山海关	
	招抚黑龙江诸部	1634—1641	巩固满洲后方	明奴儿干都司
	松锦之战	1640—1642	争夺辽西区域	明山东省辽东都司
顺治时期 (1644— 1661)	山海关之战	1644	突破山海关	明京师(北直隶)
	灭陕西大顺政权①	1644—1645	平定明陕西、河南、山西省	明山西、陕西、河南省
	灭南明弘光政权②	1645	平定明南京	明南京(南直隶)、浙江省
	灭四川大西政权③	1645—1646	平定明四川省	明四川省
	灭南明隆武、鲁王、绍武、永历政权	1645—1651	平定明福建、广东、云南、贵州省	明福建、广东、湖广省

① 明末李自成起义军所建立的政权,崇祯十六年(1643),李自成占领西安后,于次年改西安为长安,并称为西京,国号"大顺"。

② 据谢国桢《南明史》研究,所谓"南明政权",即清朝建立以后,广大南方地区所建立的短暂的明朝地方政权,包括:建国于南京的弘光政权、闽中的隆武政权、西南的永历政权、浙中的鲁王政权以及最后的永历政权。这些政权在江南坚持抗清18年,1661年明朝彻底灭亡。

③ 明末农民起义军张献忠所建立的政权。崇祯十六年(1643),张献忠于武昌称"大西王",次年进入四川蜀地,在成都称帝,以成都为西京。

历史时期	重要军事事件	时间	军事目的	战事主要区域
康熙时期 （1662— 1722）	平定郑成功	1662—1683	统一台湾	清台湾省
	抗击沙俄入侵的战争	1665—1689	抗击沙俄入侵	清黑龙江省
	平定三藩之乱	1673—1681	平定内乱	清广东、福建、湖广、四川、广西、云南省
	平定陕甘王辅臣之叛	1673		清陕西、甘肃省
	对噶尔丹的征战	1690—1697	平定准噶尔叛乱	清新疆省①
	对策妄阿拉布坦的征战	1715—1718	平定西藏贵族叛乱	清西藏
雍正时期 （1723— 1735）	平定青海罗卜藏丹津叛乱	1723—1724	平定青海蒙古贵族叛乱	清青海省
	对噶尔丹策零的征战	1724—1733	平定准噶尔叛乱	清新疆省
乾隆时期② （1736— 1795）	平定大小金川的战争	1749—1774	平定大小金川土司叛乱	清四川省
	对达瓦齐征战	1755	平定准噶尔叛乱	清新疆省
	平定阿睦尔撒纳叛乱	1755—1757		
	平定回部大小和卓叛乱	1756—1757	平定新疆回部叛乱	
	对廓尔喀战争	1784—1791	抗击廓尔喀入侵	清西藏
嘉庆至道光时期 （1796— 1850）	平定川楚陕三省农民大起义	1796—1804	平定内乱	清四川、湖北、陕西省
	平定京畿和直鲁豫三省农民起义	1813	平定新疆回部内乱	清直隶、山东、河南省
	平定张格尔叛乱	1824—1828	平定内乱	清新疆省
	第一次鸦片战争	1840—1842	抗击英国入侵	清广东、福建、浙江、江苏、天津等地
	第二次鸦片战争	1856—1860	抗击英法入侵	清广东、天津等地

① 清朝新疆省在建省之前,史书中多称为"西域"。"新疆"之名并不存在,至清后期新疆建省后,才有"新疆"之名。此表及本书表述中,有时为地理方位、空间指称方便准确,即使在新疆未建省之前,仍称这一区域为新疆。

② 乾隆时期,还有各族人民的一些反清起义,主要产生并活动于"十八行省"范围内,因其规模相对较小,且与驻防城的规划和建设并无直接关系,故本表不予列入。如1774年的山东王伦起义,1781年的甘肃撒拉族起义、回民起义,1787年台湾林爽文起义,1795年湘黔苗民起义等。

历史时期	重要军事事件	时间	军事目的	战事主要区域
咸丰时期 （1851— 1861）	对太平天国农民革命战争	1851—1866	平定内乱	清"十八行省"
	对捻军与天地会起义战争	1852—1868		
	对西南、西北人民起义战争	1854—1873		清云南、广西、四川、陕西、湖北、甘肃省
同治光绪时期 （1862— 1908）	收复新疆的战争	1865—1882	收复新疆	清新疆省
	对法国的战争	1883—1885	抗击法国自越南的入侵	清广西、台湾、东南沿海地区
	中日甲午战争	1894—1895	抗击日本侵华	东南沿海
	抗击八国联军侵略的战争	1900	抗击八国联军的入侵	清京师、天津、黑龙江、吉林、盛京
	抗击沙俄、英军入侵边疆的战争	1900—1904	抗击英、俄入侵	清黑龙江、西藏
宣统时期 （1909— 1911）	辛亥革命	1911	推翻清王朝	全国诸省

由上表可见,清朝时期的不同军事活动,在时间上的延续是自始至终的。从时间发展序列及清朝历史发展整体特点来看,清朝军事发展脉络大体可划分为以下4个阶段:

（1）"关外建国"阶段（1616—1643）。在"后金汗国"建立之初,也即天命至崇德时期,后金同明朝交战的地方,是在明辽东都司的大致地理范围之内,也即今东北平原一带。此时期为后金王权的初创时期,努尔哈赤统一女真各部,入关之前与明朝争夺辽东、辽西,围绕争夺城池,开展的各项军事活动均围绕争夺王权的目的展开,此阶段战事持续时间比较短,一般为1—2年。

（2）"入主中原"阶段（1644—1673）。顺治至康熙中期,是清人入关之后对明朝原有"十八行省"进行控制的阶段,军事活动迅速扩张至全国且较为频繁,持续时间大多较长。如平定"三藩之乱",从康熙十二年（1673）一直到康熙二十年（1681）结束,时间长达8年。

（3）"经营边疆"阶段（1674—1795）。康熙中期至乾隆中期，是清朝开拓边疆的时期，清廷对东北及新疆区域进行了更为严格的军事控制，巩固多民族统一国家，加强边防建设，用兵主要集中在今东北、新疆一带。

（4）"攘外安内"阶段（1796—1911）。乾隆中期至道光中期，此时期清朝国内阶级矛盾突出，民族矛盾激化，土地兼并严重。山东、甘肃、四川、陕西、湖北等省内的农民起义不断，在第一次鸦片战争之前，清朝用兵重点在于"防内"。1840年为中国近代史开端，此后，清朝战事重点围绕"攘外安内"目的，"安内"是以平定太平天国等农民起义的战争为主，"攘外"主要在于抵御西方列强入侵，清朝开展了一系列反对列强侵略的战争。

三、军事空间变迁

随着清朝历史的发展，军事活动在空间上也分布于当时清朝各省，战争性质可归纳为"防内"和"御外"两种。"防内"军事是民族内部矛盾体现；"御外"军事是国家外部矛盾的反映。军事活动产生于清朝的疆域空间中，主要的军事活动，在时序下也具有变迁的过程。驻防城空间规划与清朝疆域的开拓、军事空间变迁历程相伴始终①。

经文献梳理和认识，与驻防城空间规划密切相关，大规模的军事活动，也存在着空间的转换和变迁过程："明辽东都司"（1616—1644）——"明北直隶"（1644—1673）——"明十八行省"（1644—1673）——"清新疆"（1674—1795）（图1）。其中，在"明北直隶""明十八行省"的军事空间拓展实际上属于同一时期。

综合来看，清朝的军事脉络发展、军事空间变迁与驻防城空间的产生、发展和演变，有着较高的"匹配度"。如后金汗国与明朝在争夺辽东都司的领地时，就开始伴随早期东北八旗驻防的营建活动，如赫图阿拉、辽阳东京城、沈

---

① 定宜庄：《清代八旗驻防研究》，辽宁民族出版社2003年版，第116页。

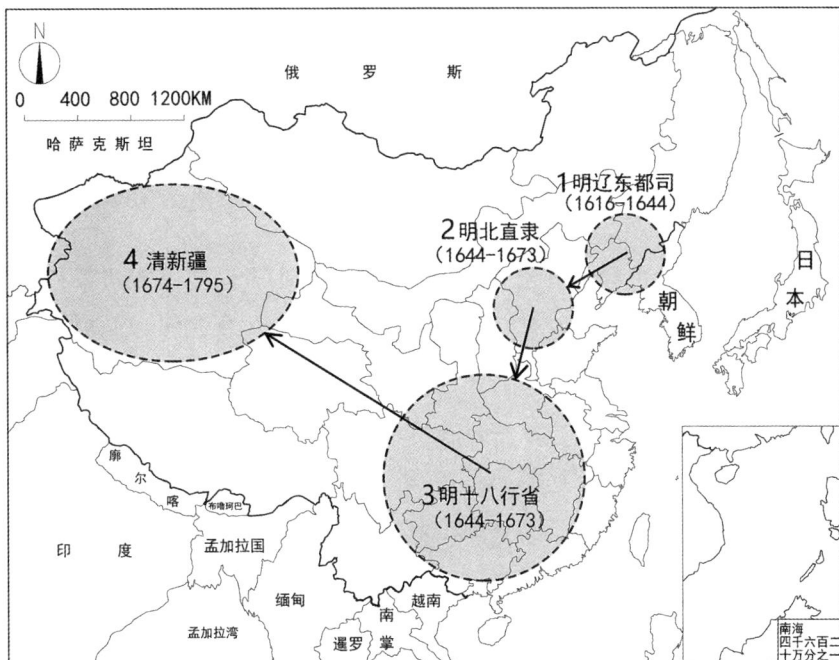

图1 1616—1795年清朝军事空间转换过程示意图

底图来源：谭其骧主编：《中国历史地图集清时期》第八册，中国地图出版社1996年版，第3—4页。

阳城等，这些城既是八旗驻防城，同时也是当时后金政权临时都城所在。当主要军事活动转向明"十八行省"之时，重要省城内开展营建驻防城的活动，如杭州、江宁、西安、福州、荆州等；当主要军事转向"清新疆"之时，新疆规划建设大量驻防城，如"伊犁九城"、巩宁城、徕宁城等。

总而言之，清朝城市规划与军事活动是互动的、配合的。除了传统的省、府、县城的营建之外，军事活动也引发了大量驻防城的规划，而驻防城的规划又反过来促进了军事活动的开展。

第三节 清朝民族关系发展及变迁

清朝是多民族共生共存的封建专制国家，也是历史上民族众多的王朝之一。在社会发展、城市建设之中,清朝统治者自始至终都要充分考虑不同民族的共生共存的问题,处理好民族关系问题,驻防城的规划亦是如此。因此,在此有必要了解清朝民族关系及变迁的大致情况。

一、"首崇满洲"的民族政策

从清朝民族关系看,"首崇满洲"①、"满汉有别"②这些民族政策和观念,是引发清朝驻防城规划的重要"制度因素"之一。出于维护王权的根本目的,清朝确定了"首崇满洲"的民族政策。驻防城军事空间的营建,即是出于军事安全和不同民族和谐共生共存的考虑。

清朝档案文献对清朝"首崇满洲"的肇始有明确记载。清人入关后在制度上仍然"首崇满洲",清初顺治帝在满汉官员问题上,与汉臣就曾有过一段争辩。在《清世祖实录》中,记载了顺治帝的一段话:"彼时可曾咨尔汉臣而为之乎?朕不分满汉,一体眷遇,尔汉官奈何反生异意?若以理言,首崇满洲,固所宜也。想尔等多尔明季之臣,故有此妄言尔。"③这段话真实地反映了清初之时,皇帝对待满、汉民族的不同态度,也促进了"首崇满洲"民族政策的最终形成。

在清朝历史发展过程中,清朝帝王们始终难以逃脱"首崇满洲"的狭隘民族主义,总是在"满汉有别""满汉一家"观念之间徘徊不定。清朝以满族贵族为主,吸收蒙古族、汉族等贵族,对待不同民族所构成的八旗旗人群体,清朝向来就有"首满洲、次蒙古,又次汉军"的观念等级顺序。顺治帝也曾公然主张"首崇满洲"。在清朝民族关系的发展历程中,以满族为主体的旗人比其他民

---

① "首崇满洲"是清朝的基本国策,其政策具有曲折发展历程。清初时即已确立,满官可以议政,而汉官不可以,在诸王管理的部院中,满官的权力要大于其他官员。在清朝民族政策发展过程中,又与"满汉一家"思想交织并行,是清代民族思想的核心内容。

② 常建华:《大清:一个首崇满洲的复合性中华皇朝》,《清史研究》2021 年第 4 期。

③ 《清世祖实录》卷七二。

人具有更高政治、文化和法律等方面的特权①。

为解决过去专制王朝的根本制度缺陷，并巩固满洲民族的特殊地位，处理不同民族之间的关系，清廷分官员为"内""外"，即满官、汉官（包括其他民族的官员）。满官在清朝官僚体系中占据绝大多数要职，这也正是"首崇满洲"的具体体现。此外，还将传统"分封""分藩""分疆"改为"封官""封王"之制，宗室受皇帝恩礼，也有"八分"之制，即功臣功勋并不固定，宗室、他族功臣更不能画地为牢，"身份"和"功勋"分离，各个势力得到分散，清朝"首崇满洲"的民族性得到进一步巩固和加强。

二、满汉关系发展脉络

在"首崇满洲"的政策下，民族关系是清朝统治者所要面临的重要问题。清朝时期也是我国历史上民族大融合时期，除了满族和居于各地的汉族之外，清朝时北方还分布有蒙古族、达斡尔族、鄂温克族及鄂伦春族；在西北有维吾尔族、回族、哈萨克族等；西南有藏族、门巴族等；在中南和东南还有苗族、黎族等②。为了管理好各民族事务，清廷设置了专门的民族事务机构，有理藩院、鸿胪寺等，是多民族格局在政治制度上的反映。

在清朝众多民族关系中，"满汉关系"是最为重要的民族关系，也是清朝民族关系的代言词。"满汉关系"是清史研究的重要课题，主要体现在清初社会满汉关系、八旗制度内部满汉关系、清朝边疆治理中的满汉关系，以及晚清的满汉关系等方面。从清史学术共同体的长期研究成果中，可大致梳理清朝满汉关系发展脉络如下：

（1）在探索"女真族源"的认识过程中，我们不仅要回溯到清朝的兴起，还要深入理解清初"首崇满洲"的政治文化背景。清朝发源地在中国的东北部，

---

① 刘小萌：《清代旗人民人法律地位的异同——以命案量刑为中心的考察》，《清史研究》2019 年第 4 期。

② 翁独健：《中国民族关系史纲要》，中国社会科学出版社 1990 年版，第 592 页。

一个历史悠久、多民族共居的地区。随着清朝的兴起,东北地区的民族关系经历了显著的变化,尤其是满汉两族间关系。在清朝,满族在政治、军事、文化等各方面占据了重要地位,这体现在一系列政策和社会结构上。比如,清朝初期"首崇满洲"政策,即强调满族的文化和身份,以此巩固满族的统治地位。同时,清朝的勃兴也伴随着对儒学的接纳和推广,这一过程被称为"政权儒学化"。清朝统治者通过整合儒学思想,使其成为维护国家统治和社会稳定的重要工具,这在一定程度上促进了不同民族文化的交融。

(2)"民族意识"的发展。在八旗制度内部,满汉关系具体体现为"建州女真""满族共同体""引族入旗""八旗整体意识"的形成过程。建州女真是明朝末年东北地区的一个女真部落,后来逐渐发展壮大,形成了强大的军事力量;在八旗制度下,满洲人通过与其他民族的交流互动,逐渐形成了共同的语言、文化和习俗;引族入旗是指将其他民族的人纳入八旗制度,使其成为八旗的一部分。这一政策有助于扩大八旗规模,增强其战斗力,也促进了不同民族之间的交流与融合,有利于民族团结和国家的稳定。这些因素共同推动了民族意识的形成,成为后金建立、清人入关的重要观念因素,也是八旗制度下不同民族融合的开始。

(3)"民族交流"的加强。在清朝的地方社会中,旗人与民人之间的互动呈现出一种明显的"旗民有别"的现象,这种差异根植于封建社会的等级制度。身份的划分十分明确,属于八旗的成员自然享有一定的特权和地位,而那些非旗籍的民众则处于相对较低的社会阶层。旗民之间的关系不仅是满汉两大民族关系的具体映射,也是地方社会结构的一个重要组成部分。

(4)"民族融合"的形成。在晚清时期,中国社会经历了一段特殊的民族交流与观念变革。从最初的"反满屠满"情绪,逐渐转变为"满汉一家"的和谐共处理念。这一时期标志着中国近代民族关系的重大转折,从最初的相互异化,逐步走向深入的民族融合。正是通过这一连串的变迁和互动,中华民族共同体逐渐成型,为中国的民族团结与和谐奠定了坚实的基础。这一历史阶段不仅体现了民族间相互理解与包容的重要性,也映射出中国多元一体的民族构成,以及在历史长河中不断发展变化的民族关系。

整体而言,清朝"满汉关系"经历了"首崇满隔军洲"到"满汉一家"的发展历程①,充分反映了清朝各民族从交流到融合的过程。驻防城空间规划的历史发展,与满汉民族关系的发展脉络是相伴始终的。

第四节　清朝城市布局的观念文化

"清承明制"这一说法,通常被用来描述清朝在政治和文化制度上对明朝的继承,从城市空间规划的视角来看,清朝的城市规划也深刻继承了明朝的城市空间布局和总体规划设计。这种继承不仅仅是对地理和结构的模仿,而是反映了一种更深层的"规划意图",即在城市布局中融入了"先验"的疆域布局和区域分布理念。这种规划思想主要体现在当时专制帝王的治理观念之中,反映了他们对于城市空间和社会结构的统筹考虑。同时,这也构成了驻防城规划的文化和观念背景,表明了清朝对于城市规划的重视程度以及其在文化和政治层面上的延续性。

一、驻防城整体布局的观念演绎

一切古代历史都是当今和未来的理论来源。中华文明形成的基础即是"整体观"。《老子》首篇"无欲观妙"即暗示了整体观的视野和体悟。《孟子》第 15 章也说"先立乎其大者,则其小者不能夺也",指导人们在认识世界的过程中,应该有先整体后局部的顺序。中国古代的城市空间,受到了传统文化的

---

① 杨学琛:《清代民族关系史》,吉林文史出版社 1991 年版,第 191—198 页。

内在影响,城市空间中的文化主要包括了"整体观"、"阴阳哲学"及"尚中求变"的思想①,其中,"整体观"思想更是影响深远。

整体观已成为中国传统文化的重要基因之一,符合中国文化"内向开拓""天下观""和谐"的特点。对于清朝而言,"内向开拓"奠定了清朝疆域空间的基础,统治者具有"天下观",又具有了"九州""四海"的空间意象,更是古代封建王权的代言词,"内外之观"也体现了"整体观"。《诗经·北山》所说"溥天之下,莫非王土;率土之滨,莫非王臣",充分反映古代帝王看待疆域时所体现出来的"整体观"思维。

中国古代城市规划的历史脉络呈现出一种独特的整体性和系统性。不论是在宏观的国家层面还是微观的乡村建设,从城市的规模到形制设计,每一个方面都融入了整体规划的思想。这种规划不单是一种物理空间的布局,更是一种深刻的"体系思维"下的智慧体现。在这个过程中,清朝对于汉文化的认可与接受起到了关键的支撑作用。清朝的城市规划沿袭并发展了汉文化的城市规划理念,展现了历史的连续性和文化的深层认同。这种继承不仅仅是对过去的模仿,而是在理解和吸收基础上的再创新和发展,彰显了中国古代城市规划的深远影响和长期价值。

在清朝时期,统治者对于驻防城的理解已经形成了一种"体系化"的认识。这种认识不仅体现了清朝史官对于城市分布的独到见解,也映射出了他们对于城市布局的整体化、体系化的深刻洞察。随着历史叙述不断展开,清朝史官们在文本中实际上是在清朝的疆域空间里,将不同时期的驻防城进行叠加观察,从而反映出统治者对疆域中的城市空间和驻防布局的全面规划意图的。清朝统治者的观念中,山海关以外的东北地区是其发祥之地,而关内的广阔区域也是重要组成部分。在帝王的观念中,"天下"即是大清帝国的版图,这种观念不仅体现了清朝对其统治范围的全面性,也反映了政治和地理观念

---

① 牛雄等:《中国城市空间文化基因探索》,《城市规划》2020 年第 10 期。

的坚持。通过这种方式,清朝的统治者不仅在地理空间上扩展了自己的疆域,也在文化和政治上巩固了统治地位。

二、驻防城区域分布的帝王观念

清朝的帝王们为了巩固其统治地位,不仅需要在广阔的疆域内实行王权,同时也必须高效地管理这些领土。这一战略涉及全局的视角,特别是对于区域军事安全的考量,导致必须要在关键地区实施八旗驻防制度。在清朝的历史文献中,关于驻防城市的区域分布,存在多种分类和认知方式。这不仅体现了清朝统治者对城市及其地理位置的深刻理解,也反映出他们对整个帝国空间布局的全面观念。

八旗驻防制度所形成的驻防城市在整体空间布局上,与其地理位置、历史重要性及军事功能等因素紧密相连。清的历史文献在描述八旗驻防的总体布局时,实际上揭示了对这些城市空间结构的深入理解,因此对这一主题的探讨与阐释显得尤为重要。清代的官方记载已经对驻防城市进行了详细的描述。编撰历史的学者们,在记录八旗驻防的历史时,采纳了多样化的分类方法,反映了"帝王观念"框架下对驻防城市区域分布的独特见解(表4)。

表4　清朝文献中八旗驻防整体分布的"知识体系"

成书时间	公元纪年	历史典籍	八旗驻防的划分方法
康熙二十九年	1690	《康熙大清会典》	畿辅、奉天、吉林、黑龙江、各省
乾隆四年	1739	《八旗通志初集》	畿辅、奉天、各省
乾隆二十八年	1763	《钦定大清会典》	畿辅、盛京、直省
嘉庆初期	约1796	《钦定八旗通志》	京都、各省
道光二十二年	1842	《武事余记》	畿辅、东北、新疆、各省
光绪二十五年	1899	《光绪会典》	畿辅、盛京、吉林、黑龙江、各省

通过对上述文献的整理分析,可以看出清朝史官在划分驻防城区域时存在显著差异。这些差异具体体现了不同历史时期史官对八旗驻防区域的观念

和认识,实际上反映了帝王们的思想。这种分析带有鲜明的时代特征、政治色彩和历史属性。同时,不同清朝官方文献对八旗驻防区域的划分方法也有所区别,这揭示了康熙帝、雍正帝、乾隆帝三位帝王对于驻防城市空间布局和分布观念的变化与演进。

康熙时期《大清会典》中形成"畿辅""奉天""吉林""黑龙江""各省"的划分逻辑;乾隆时期《八旗通志初集》成书于乾隆四年(1739),由鄂尔泰等人编撰,其记载下限为雍正时期,直接将"八旗驻防"划分为畿辅驻防、奉天驻防及各省驻防。这种分法实际是突出了"京师"和"盛京"的重要性。京师为畿辅驻防之中心,盛京为奉天驻防之中心。康熙时期,盛京仍然是清人所看重的第二都城;乾隆时期《大清会典》将"八旗驻防"分为畿辅、东三省、新疆和直省;《钦定八旗通志》成书于嘉庆年间,是关于满族和八旗制度的一部专史,实际是在《八旗通志初集》的基础上进行修改完善而成的。乾隆五十一年(1786)由纪昀等编撰,记载下限为乾隆六十年(1795)。将八旗驻防划分为"京都驻防"和"各省驻防",主要是从军事上考虑到了京师的权威性。这种分法当然带有强烈政治等级观念,是民族主体意识的体现,反映了当时清朝统治集团对八旗驻防空间等级的理解和认知。

在清朝中后期,学者们的认知重点不同于以往,更加侧重于历史地理学的探讨,并与当时大清王朝的帝王认知观念相呼应。特别是在魏源的《武事余记》中,他对清朝的军事布局进行了详细阐述,将"八旗驻防"体系细分为畿辅、东北、新疆及各省的驻防,特别指出新疆驻防系统的独立性和重要性,将其放置在"各省驻防"之前。这种分类方式反映了乾隆朝新疆驻防城体系的初步形成和发展,突显了新疆在当时军事战略中的特殊地位。魏源的这种观点,不仅体现了他对历史地理的深刻理解,也映射出清朝统治者对于边疆安全和治理的重视。《清史稿》成书于清末民初,将八旗驻防分为畿辅驻防、东三省驻防、各直省(含新疆)和藩部驻防,据《清史稿》载:"八旗驻防之兵,大类有四:曰畿辅驻防兵,其藩部内附之众,及在京内务府、理藩院所辖悉附焉;曰东三省驻防兵;曰各直省驻防兵,新疆驻防兵附焉;曰藩部兵。"这种分法反映了清末民初的学者对八旗驻防划分的最终认识,将新疆归于各直省,已将之看作直省的一部分。

在此,有必要对现代学术研究视野中驻防城观念的接受进行说明。现代学者对驻防城的整体格局,也有了初步认识和探究。归纳起来,主要有"三分法""四分法""五分法"。不同分法的形成,与不同学者对清朝文献的把握及研究方法不同有关(表5)。

表5 现代学术研究中八旗驻防的"分区观念"

划分方法	研究者	划分内容
三分法	定宜庄	畿辅驻防、直省驻防、边疆驻防
	徐 潜	畿辅驻防、东北驻防、各直省驻防
四分法	朱永杰	畿辅驻防、直省驻防、东北驻防、新疆驻防
五分法	赵生瑞	畿辅驻防、东三省驻防、各省驻防、新疆驻防、藩部驻防

(1)"三分法"。定宜庄在其著作《清代八旗驻防研究》中,将八旗驻防划分为"畿辅驻防""直省驻防""边疆驻防"三个主要类别。这种分类方法明显区别于清代文献中传统的两分法,它打破了传统政治等级观念的界限,将东北三省的驻防纳入直省驻防之中,强调了清代北部边疆的特殊性。同时,它还重点指出了新疆、察哈尔(今河北张家口市)以及内外蒙古等地八旗驻防在边疆事务中的关键作用。另一方面,徐潜在《中国古代典章制度》中对八旗驻防的分类也采取了类似方法,但对于东北三省八旗驻防的历史地位给予了更多的关注。

(2)"四分法"。朱永杰在《清代驻防城时空结构研究》和《清代满城历史地理研究》两本专著中,从历史地理的角度出发,采用了"四分法"对八旗驻防进行分类,将其分为"畿辅驻防""直省驻防""东北驻防""新疆驻防"四类。这种分法与清朝魏源的方法基本一致,不过在各类驻防的排列顺序上略有不同。

（3）"五分法"。赵生瑞在整理清代营房史料时,将八旗驻防分为"畿辅驻防""东三省驻防""各省驻防""新疆驻防""藩部驻防"①。这种分法综合了清代典籍不同分法,"东三省驻防""各省驻防"并列,实际是参考清朝历史文献中清朝统治者的视野。同时还将新疆从各省驻防中析出单列,并还加上了"藩部"。

总而言之,传统文化中所谓的"整体观",在清人观念中得到继承和利用。在清朝时期的官方文献中,业已对八旗驻防制度下的驻防城进行了区域上的划分,这实际是清朝帝王对驻防城区域分布的观念认知。同时,这种观念认知也影响到了现代学者的研究,形成了多样的划分方法。本书认为,清朝魏源的分法具有学术性和合理性,比较有利于本书在疆域、区域视野下的研究。

本 章 小 结

本章深入探讨了清朝时期驻防城空间规划的历史文化背景,突出分析了王权、军事、民族和观念等关键因素如何共同塑造驻防城的空间布局。这些因素不仅是驻防城空间规划产生的背景,而且也是推动其空间发展的核心动力。

清朝王权是从东北地区兴起的政治力量,其生存和发展依赖于军事力量的有效运用。军事行为不仅是维护王权的首要手段,也是清朝扩张和巩固疆土的关键。随着清朝军事力量的扩展和疆域的增大,满族与其他民族之间的矛盾和冲突日益显著,这种民族与民族之间内部的互动和冲突,对驻防城的空间规划产生了深远的影响。

更为重要的是,清朝历代皇帝对驻防城整体布局和区域分布的观念认知,在当时具有规划的深层次意义。这种对整体布局的观念体现了清朝对传统文

① 赵生瑞主编:《中国清代营房史料选辑》,军事科学出版社 2006 年版,第 36—46 页。

化的认同和接纳,表明驻防城空间的发展是基于对清朝疆域整体观的考量。而对区域分布的认知和区分,则反映了清朝帝王在疆域管理中注重军事策略的实施。在多种观念文化的背景下,清朝的驻防城空间规划不仅呈现出整体规划与区域规划相结合的特点,还反映了清朝统治者在政治、军事和文化层面的深思熟虑。

综上所述,本章不仅分析了清朝驻防城空间规划的历史背景,还深入探讨了其中的政治、军事、民族和文化因素,这些因素在清朝驻防城空间规划的形成、发展和演变过程中发挥了至关重要的作用。通过这些分析,我们可以更全面地理解清朝时期城市规划的特点及其背后的深层次原因。

第二章　驻防城空间规划的历史过程

认识和了解历史，人们通常从纵向和横向两个维度入手。纵向维度即是通过"通史体例"来认知时间的延续与变化，而横向维度则是通过"历史地理"来研究空间的分布与演进。在深入纵向历史认识的过程中，运用"历史分期"的研究方法显得尤为重要，它帮助我们构建历史发展的连续性和演变过程。

本章的研究逻辑，是将驻防城视为地理空间上的一系列关键"点"，并以此为核心。在清朝疆域空间的变迁历史中，我们不仅关注王权的扩展与边疆的安定，还融合了军事战略与民族关系等多方面因素，以全面考察这些驻防城"点"的空间形成和发展过程。通过这样的分析，本章旨在对驻防城空间的发展演变进行更深入的纵向揭示，展现其在历史长河中的独特地位和作用，以及在国家安全和边疆治理中扮演的关键角色。

第一节　驻防城规划建设的历史分期

一、历史分期的时间节点

关于驻防城的形成和发展，定宜庄先生在 20 世纪 90 年代，基于康熙朝的历史地位，提出将驻防城的发展分为前后两个时期的观点①。为了更深入地

---

① 定宜庄：《清代八旗驻防研究》，辽宁民族出版社 2003 年版，第 7 页。

理解清朝驻防城的发展规律,我们不仅需要分析相关的建设数据和那个时代的军事脉络,而且还应当着重考虑那些重大军事或政治事件的"节点"。

清朝的兴起和灭亡自然成为我们研究的时间框架。在这个框架内,康熙时期军事上取代明朝的重大事件、雍正至乾隆时期向西域的扩张等,都是影响驻防城规划和发展的关键军事事件。这些事件不仅标志着重要的历史转折点,而且在空间上也为驻防城的历史发展指明了方向。

因此,本书在探讨驻防城"历史分期"的过程中,将选取以下几个重要的历史事件作为时间节点,以便更全面地揭示这些城镇在清朝历史中的角色和演变。通过对这些关键节点的深入分析,我们可以更好地理解驻防城在国家治理和边防安全中的重要性,以及它们如何随着清朝的政治和军事动态而发展变化。这种方法不仅为我们提供了多维度的视角来观察城市的历史,还有助于更深刻地理解这些城市在中国历史上的重要地位,以及它们在历史发展中的独特功能和影响。

(一)1616 年后金立国

清朝是以满族贵族为核心的专制王朝,其建立与发展深刻地影响了中国乃至东亚地区的历史。在明朝晚期,政治体系日益腐败,王权逐渐衰落,社会动荡不安。正是在这样的历史背景下,后金王权开始迅猛崛起①,开启了一个新的历史时期。

1616 年,是一个重要的历史转折点,努尔哈赤宣布建立了"大金"。这个时期被历史学家称为"后金汗国"。新兴国家本质上是一个以部族为基础的政权,其统治核心是强大而有组织的部族系统②。努尔哈赤选择赫图阿拉城

---

① 钱穆先生认为,后金汗国经两代帝王,仅 30 余年而得以破山海关而入北京,其原因有六:一是明朝政治腐败,二是武备弛废,三是不用良臣,四是战略决策不定,五是汉奸外附,六是流寇内溃。以上原因共同体现了明弛朝王权衰败之象。

② 钱穆:《国史大纲》,商务印书馆 1996 年版,第 813 页。

作为都城,这一决策不仅巩固了他的政治中心地位,而且成为其进一步统一东北女真各部的战略基地。

至 1636 年,后金在政治、军事和文化上都取得了显著成就,因此决定更改国号为"清",标志着其从一个部族政权向集权制王朝的转变。这一改变不仅代表了势力范围的拓展,也预示着清朝对整个中国乃至更广泛地区的深远影响。清朝的建立,不仅是中华民族历史上的一个重要时期,也是东亚乃至世界历史的一个重要篇章。

(二)1644 年清朝"迁都北京"

1644 年,作为中国历史上的一个关键年份,见证了明朝终结与清朝南下的重大历史转变。在这一年,山海关总兵吴三桂在多重内外压力下,作出了投降的历史性决定,从而开启了清军进入山海关的篇章。

随后,清朝以迅雷不及掩耳之势南下,终于选定北京作为新的都城。北京,这座充满历史沉淀的城市,随之成为清朝政治、经济、文化的中心。清朝继承了明朝京城的空间布局,并开始进行大规模城市改建工作。其中,最显著的政策之一便是八旗制度的实施,清朝通过精心策划的"分而居之"政策,将八旗成员有效地安置于北京的特定区域,形成了关内的首座"满城"。

这一重大举措不仅反映了清朝对于民族和社会结构的精细化管理,而且在北京这座古城中深植了满族文化的根基。北京这座特殊的"驻防城"的建立,不仅象征着清朝统治的巩固,同时也展示了其在文化融合与社会治理方面的高度策略性。其影响深远,对北京乃至整个中国的历史进程产生了不可磨灭的影响。

在地理空间上,清朝都城由"关外"转向"关内",意味着清朝的政治核心区域也随之由辽河平原转向今华北平原北部。同时,清朝开始向南方谋划取代明朝疆域,这是驻防城空间规划发展的重要时间节点。

（三）1722 年清朝控制明"十八行省"

清朝自定都北京之后,其军事战略的核心转向了对原明朝大部分领土的控制与整合,即历史上所谓的"十八行省",清代直省区域存在历史变迁过程。清初内地有 1 个直隶省和 14 个布政使司。至康熙时期,增加至 17 个布政使司,包括直隶省,称为"十八行省",即:直隶(大致为今河北省)、江苏、安徽、山西、山东、河南、陕西、甘肃、浙江、江西、湖北、湖南、四川、福建、广东、广西、云南、贵州。清末时期,全国形成了 27 个省级行政区划,除 23 个省之外,还有乌里雅苏台、内蒙古、西藏和西宁 4 个地区。

1645 年,多尔衮作为军事谋略家,其精心策划的军事行动对清朝的扩张起到了决定性的作用。在他的指挥下,清军分兵两路,展开了一系列迅猛而有效的军事行动。这一战略不仅迅速平定了大西、大顺等南明残余势力,而且巩固了清朝在华北地区的统治。

至 1722 年,清朝已在不到 100 年的时间内完成了对明朝全部疆域的征服与统一。这一历史过程不仅体现了清朝强大的军事力量和有效的政治统治策略,而且显现了其深远的战略眼光和统治智慧。康熙帝时期的清朝,不仅在地理上完成了对中国的统一,而且在政治、文化、社会各方面均实现了显著的整合和发展。

这一时期的军事征服与政治整合,为清朝建立了坚实的统治基础,同时也为其后续的繁荣发展奠定了基石。清朝通过这一系列的军事和政治行动,不仅改写了政治版图,而且深刻影响了清朝时期中国的历史进程。

（四）1795 年新疆完全被纳入清朝版图

自雍正时期起,清朝面临着西域诸多民族政权的挑战,这些力量对清朝的统治稳定性和王权权威构成了显著威胁。雍正皇帝及其继任者乾隆皇帝,将军事重心转向西域,致力于维护和扩展清朝的边疆安全。

自 1723 年起,为支撑这一战略目标,清朝开始在北部的直辖省份内建立若干驻防城。这些驻防城的设立,旨在满足对西北边疆的军事需求,同时也作为稳固边疆和推进政权影响力的战略要地。经过六十余年两代皇帝的不懈努力与策略部署,1795 年,新疆地区终于被完全纳入清朝版图。

这一过程不仅是清朝军事扩张和政治统治的体现,更凸显了清朝对多民族边疆治理的能力。通过建立驻防城,清朝在政治、军事和文化上加强了对西北边疆的控制和影响,有效地整合了这一地区多元民族和文化,从而巩固了国家的统一和稳定。这些驻防城不仅在清朝的军事策略中占有重要地位,而且在促进地区经济发展、民族融合及文化交流方面发挥了重要作用,对清朝乃至中国历史的发展产生了深远的影响①。

(五)1911 年清朝灭亡

1911 年,辛亥革命的爆发标志着清朝帝制的终结,从而开启了中国历史的新篇章。在这场波涛壮阔的革命中,原本作为清朝军事重镇的驻防城,遭遇了不同程度的破坏和衰落。这些驻防城,曾是清朝维护边疆安全和展示王权的重要象征。

辛亥革命不仅仅是对清朝统治的挑战,更是对整个封建帝制的颠覆。随着旧王朝的消逝,驻防城这一曾经辉煌的历史符号也宣告了其历史使命的结束。这些城市在历史的长河中,曾是政治、军事和文化交汇的重要节点,但在新的历史条件下,它们的功能和地位发生了根本性的变化。

驻防城的衰亡不仅代表着一个时代的结束,也反映了中国从传统帝制向现代国家转变的历史进程。这一转变过程中,驻防城的历史经验和教训,为中国近现代史的发展提供了宝贵的参考。同时,驻防城的历史遗迹和文化遗产,在今天仍然是研究中国历史、文化和军事策略的重要历史文化资源。

---

① 1755 年,清廷击败准噶尔部主力,1755 年,阿睦尔撒纳叛乱、大小和卓叛乱。在这些叛乱被平定后,清廷才算真正统一了新疆地区。因此,此处以乾隆时期的结束为节点。

二、历史分期及其主要内容

根据清朝长达 296 年的历史脉络,结合其政治、军事及民族关系的发展,清朝驻防城的规划可划分为四个主要时期,需要说明的是,这种历史分期的划分,是带有研究者的主观判断的,并不是清朝统治者所认识到的几个时期,对历史发展进行分期,是为了更好地、深入地理解规划史所作出的努力。

(1)驻防城规划的初创期(1616—1643)。自后金汗国建立之初,为巩固新兴的王权,城市规划经历了从"女真城寨""明卫所军城"到"驻防城"的内在发展过程。在此时期,努尔哈赤与皇太极主导了驻防城的规划建设。虽然八旗制度对他们的权力有所制约,但作为后金汗国王权的象征,他们在军事上仍拥有决策的主导权。随着后金与明朝在辽东和辽西的争夺加剧,后金采纳了占领并据守城池的整体战略,使驻防城成为后金的都城和八旗军队的重要驻地,进而巩固了其战争成果。

(2)驻防城规划的发展期(1644—1722)。顺治至康熙时期标志着驻防城规划的发展阶段。在此期间,清朝的军事活动本质上是对政治形势的反应,其核心目的是取代明朝统治并争夺其领土,这反映了清朝王权的延续和不同历史阶段中的军事策略。此时期的驻防城规划主要围绕着保卫都城和维护王权的战略展开。

(3)驻防城规划的成熟期(1723—1796)。此时期标志着清朝统治的巩固,尤其是三藩之乱的平定意味着"十八行省"全部落入清朝控制之下。自雍正时期开始,清朝将军事战略重点转移到西北边疆。在乌鲁木齐、伊犁及天山南部等区域,建设了大量相互联系的驻防城,这些城市在维护边疆安全和推动地区发展中发挥了重要作用。

(4)驻防城规划的衰亡期(1797—1911)。城市发展与时代变迁紧密相连。清朝中后期,随着国内民族矛盾的加剧和外国列强的环伺,国内外压力日益增大。在这样的背景下,驻防城遭受了严重破坏,随着民族融合的加速,这些城市逐步走向衰败。至 1911 年清朝灭亡之际,驻防城的历史使命同样告终。

第二节　随征随建:驻防城规划的初创
（1616—1643）

驻防城的起源既深植于女真族的建城传统,又与汉族建筑城市风格、技术紧密相连。这种特殊城市形态不仅源自女真族的城寨,同时也融入了汉族卫所城市的特点。驻防城的初创与明朝战争的动态变化密切相关,反映了当时民族冲突与文化融合的复杂背景。

在女真族的建城经验中,驻防城借鉴了其坚固的防御结构和适应性强的地理布局,这些特点使得城寨能够有效抵御外部威胁,同时适应复杂多变的战争环境。与此同时,明朝城市规划和建筑风格为驻防城提供了更加丰富和系统的城市功能,使其不仅仅是军事防御的堡垒,还成为行政、经济和文化活动的中心。

这种融合了女真族和汉族建筑特色的驻防城,在对抗明朝的战争背景下逐渐形成和发展。战争变迁成为驱动其规划和建设重要动力,使驻防城成为清朝早期扩张和巩固边疆的关键元素。随着时间的推移,驻防城逐渐从单纯的军事要塞转变为具有综合功能的城市,不仅在军事上发挥作用,也在政治、经济和文化上成为清朝统治的重要支点。

一、女真城寨与驻防城的初创

明朝晚期,随着东北边防的逐渐松懈,努尔哈赤成功统一了建州、海西及"野人"女真各部。1616 年,努尔哈赤建立"大金",这一事件不仅是明朝末年辽东都司境内的重大军事变革,也标志着驻防城规划历史的"时间起点"。在研究八旗驻防视野下的早期驻防城历史发展方面,定宜庄对入关以前清朝八旗驻防的分布及其基本特点进行了深入分析①。同时,李声能探讨了早期几座女真都城的空间特点,指出早期女真城寨与驻防城之间存在着紧密的联系②。总体来说,学者们普遍认为,清人入关前的城市规划规模并不大,此时的八旗驻防城市更多地作为临时军事驻点。

驻防城规划的起源深植于女真民族文化背景。女真族作为满族的前身,在中国古代历史上经历了从"肃慎"(商周时期)到"抑娄"(战国后期),再到"靺鞨"(唐时的渤海国)及"女真"(金朝时期)的演变历程③。族脉延续发展,历史源远流长。在明朝时期,金朝女真族后裔世代居住于东北的"白山黑水"之间。这一漫长的民族文化发展和积累,构成明末女真崛起的"文化内因"。

地理环境对城市的"起源"④、"分布"⑤,以及城市"发展"⑥影响甚大。在1644年清人入关之前,满族贵族及民众的主要活动区域位于明朝辽东都司境内,大致以今天的辽河平原为中心。辽河平原位于东北平原的南部,环山平原,地理位置优越,易于防守。利用长城沿线至山海关的重要军事防线,形成了自然分隔的"关内"和"关外"空间。"关外"的地理环境为驻防城的形成提供了重要的地理基础。

基于女真城寨的建设经验,后金汗国开启了驻防城规划的初创阶段。努尔哈赤,在后金汗国初立之时,已深刻认识到城郭的重要性,他曾言:"苟无城郭,蒙古岂令我等得安居哉! 因我等诸国所恃,惟城池也。"⑦这反映出他从一开始就确立了以城池为核心的军事战略思想。在地理、文化以及军事的多重

---

① 定宜庄:《清代八旗驻防研究》,辽宁民族出版社2003年版,第8页。

② 李声能:《满族早期都城的空间特点分析》,《沈阳建筑大学学报(社会科学版)》2010年第3期。

③ 王会昌:《中国文化地理》,华中师范大学出版社1992年版,第234页。

④ [美]普雷斯顿·詹姆斯、杰弗雷·马丁:《地理学思想史(增订本)》,商务印书馆1989年版,第310页。

⑤ 何一民等:《清代城市空间分布研究》,巴蜀书社2017年版,第2页。

⑥ [德]黑格尔:《历史哲学》,生活·读书·新知三联书店1956年版,第145页。

⑦ 《清实录》第一册,中华书局1985年版,第386页。

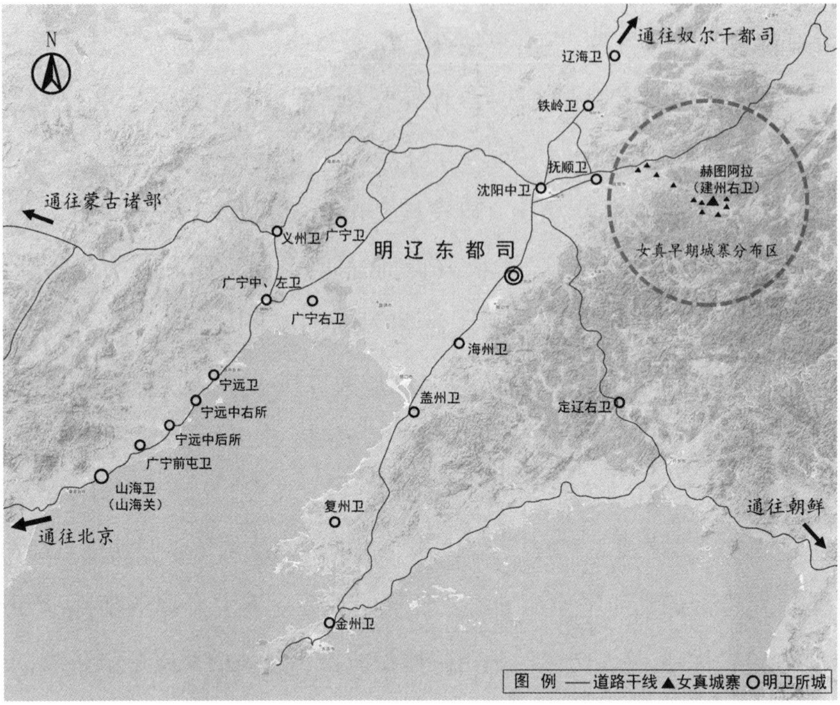

图2 后金早期女真城寨和明辽东都司主要卫所城分布示意图

背景下,结合当时建城技术和条件,明末女真族建立的早期城市,仍然保留了女真城寨的基本特征。

在"随征随建"的军事策略指导下,后金汗国先后建设了赫图阿拉城、界凡城、萨尔浒城、东京城等①。这些城市既遵循了八旗制度,还对明朝沈阳卫城进行了改造。这些城市的规划和建设,深受女真族城寨规制的影响,形成了具有临时军事防御性质的"军事城堡"(图2)。这些城市不仅在军事上起到了重要作用,同时也是政治、经济和文化活动的中心,为后金汗国的发展奠定了坚实的基础。

---

① 王雁:《明末女真在辽宁地区兴修的城寨及发展特点》,《兰台世界(上旬)》2011 年第5 期。

二、后金对明卫所城的改建

在明朝的卫所军城体系中,最为关键的连接方式是其"交通体系"[①],这也构成了早期驻防城得以实现系统化的重要基础。在地理分布上,明卫所军城拥有互联互通的"交通网络",其城市选址策略,在很大程度上重视军事联络的需要。辽东都司的区域交通布局中,四个重要的交通枢纽分别是大宁、广宁、辽阳、开原。除了开原位于东北平原的更北部以外,其余三个都坐落于东北平原的南部。主要的交通驿道包括"辽阳—旅顺"、"辽阳—开原"、"辽阳—山海关"及"辽阳—凤凰城"等线路[②]。这四条交通干线将明朝各卫所军城紧密相连,形成了一张严密的军事交通网络。位于这些交通线上的明代城市,成为清朝八旗驻防时的首选之地。这正是后金汗国在派驻八旗军和建设驻防城时,对明朝传统城市规划的传承与沿袭。

清朝建立前,女真各部聚落的空间布局已经受到了明朝传统城市的深刻影响。历史文献记载女真族的城寨"三面壁立,壕深固"[③]。《满洲实录》中的描绘显示,这些城寨大多利用险要的山地地形,围绕中心城寨进行分布。这种城寨形态的发展受到女真族早期的自然地理条件和军事实力的影响。借鉴了明朝的建城技术后,女真族构建了一套具有军事防御特点的城池体系。城寨通常呈方形,四周设有城门,围绕都城赫图阿拉布局,以山脉为天然屏障,并配备角楼等军事防御建筑,这些特点明显受到了明朝城市规划的影响。1643年,后金将部分明朝卫所城改造成为驻防城(图3),进一步强化了这种城市规划的传统与创新结合。

---

① 明代东北交通是以辽东都司为中心进行分布和延伸的。明末时期东北对外交通路线主要有3条:一是辽东都司向南至旅顺口入辽东湾;二是辽东都司往西南经辽西走廊入山海关;三是大宁都司向西跨过长城关隘喜峰口进入北京。

② 王绵厚、朴文英:《中国东北与东北亚古代交通史》,辽宁人民出版社2016年版,第432—438页。

③ 李澍田:《海西女真史料》,吉林文史出版社1986年版,第232页。

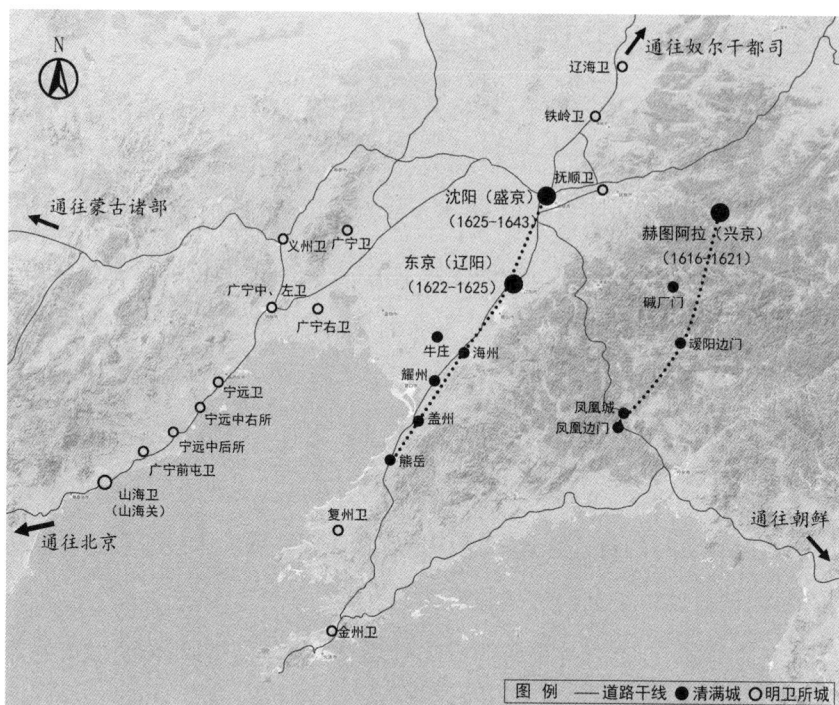

图3 1643年清朝驻防城分布示意图

后金汗国对地处蒙古之地的归化城的改建,也体现出了对明朝卫所城市规划的沿袭和利用。据《清太宗实录》卷五五记载,崇德六年(1641),皇太极针对归化城的营建,提出了具体改建意见:"可于城外筑墙……其墙高一丈五尺,宽可驻营,墙上遍筑垛口,四面留门,每门可俱置瓮城,况尔地产木甚多,门上及四角各建楼瞭望,墙外俱掘深壕。"并派遣后金官员至当地督办修建城池事宜。皇太极改建归化城的工作,具体包括"城外筑墙""四面留门""置瓮城""建楼瞭望""掘深壕"等。从形制看,城应多为方形,虽然由皇太极提出,但其所依据的建设方案,也应与明卫所城的规划手法极为相似。

三、军事战略变迁与驻防城的建设

城市发展并非孤立于外部动力的影响之外。德国地理学家托尔斯滕·哈格斯特兰(Torsten Hägerstrand)在其提出的空间扩散(spatial diffusion)理论中，探讨了"传染扩散"的概念及其机制①。将这一理论应用于清朝历史脉络中，可以视清朝的军事行动为一种"传染扩散"动力。这种动力的变化自然导致了军事城市，即驻防城的扩散和发展。驻防城最初是为满足军事驻守需求而规划建设，而非仅仅作为居住地。对清朝军事历史的分析显示，1644年清人入关之前，后金的军事战略呈现出"时间短、地点多"的特点(表3)。这种军事战略的转移，作为一种类似于传染扩散的动力，与驻防城空间规划的发展紧密相关。

明朝、蒙古、黑龙江各族及朝鲜构成了后金汗国所面临的复杂政治格局，这是其军事战略转移的根本原因。在明朝辽东都司的地理空间尺度下，后金汗国的政治关系变得尤为复杂，东邻朝鲜、西接大明、西北靠蒙古、北依黑龙江各族，这也促使后金汗国长期进行军事战略的转移。

从建立至1644年入关前，后金汗国的军事活动主要集中在今龙岗山、千山大山系一带，东至长白山系、鸭绿江水系，南临辽东湾，西至努鲁儿虎山及科尔沁沙地，北靠西辽河、东辽河，形成一个相对封闭的地理空间。在地理空间上，这些战役主要以明朝辽东都司为中心，从长白山逐步转向辽河平原，再扩展至辽西之地和山海关内。整体军事活动的趋势是"由东向西"，这也大致界定了早期驻防城建设的地理空间范围。

在此时期，后金汗国与明朝之间的重要战役包括萨尔浒战役(1618)、沈辽战役(1621)、广宁战役(1622)、宁远之战(1626)，并相应地营建了海城、耀州、牛庄、盖州(1621)等城市。这些时期的驻防城位置与战争发生的地理范围是相吻合的。

由于后金汗国军事策略及重点的不断变化，驱动了驻防城规划的发展。在天命时期(1616—1626)，后金汗国致力于争夺明辽东之地。孙承宗任蓟辽

---

① Torsten Hägerstrand.*Innovation Diffusion as a Spatial Process*[M].Chicago:University of Chicago Press,1967.

经略使期间,为了更好地守卫关外,修复了卫所城和城堡①。虽然这些都是战争过程中的军事行为,但实际上也为驻防城空间的规划奠定了城市基础。

天聪至崇德时期(1627—1643),后金汗国的军事战略重点,开始转向"巩固后方",重点处理与蒙古、朝鲜之间的关系,这也促进了当时中朝边境一些驻防城的规划与建设。重要的军事活动包括:东征朝鲜(1627—1636)、统一蒙古诸部(1627—1638)及招抚黑龙江诸部(1634—1641);在这些战争发生的同时,后金在碱厂边门(1633)、凤凰城(1638)、凤凰城边门(1638)、叆阳边门(1638)、归化(1641)等地,营建了大量驻防城(或驻防聚落)并驻守八旗军队。

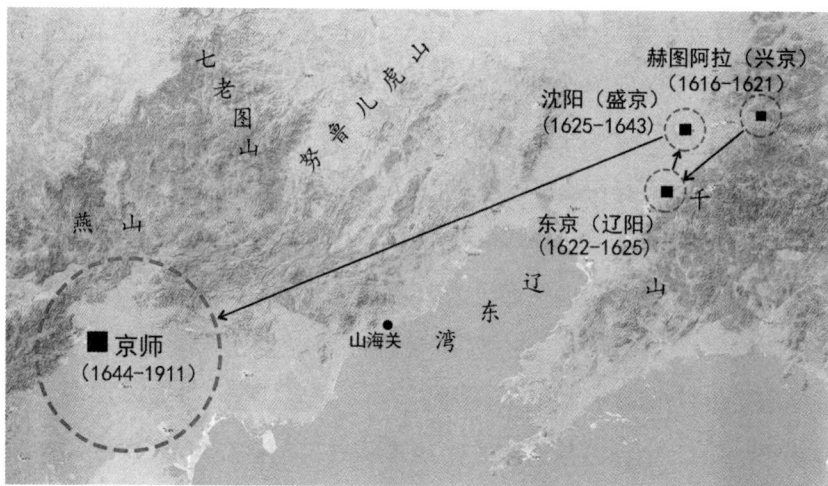

图4 1616—1644年清朝都城迁徙示意图

需要注意的是,后金早期军事战略的转换,更明显地表现为早期临时都城的多次迁徙(图4)。努尔哈赤围绕"争夺辽东、辽西"战事迁徙都城,直接促进了早期驻防城规划的发展。1644年迁都北京前,后金的都城迁徙表现为"从东向西、由北往南、从山区走向平原"的空间转换特点。

---

① 钱穆:《国史大纲》,商务印书馆1996年版,第817页。

"都城迁徙"发生于萨尔浒战役(1618)、沈辽战役(1621)、广宁战役(1622)、宁远之战(1626)等战争过程之中。迁都辽阳之时,辽东有近70余座明城归降后金汗国。努尔哈赤时期,后金都城迁徙基本路线为:"赫图阿拉——辽阳东京城——沈阳"(史家多称"关外三京")。在战略转移过程中,促进了清朝早期驻防城的规划与建设(表6)。

表6　1616—1643年驻防城建设情况表

历史时期	驻防城名称	始建时间	明朝城市	现代地理位置
天命时期 (1616—1626)	赫图阿拉 (兴京城)	1616	建州左卫山寨	辽宁省新宾满族自治县永陵镇
	海城	1621	海州卫	辽宁省海城市
	辽阳(东京)	1621	辽东都司城	辽宁省辽阳市东北新城村
	耀州	1621	耀州驿	辽宁省营口市大石桥市岳州村
	牛庄	1621	牛庄驿	辽宁省鞍山市海城市牛庄镇
	熊岳	1621	熊岳驿	辽宁省营口市鲅鱼圈区熊岳镇
	盖州	1621	盖州卫	辽宁省营口市盖州市城区
	沈阳	1621	沈阳中卫	辽宁省沈阳市老城区
天聪至 崇德时期 (1627—1643)	碱厂边门	1633	辽东关口	辽宁省本溪市本溪满族自治县碱厂镇
	凤凰城边门	1638	—	辽宁省丹东市凤城满族自治县边门镇
	叆阳边门	1638	新安堡城	辽宁省丹东市凤城市爱阳镇
	凤凰城	1638	凤凰城	辽宁省丹东市凤城市城区
	归化①	1641	—	内蒙古自治区呼和浩特市

---

　　① 　归化城初建于崇德时期,应是清朝早期所建的驻防城之一。至康熙时期,康熙帝为平定噶尔丹,命令费扬古驻守归化城,并以其为右卫将军。因归化城至康熙时期才设都统,因此清朝官方文献认为归化八旗驻防是康熙三十二年(1693)所设。

第三节　定鼎中原：驻防城规划的发展
（1644—1722）

基于对清朝军事脉络的梳理，驻防城规划发展时期（1644—1722）的主要军事活动可以归纳为三个阶段：（1）原明"十八行省"区域的统一（灭南明政权、平定农民政权、平定三藩之乱，1644—1673）；（2）维护黑龙江领土完整（抗击沙俄入侵，1665—1689）；（3）经营新疆（平定准噶尔叛乱，1690—1718）。此时期驻防城的规划发展，既有时间上的延续性，在空间上也随着战争区域的变迁而有所变化。

一、定都北京与驻防城的发展

在中国古代，都城常是国家的政治、经济、军事和文化中心。特别是对于古代帝王，维护王权安全的关键在于围绕都城实施严密的军事布防。因此，都城的选址和迁移往往对一个区域的城市规划与发展产生深远的影响。

顺治时期，"拱卫京师"为最重要的军事任务之一。清人入关之后，军事布防的核心便转向了"拱卫京师"，伴随此策略，大量驻防城得到了建设。随着北京成为清朝的都城，它不仅是清朝皇帝及满洲贵族的居住地，同时也成为当时最重要的军事防御区域。

在清朝定都北京后的 5 年内，北京周围的军事布防和驻防城规划基本形成。驻防城空间的发展特别注重城市之间的军事联系，以及控制关键的军事"节点"。清廷充分利用原有的明朝府城、县城或城镇，驻守八旗军队。各城间的相对接近位置，加之府县道路交通的便利性，强化了驻防城之间的相互联系（图 5）。

清朝的直隶地区是由明朝北直隶演变而来的，清人对这一区域的观念贯穿始终。以北京为中心的直隶地区，其南北部分布有众多城池，这一地理布局

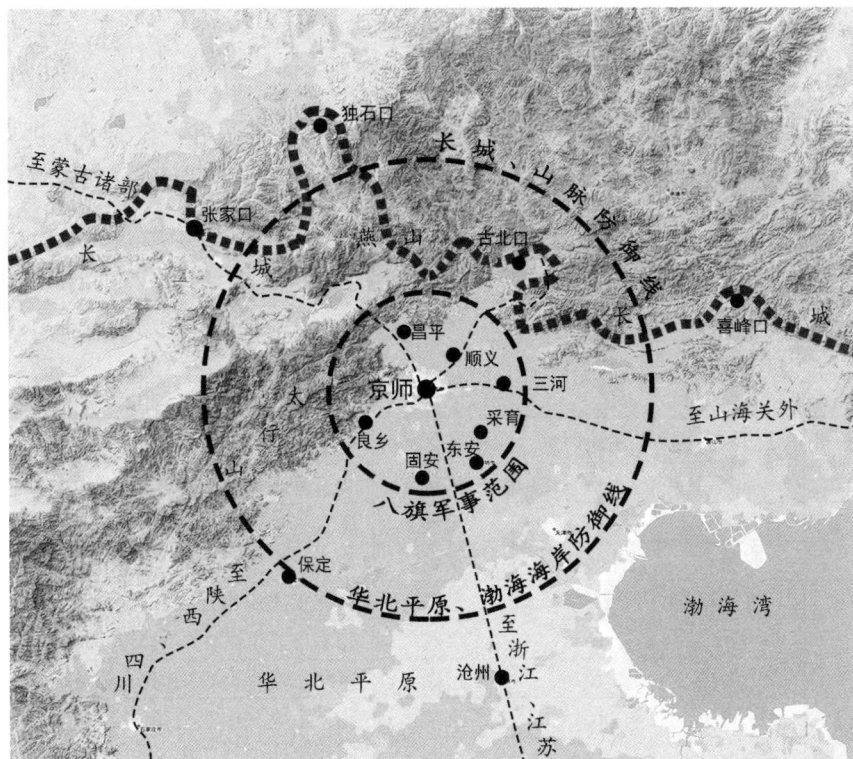

图 5　顺治时期清京畿驻防城分布示意图

本身就体现了清人在观念中对"拱卫京师"战略的真实规划意图。这种布局不仅在军事上具有战略意义,同时也在政治和文化上发挥了重要作用。

在明、清两朝的军事对峙之下,在 1644—1651 年之间,除了北京内城这座最大的"满城"之外,清廷在京师周围一共规划建设了 14 座驻防城。这些处于重要军事"节点"的城市包括:喜峰口、张家口、采育里、昌平、山海关(1645)、古北口、独石口(1646)、顺义、沧州(1648)、东安、三河、保定(1649)、固安(1650)、良乡(1651)。其中,张家口、山海关这 2 处八旗驻防城,倚靠长城天险,据守关隘,成为清京师联系蒙古、关外的重要军事"节点",其余各城则分布在清京师周围,均在数年之间建成并派驻八旗官兵,在各城之中规划并形成"军事空间"。

另一方面,此时期驻防城的规划步伐的加快,还与清人入关后对南明以及农民政权的战争直接相关。1644年清人迁都北京之后,顺治帝所面临的最大问题,即南明政权及此起彼伏的农民起义运动,这是对新兴王权的极大挑战。清军南下的大规模军事行为,成为清朝扩张领土的重要战略手段。"十八行省"是明朝旧有的疆土,清朝在征服这些疆土之时,以京畿周围驻防城作为基础,驻防城的规划也随之扩张到了各直省(表7)。

表7 顺治时期驻防城建设情况表

序号	驻防城名称	始建时间	所在区域	现代地理位置
1	北京	1644	京畿	北京市东城区
2	锦州	1644	满洲	辽宁省锦州市城区
3	张家口	1645	京畿	河北省张家口市
4	喜峰口	1645	京畿	河北省唐山市迁西县喜峰口回民村
5	昌平	1645	京畿	北京市昌平区
6	山海关	1645	京畿	河北省秦皇岛市山海关区
7	采育里	1645	京畿	北京市大兴区采育镇
8	独石口	1646	京畿	河北省张家口市赤城县
9	古北口	1646	京畿	北京市密云区古北口镇
10	顺义	1648	京畿	北京市顺义区
11	沧州	1648	京畿	河北省沧州市
12	杭州	1648	直省	浙江省杭州市上城区
13	东安	1649	京畿	河北省廊坊市
14	三河	1649	京畿	河北省廊坊市三河市
15	保定	1649	京畿	河北省保定市
16	太原	1649	直省	山西省太原市
17	江宁	1649	直省	江苏省南京市
18	西安	1649	直省	陕西省西安市长安区
19	固安	1650	京畿	河北省廊坊市固安县
20	良乡	1651	京畿	北京市房山区
21	宁古塔	1653	满洲	黑龙江省宁安市宁安镇
22	德州	1654	直省	山东省德州市
23	京口	1659	直省	江苏省镇江市
24	广宁	1660	满洲	辽宁省北镇市广宁镇

在 1644 年,也就是顺治帝迁都北京的首年,清朝政府迅速采纳了一套严密的军事战略,以控制昔日明朝的"十八行省"。当时,面对清朝崛起的主要势力包括"南明政权"、"大顺政权"和"大西政权"①。清初摄政王多尔衮巧妙地制定了"兵分两路"的全面军事策略:一路北进山东,以震慑南明;另一路则西进山西,直接对抗大顺军②。这一军事策略的精心部署,不仅决定了军事行动的具体执行和路径选择,而且对 1660 年前驻防城空间布局和发展产生了深远影响。

这一时期,清廷所实施的全面军事战略,促成了直隶省驻防城的初步规划与发展。清廷采取的"兵分两路"战略(图 6),旨在平定南明、大西、大顺等政权。在这一时期建立的驻防城,主要分布在这两条军事要道附近。例如,西线附近建立了太原、西安等重要驻防城;而东线则有德州、江宁、杭州等驻防城的建立。这两条军事路线的选择,显然是基于明朝时期的主要官道、运河等交通网络。通过这样的部署,清廷不仅在军事上获得了战略优势,同时也为这些地区的长期治理和发展奠定了基础。

在清朝初期,随着对大顺、大西政权的成功平定(1644—1645),清廷在重要的行省治所太原(1649)③、西安(1649)④,划定专门八旗驻防区,并在这些区域内规划建设八旗驻防城。此外,在平定南明政权的关键时期(1645—1651),清廷在浙江的杭州(1648)和南直隶的南京(1649)设立了驻防城。南明政权被彻底平定后,清廷又在山东的德州(1654)和南直隶的京口(1659)等城市建立了八旗驻防,同时规划并建设了相应的驻防城,并派遣八旗兵丁进行

---

① 周远廉、孙文良:《中国通史》第 10 卷,上海人民出版社 2004 年版,第 129 页。

② 邱心田、孔德骐:《清代前期军事史》,军事科学出版社 1998 年版,第 157 页。

③ 据《山西通志》记载,太原驻防城由巡抚祝世昌、巡按赵班玺、布政使孙茂兰、按察使张儒秀、知府曹时举以及知县刘光汉,奉旨于顺治六年(1649)营建。

④ 据《西安府志》记载,西安驻防城建于顺治六年(1649),"在府城东,西界钟楼。本朝顺治六年即故明秦府基改筑,以居八旗官军。门五:东仍长乐,西南曰钟楼,西北曰新城,南曰端礼,西曰西华。"

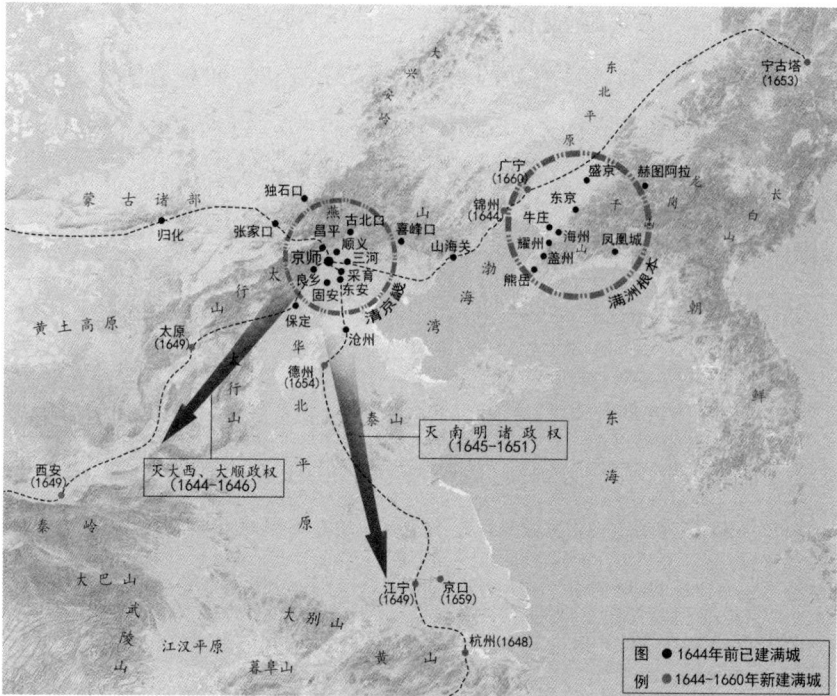

图6　1644—1660 年清朝驻防城规划发展示意图

长期驻守。

这些城市的建设与清初采取的"兵分两路"军事策略有着密切的联系。通过在各省内驻守八旗军队,清廷不仅便于在需要时迅速调动兵力、高效指挥军事行动,同时也巩固了军事上的成果。这一战略的实施,为清朝在全国范围内的统一提供了关键军事基础和保障。此外,这些驻防城的建立还体现了清朝对"新领土"的有效管理与控制,进一步巩固了其在全国的统治地位,为长远的政治稳定与发展奠定了坚实的基础。

二、王权集中与驻防城的规划

王权的维护在清朝早期不仅体现在疆域的扩张上,更显著地表现在政治和军事的集权上。经过清初帝王与"八旗"权力之间的长期争夺,到了康熙时期,王权变得更加集中,统治机构以及王权意志的传达机制变得更加完善。这一变化具体体现在军机处的设立,它使得清初议政王大臣会议和内阁制度的权力大大削弱,而帝王的大权则得以独揽。

在军事领域,虽然清初以来旗人在政治、经济和文化上享有特权,但他们的整体军事实力却有所下降。由于八旗军队的数量相对较少,绿营军队逐渐成为清朝的正规军,即"经制兵",在清朝的重要战事中扮演了重要角色,并成为八旗军队的有效补充①。此外,清朝继续实施传统的科举制度,吸纳更多汉族知识分子进入官僚体系,这不仅缓解了满汉民族间的矛盾,也保障了绿营军队对清朝的忠诚。这些都反映了王权集中的趋势,同时也表明了王权在维护驻防城的控制和管理上的决心,这些驻防城不仅在军事上扮演重要角色,还在政治和行政上成为清朝集权体制的重要支点。

(一)"三藩"分权矛盾与南方直省

至 17 世纪中叶,清朝统治阶层最突出的"内部矛盾"——"三藩之乱"的产生,即与康熙皇帝加强王权的策略有关。至康熙初期,原来明朝"十八行省"中,已设八旗驻防城的直省,有清山东、江苏、浙江、陕西和山西省。驻防城的规划建设,也意味着这些直省区域内的军事决策,更加集权于大清皇帝。

在康熙时期,清朝王权集中的进程中,"三藩"问题成为一个重大的政治挑战。三藩指的是平西王吴三桂、平南王尚可喜、靖南王耿精忠。其中,吴三桂控制了云南地区,耿精忠占据了福建,尚可喜则据守广东,这三股势力实际上影响了清朝时期西南地区及南部沿海的大部分区域。顺治时期结束时,尽管大多数原明朝省份已归清朝控制,但这些为建国立下汗马功劳的三藩在西南地区的盘踞,成为关系到统治阶层根本利益的主要矛盾。

---

① 罗尔纲:《绿营兵志》,中华书局 1984 年版,第 6 页。

康熙皇帝认为三藩、河务和漕运是当时的三大要事。在《清圣祖实录》卷一五四中,康熙帝曾对大学士们表达:"朕自执政以来,始终将三藩问题、河务与漕运视为国家大计,日夜思索,甚至亲笔书写悬挂于宫中以示重视。"在这里,三藩的各个领袖不仅各据一方,还享有政治、经济和军事上的特权。吴三桂、耿精忠和尚可喜这些在清朝建国初期立下赫赫战功的将领因拥兵自重,对清朝王权构成了严重威胁。其军事费用由清廷承担,当时有言:"天下财赋半耗于三藩"。

从军事地理格局来看,清军的八旗军队核心驻扎在北京,而三藩的军事重心则分别位于广州、福建、云南。广东、福建和云南成为清朝控制西南地区及南部沿海的关键地带。在军事对峙的格局中,双方以长江作为战略争夺的核心地理节点。长江流域以其多水多湖的地貌特点,加上江汉平原内的襄宜平原和洞庭湖区,使得长江成为清军和吴三桂之间的主要军事对峙线。两方之间的矛盾日益尖锐,积弊日深,清廷与三藩之间的冲突持续了长达 8 年之久。正是"三藩之乱"的军事形势,直接推动了直隶省驻防城规划的进一步发展,这体现了清廷对维护领土完整的长远考量。

(二)"三藩"旧地的驻防城建设

在"三藩之乱"平定前后的数年间,清朝政府不仅对"三藩"军队进行了整顿,还在原"三藩"所控制的地区建立了 3 座重要的驻防城。在这一时期,清政府采取了超越传统城市规划的措施,由清工部、户部官员联同军事和行政高层官员(包括驻防将军、总督、巡抚、布政使司)亲自前往实地勘查、划定边界并指导城市建设。

福州驻防城建立于康熙十九年(1680)。福州地理位置十分独特,北依越王山,南临九仙、乌石山,且连接着通往东南亚国家的重要水路,成为陆地和海洋边缘的关键节点。在清初,由于其特殊的地理位置,福州成为反清势力的重要据点。在平定"三藩之乱"的过程中,清廷成功平息了耿精忠的叛乱并撤回了其部属。随后,杭州驻防城的副都统率领 1000 余名八旗兵丁,以及耿精忠手下的 1000 名兵丁,被调遣至福州府城内的驻防城①。这一举措不仅加强了福州的军事力量,也象征着清政府对南方地区控制力的增强。福州驻防城的建立和驻兵,不仅对维护地区的稳定起到了关键作用,还促进了当地经济和文化的发展。随着时间的推移,这些驻防城逐渐融入了当地的社会结构中,成为地方治理和军事防御的重要环节。

广州八旗驻防城的建设始于康熙二十年(1681)。具体的布局是将府城分为两个部分,西侧的"旧存官房"被划分给八旗官员和兵丁居住。在城墙之内,实行了明确的"满汉分异"政策。广州驻防城以大北直街为分界线,东侧住着广州府的原住民,而西侧则安置了八旗军队②。在驻防城内部,汉军八旗和满洲八旗也被区分开来驻守。这样的空间结构分化,突显了"民族"和"阶层"在驻防城中的重要性③。

荆州八旗驻防城的建设始于康熙二十二年(1683)。荆州地处江汉平原腹地的长江北岸,历来是长江中游的军事要塞④。在设立八旗驻防的次年,清廷开始着手建设驻防城,派遣户部、兵部官员前往荆州,并与湖广总督、巡抚合作,共同规划和核定造价。驻防城的建设工作在次年就已完成⑤,八旗军队随即入驻荆州。

"三藩之乱"带来的影响广泛且持久,福州、广州、荆州三座驻防城的建立,虽然在数量上不及东北和京畿地区,但它们映射出"三藩之乱"军事格局

① 据《福州驻防志》记载:"福州驻防,汉军四旗及绿旗两营驻扎福州府城。四旗未设营垣。官署兵房与民居壤地相错连,沿东门、汤门、水部门东南一带,周围计六里九分零。"

② 据《驻粤八旗志》记载:"康熙中,藩难削平,特拨汉军禁旅三千来此驻防,简重臣为将军专统之,班在督抚提镇之上,以防兵奠定叛瑶,绥靖土寇,一边尽治焉。乾隆中,诏择京师满洲劲兵千五百名分拨驻粤,满、汉各设八旗,以壮声威,而规模大备。"

③ 魏立华等:《清代广州城市社会空间结构研究》,《地理学报》2008 年第 6 期。

④ 清代地理学家顾祖禹在其《读史方舆纪要》中谈及荆州的战略地位:"夫荆州者,全楚之中也。北有襄阳之蔽,西有夷陵之防,东南有武昌之援,楚人都郢而强,及鄢郢亡而国无以立矣,故曰重在荆州也"。

⑤ 卢川:《荆州八旗驻防研究》,湖北人民出版社 2018 年版,第 47 页。

的转变过程,并具体体现了康熙帝在驻防城规划上集中王权的策略。福州和广州两地沿海而建,东边与杭州驻防城相呼应;而荆州则位于长江中游的战略位置,控制着东西交通要道,同时与南北相呼应。这三座驻防城的规划与建设,象征着清朝军事力量已全面控制了南方地区。到了1718年,成都也借鉴荆州八旗驻防城的经验,设立了自己的八旗驻防,并建设了新的驻防城,这进一步体现了直省八旗驻防城的发展(图7)。

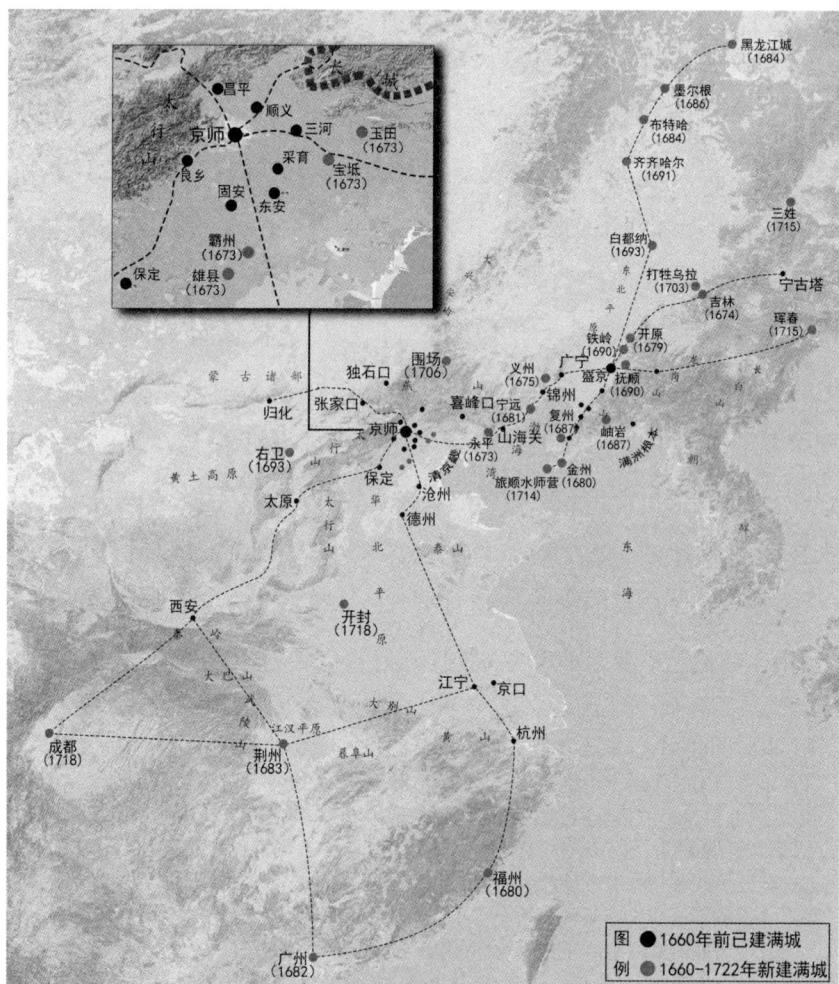

图 7　1722 年清朝驻防城分布示意图

三、东北驻防城的规划建设

在清朝取代明朝并定都北京之前，"东北"地区的性质开始转变，逐渐成为清朝的"疆域"。清朝入关后的 40 年内，东北进一步转变成为清朝的"边疆"。这一转变促进了东北边疆驻防城的规划和发展。

"筑城永戍"是清廷对东北边防的核心战略，这一策略极大地推动了东北驻防城的规划和建设。特别是在 1665—1689 年期间，面对沙俄的入侵，康熙帝决定深入挞伐，采取"筑城永戍"军事战略。康熙五年（1666），清廷在顺治十年（1653）建立的宁古塔八旗驻防城基础上，在呼尔哈河北岸新建宁古塔城①，并派得力的满洲官员驻守，负责管辖吉林、黑龙江地区的军务。此时，康熙帝逐渐将军事重心从"平定三藩""收复台湾"等问题转移到东北边疆的军事防务上。

沙俄入侵清朝东北边境②，是东北驻防城得以发展的重要军事"外因"。明朝中后期，沙俄军事势力已到达西伯利亚东部，并入侵了清朝时期的黑龙江地区。明末清初，俄罗斯入侵黑龙江地区的军事，主要有"波雅科夫武装入侵"（1643）、"哈巴罗夫武装入侵"（1649）、"斯捷潘诺夫武装入侵"（1654），至清康熙时期，主要有"切尔尼戈夫斯基武装入侵"（1665），并以雅克萨作为重要武装割据之地。

至康熙末期，东北一带已建设的八旗驻防城，主要集中在盛京　带③。吉林、黑龙江两省内仅已建立了宁古塔（1653）、吉林（1674）两处。"宁古塔——

---

①　黑龙江宁古塔"满城"，有新、旧城之分，在时间上是以旧城建立作为宁古塔满城初建时间的。旧城为顺治十年（1653）所建，旧城地址在今黑龙江省海林县旧街，为"椵木隔石筑造"，建有昂邦章京的衙署。新城为康熙五年（1666）所建，在旧城东南 60 里处，其旧址位于今黑龙江省宁安市宁安镇。

②　沙俄又称为"鄂罗斯""罗刹国"。约 15—16 世纪，俄罗斯大公国形成。

③　清人入关以后，以北京作为新的都城所在。1634 年，沈阳始称"盛京"，其后一直沿用其名。乾隆十二年（1747），改镇守奉天等处将军为镇守盛京等处将军，盛京将军辖地被称作盛京省。

鹦哥关——盛京"路线①,宁古塔逐步成为清朝当时东北除盛京之外的又一处军事中心。

1684—1691 年,清廷在黑龙江建立了布特哈(1684)、墨尔根(1686)、齐齐哈尔(1691)等八旗驻防城,并与黑龙江瑷珲八旗驻防城连成一线,并且形成呼应。宁古塔(1653)、吉林(1674)、三姓(1715)、珲春(1715)驻防城的建设,更扩大了清朝对东北整体的军事控制范围,并初步构建了东北的边防军事体系(表8)。

表8　康熙时期"东北三省"驻防城建设情况表

序号	驻防城名称	始建时间	所在区域	现代地理位置
1	吉林	1674	满洲	吉林省吉林市老城区
2	义州	1675	满洲	辽宁省锦州市义县义州镇
3	开原	1679	满洲	辽宁省开原市老城镇
4	金州	1680	满洲	辽宁省大连市金州区
5	宁远	1681	满洲	辽宁省兴城市
6	黑龙江城(瑷珲城)	1684	满洲	黑龙江省黑河市爱辉区瑷辉镇
7	布特哈	1684	满洲	内蒙古莫力达瓦达斡尔族自治旗尼尔基镇
8	墨尔根	1686	满洲	黑龙江省嫩江市嫩江镇
9	岫岩	1687	满洲	辽宁省岫岩满族自治县岫岩镇
10	复州	1687	满洲	辽宁省瓦房店市复州城镇
11	铁岭	1690	满洲	辽宁省铁岭市银州区
12	抚顺	1690	满洲	辽宁省抚顺市
13	齐齐哈尔	1691	满洲	黑龙江省齐齐哈尔市
14	伯都讷	1693	满洲	吉林省松原市宁江区城区
15	打牲乌拉	1703	满洲	吉林省吉林市龙潭区北乌拉街满族镇
16	旅顺水师营	1714	满洲	辽宁省大连市旅顺口区水师营镇
17	珲春	1715	满洲	吉林省延边朝鲜族自治州珲春市
18	三姓	1715	满洲	黑龙江省佳木斯市依兰县

---

① 王绵厚、朴文英:《中国东北与东北亚古代交通史》,辽宁人民出版社 2016 年版,第491 页。

东北驻防城的规划发展与抗击沙俄的军事策略密切相关。在宁古塔八旗驻防设立之后的 1653 年,清廷即开始谋划征剿沙俄侵略军。黑龙江瑷珲驻防城则成为雅克萨战役的重要军事支撑。该战役之后,中俄签订《尼布楚条约》,明确了东北的争议边界,从而在一起程度上稳定了该地区的边疆局势。

东北的驻防城的建设和发展,不仅是清朝应对外部威胁的军事举措,也体现了其对边疆地区政治、经济与文化的深入影响。这些城市成为清朝在东北地区行使政治权力、进行经济开发和文化传播的重要据点。随着时间的推移,这些驻防城逐渐与周边地区的汉族、满族等民族融合,成为多民族交流和融合的重要场所。

总的来说,清朝东北驻防城的建设不仅反映了当时的军事需求和边疆安全的考量,同时也展示了清朝在国家治理和民族政策方面的策略与布局。这些驻防城的存在,对于清朝统治东北地区,以及其后来的历史演变,都产生了深远的影响。

第四节　开疆拓土:驻防城规划的高潮
(1723—1795)

雍正帝登基后,清朝的军事行动主要聚焦于两个关键领域。首先,平定青海地区罗卜藏丹津的叛乱(1723—1728)。罗卜藏丹津,青海和硕特蒙古的贵族,曾企图掌控西藏。在雍正元年(1723),年羹尧与岳钟琪率领清军迅速而有效地镇压了这场叛乱。其次,清朝面临噶尔丹策零的挑战(1724—1733)。作为策妄阿拉布坦之子,噶尔丹策零继承了父亲的位置,成为准噶尔部的领袖。雍正帝一方面武力打击,另一方面进行和平招抚。在与噶尔丹策零和谈之后,成功划定了牧区界限,从而巩固了西北边疆的稳定。这两场军事行动不仅展现了雍正帝果断和策略性的治理风格,也巩固了清朝对边疆地区的控制。

进入乾隆时期,清朝的主要军事活动转向了平定回部大小和卓的叛乱(1756—1757)。这场军事行动不仅平息了叛乱,而且极大地促进了新疆驻防城的发展。这些军事行动对清朝西北疆域的形成产生了深远的影响,加强了清朝对西北地区的管理。

一、清朝西北疆域的形成

明朝时期,今新疆还未被完全纳入明朝的疆域版图。至明万历年间,今新疆大部则分为叶尔羌、土默特部、土鲁番及亦力把里各部。此地范围内政权并立,局势复杂。

清朝的早期疆域起源于明朝辽东都司的区域管辖范围。这一疆域经历了从明朝时期长白山地区的小尺度区域,逐渐演变为清朝较为广泛的疆域的历史过程。清朝疆域的形成,实际上是对先秦时期以黄河中、下游流域为中心的"中国"疆域的一种继承和扩展,它融合并发展了唐、宋、元、明各朝的疆域变迁。

清人入关后,从顺治元年(1644)起,历经大约四十年的时间,清朝逐渐从聚焦内政治理转向对西北地区的积极经营和开发。特别是在乾隆时期,驻防城的规划和建设不仅体现了清朝对边疆安全的重视,而且也促进了西北疆域的稳定和发展。雍正至乾隆时期,西北疆域的形成过程与新疆驻防城的规划之间存在着紧密的联系。这一时期的历史发展不仅反映了清朝在国家治理和边疆管理上的策略与布局,也显示了其在处理民族关系和边疆经济发展方面的远见和智慧。

清朝对西北疆域的控制和管理,不仅巩固了国家的统一,而且也为其文化的多样性和经济的繁荣奠定了基础。这一时期的边疆政策和驻防城规划,是清朝历史上对内政和边疆管理策略的重要体现,也为后世对于国家统一和民族融合提供了宝贵的历史经验和参考。

清朝建立以后,各部归属清朝,但并不稳固。新疆不同民族聚居,形势更为复杂。准噶尔、杜尔伯特、和硕特、土尔扈特漠西蒙古四部，在实际上统治了南疆。雍正至乾隆时期，清廷对西北漠西蒙古始终心存防范之心，经营新疆成为清朝帝王所重视，清朝军事活动区域转向了新疆一带，驻防城的规划建设也随之进入高潮时期。

雍正至乾隆时期（1723—1795），"因俗而治"，以军府为核心，配合伯克制（由世袭改为官品）和札萨克制，新疆逐步被纳入当时清朝的版图。至1884年新疆改设行省，始用"新疆"之名。

对于清朝来说，其总体疆域的确立是一个具有明确时序的发展历程。在清朝的地理政治观念中，"边疆"主要指国家陆地疆域的边界内区域，而"疆域"与"区域"之间存在一种转化和互动的关系。清朝政府对于"疆域"和"边疆"的概念有着明确的区分。在其史书记载中，清朝国土被划分为"本部"和"藩部"两大类，其中"本部"主要指的是直辖的"十八行省"，而"藩部"则指其他地区，这基本相当于现代对"疆域"和"边疆"的理解。

驻防城的发展，从区域出发，最终归入疆域的范畴，展现了一种历史性和时序性的形成过程。在驻防城的空间布局中，满人与回人、汉人之间的防御、联合和隔离策略①，反映了复杂民族关系及其历史演变。通过分析疆域地理空间的尺度，我们能洞察清朝的军事布局和驻防城的空间分布关系。这不仅体现了清朝的军事战略和边疆管理，还揭示了驻防城从区域到疆域，再从疆域到区域的空间规划特征。

在清朝的边疆政策中，驻防城成为实施集权与地方自治的平衡点。通过驻防城的建设与管理，清朝成功地实现了对边疆多元民族的有效治理，同时促进了不同民族间的交流与融合。这种空间治理模式不仅体现了清朝对疆域空间的控制策略，也反映了其深谋远虑的历史国家智慧。

因此，清朝疆域和边疆的发展历程，以及驻防城的规划与建设，是对清朝

---

① 杨恕、曹伟：《评清朝在新疆的隔离制度》，《中国边疆史地研究》2008年第2期。

历史全面理解不可或缺的一部分。它们揭示了清朝如何通过空间治理来维持国家的统一与稳定,同时展现了一个多民族国家如何在历史长河中不断适应和演变,以应对内外挑战的过程。这一历史经验对于理解中国乃至世界历史上的疆域管理和民族政策具有重要参考价值。

二、民族内部矛盾与新疆驻防城规划

新疆处于欧亚大陆的中心,自古沟通欧亚大陆,是丝绸之路的必经之地。历史上民族众多,文化多元,新疆更具有接受不同文化的区域特性。雍正至乾隆时期,新疆被逐步纳入清朝疆域。在此时期,清廷对准噶尔战争、平定回部大小和卓叛乱的战争①,是我国清朝时期的民族内部矛盾的反映,矛盾本质是清朝满族贵族与蒙古族、回族贵族之间的民族关系问题。

1724—1735 年期间,正是清廷平定青海罗卜藏丹津叛乱(1723—1718)以及对噶尔丹策零的征战(1724—1733)时期(表 3)。新疆哈密是进入新疆腹地的重要地理节点,具有控扼新疆的战略作用。康熙时期准噶尔部的策旺阿拉布坦②,在新疆一带势力强大,军事活动频繁,策旺阿拉布坦与清廷关系复杂,康熙末期入侵哈密并与清廷对抗③。此时清廷在新疆哈密(1727)、木垒城(1732)设立驻防城,并派驻军队驻防。木垒城与哈密城相距不远,形成军事照应,即是为征讨准噶尔所设。雍正七年(1729),清廷发兵征讨准噶尔部策旺阿拉布坦。

清朝政府在宁夏、潼关和凉州府设立的八旗驻防城,显然是基于对"西北用兵"的战略考虑。雍正时期初年,西北地区的蒙古诸部依然保持着强大的势力,这对于清朝的国家安全构成了潜在的威胁。为了加强边防,陕西和山西

---

① 潘向明:《清代新疆和卓叛乱研究》,中国人民大学出版社 2011 年版,第 58 页。
② 策旺阿拉布坦(?—1727),是康熙时期准噶尔汗国的汗王,为汗国原首领僧格之子。他于康熙三十五年(1696)继任为第四任汗王。他在位期间,准噶尔汗国的经济得到发展,也数次抗击了沙俄的侵略。他与清朝的矛盾主要在于争夺西藏等地。
③ 杨学琛:《中国历代民族史 清代民族史》,社会科学文献出版社 2007 年版,第 155 页。

两省已经建立了归化、太原、西安和右卫等驻防城,这些城市在清朝京师西部区域形成了一条坚固的"军事防线"。

在此时期,宁夏八旗驻防的设立,加强了甘肃、陕西和山西诸省之间的军事联系,地处蒙古族聚居区域的南部,东有黄河,西有贺兰山,又近长城天险,是重要的军事战略要地。这也是新疆驻防城规划发展的重要推动因素。

新疆驻防城的规划发展不仅受战争过程的影响,同时还受到地理环境的制约。新疆与内地交通受自然山脉、沙漠约束,处于北部阿尔泰山、西部帕米尔高原、南部昆仑山环绕之中。特别是新疆北部伊犁地区,借助塔勒奇山脉、和尔郭斯河、乌哈尔里克河、伊犁河等山脉水系,具有较强军事地理优势。清廷在新疆一带的军事活动发展,受到了自然环境影响,新疆驻防城的空间主要又集中于伊犁、乌鲁木齐地区,并与战争发展进程密切相关。

三、乾隆时期新疆驻防城的发展

在乾隆时期,清朝深刻认识到了新疆的重要战略地位和作用。新疆驻防城的发展,在这一时期因战争而呈现出明显的阶段性特征。这一时期的驻防城建设,不仅反映了清朝对新疆地区重要性的认识,也是其疆域不断扩张和巩固边疆安全的重要体现。

从 1736 年至 1795 年,清朝围绕开拓新疆地区的战略目标,展开了一系列的整体军事活动。在这近六十年的时间里,清廷共建设了 40 座驻防城,其中 37 座位于清新疆地区(表 9)。这些驻防城的建设,不仅加强了清朝对新疆的军事控制,还促进了该地区的政治稳定和经济发展。

这些驻防城的建立,对于清朝维护国家统一和边疆安全,起到了至关重要的作用。它们不仅是军事防御的要塞,也成为促进地区内部和周边民族间经济、文化交流的重要平台。这在一定程度上有助于缓解地区民族矛盾和促进民族融合,进而为清朝长期稳定和繁荣奠定基础。

表9 1736—1795年新建驻防城情况表

序号	驻防城名称	建立时间	所在区域	现代地理位置
1	庄浪	1737	直省	甘肃省兰州市永登县
2	拉林	1744	满洲	黑龙江省五常市拉林镇
3	塔勒纳沁	1756	新疆	新疆维吾尔自治区哈密市沁城乡
4	拜城	1758	新疆	新疆维吾尔自治区拜城县
5	赛里木城	1758	新疆	新疆维吾尔自治区拜城县赛里木乡
6	喀喇沙尔城	1758	新疆	新疆维吾尔自治区焉耆回族自治县
7	辟展城	1759	新疆	新疆维吾尔自治区鄯善县
8	叶尔羌城	1759	新疆	新疆维吾尔自治区莎车县
9	和阗城	1759	新疆	新疆维吾尔自治区和田县
10	宁远城	1761	新疆	新疆维吾尔自治区伊宁市
11	徕宁城	1762	新疆	新疆维吾尔自治区喀什市
12	中营绥定城	1762	新疆	新疆维吾尔自治区霍城县水定镇
13	昌吉宁边城	1762	新疆	新疆维吾尔自治区昌吉市
14	英吉沙尔	1762	新疆	新疆维吾尔自治区英吉沙县
15	阜康	1763	新疆	新疆维吾尔自治区阜康市
16	惠远城	1764	新疆	新疆维吾尔自治区伊犁哈萨克自治州霍城县惠远镇
17	呼图壁景化城	1764	新疆	新疆维吾尔自治区呼图壁县
18	肇丰城	1764	新疆	今哈萨克斯坦乌尔扎尔
19	科布多	1764	新疆	今蒙古国科布多省科布多市
20	乌里雅苏台城	1765	新疆	今蒙古国扎布罕省扎布哈朗特
21	惠宁城	1765	新疆	新疆维吾尔自治区伊宁市巴彦岱镇
22	永宁城	1766	新疆	新疆维吾尔自治区乌什县
23	阿克苏城	1766	新疆	新疆维吾尔自治区阿克苏市
24	绥靖城	1767	新疆	新疆维吾尔自治区塔城市
25	右营瞻德城	1769	新疆	新疆维吾尔自治区霍城县清水河镇
26	拱宸城	1769	新疆	新疆维吾尔自治区霍城县霍城镇兵团农四师62团驻地西侧
27	巴燕岱营熙春城	1769	新疆	新疆维吾尔自治区伊宁市汉宾乡
28	庆绥城	1772	新疆	新疆维吾尔自治区乌苏县
29	济木萨恺安城	1772	新疆	新疆维吾尔自治区吉木萨尔具

序号	驻防城名称	建立时间	所在区域	现代地理位置
30	巩宁城	1773	新疆	新疆维吾尔自治区乌鲁木齐市沙依巴克区八一街道
31	会宁城	1773	新疆	新疆维吾尔自治区巴里坤哈萨克自治县
32	孚远城	1775	新疆	新疆维吾尔自治区昌吉回族自治州奇台县
33	玛纳斯绥宁城	1777	新疆	新疆维吾尔自治区玛纳斯县
34	广安城	1779	新疆	新疆维吾尔自治区吐鲁番市
35	密云	1780	京畿	北京市密云檀营满族蒙古族自治乡
36	左营广仁城	1780	新疆	新疆维吾尔自治区霍城县芦草沟镇
37	晶河安阜城	1781	新疆	新疆维吾尔自治区精河县
38	嘉德城	1782	新疆	新疆维吾尔自治区乌鲁木齐市达坂城镇
39	塔勒奇城	1789	新疆	新疆维吾尔自治区霍城县三道河乡塔勒奇村
40	库车城	1793	新疆	新疆维吾尔自治区库车县

注:本表中"新建驻防城",是指在 1736—1795 年之前新增的,并非指"择地新建"之意。钱晖在其博士学位论文中,对乾隆时期所建的军事城(沿用朱永杰"驻防城"的概念)进行了统计,包括了驻守八旗军队和绿营军队的所有军事城市(城堡),一共有 50 座。其中,"育昌堡""三台堡""时和堡"等堡城,并未列入本书驻防统计之列。

从以上数据的收集与整理可知,在清乾隆时期,除了庄浪(1737)、拉林(1744)、密云(1780)这 3 处驻防城之外,其余诸城均营建于新疆区域范围之内。从时间序列进行分析,新疆区域内驻防城的形成过程,可分为以下 3 个阶段:

第一阶段为乾隆二十一年至乾隆二十四年(1756—1759)。清廷正式着手在新疆的东路、南路营建驻防城。从新疆东部哈密的塔勒纳沁开始,向西吐鲁番、喀喇沙尔、阿克苏、叶尔羌方向营建驻防城。营建先后顺序为:塔勒纳沁(1756)、喀喇沙尔(1758)、拜城(1758)、赛里木(1758)、叶尔羌(1759)、和阗城(1759)、辟展城(1759)、广安(1779)。清廷在乾隆中期选此路线建城,是从地理地形上做出的战略判断。新疆境北部有阿尔泰山系、中部有天山山系、南部有昆仑山系,形成著名的"三山夹两盆"的地貌特征。

此时期清廷充分考虑地理形势,是为了兼顾天山南北军事防御需要。

军队由甘肃进入新疆后,至哈密一带时又可兵分两路:向西北至准噶尔盆地,而到达伊犁地区;向西南则可至吐鲁番盆地、阿克苏,最后到达叶尔羌、和阗。

第二阶段为乾隆二十五年至乾隆三十年(1760—1765)。清廷开始着手在新疆北路营建城市,并加强与东路驻防城的军事和交通联系。此时新疆已平定了准噶尔叛乱,参赞大臣阿桂至伊犁一带驻兵并规划建设城市。在阿桂及后任伊犁将军的主持下,首先在北路伊犁设立宁远城(1761)、绥定城(1762)、惠远城(1764)及惠宁城(1765);在东路乌鲁木齐,设立了宁边城(1762)、阜康城(1763)、景化城(1764)以及巩宁城(1773)(图8)。

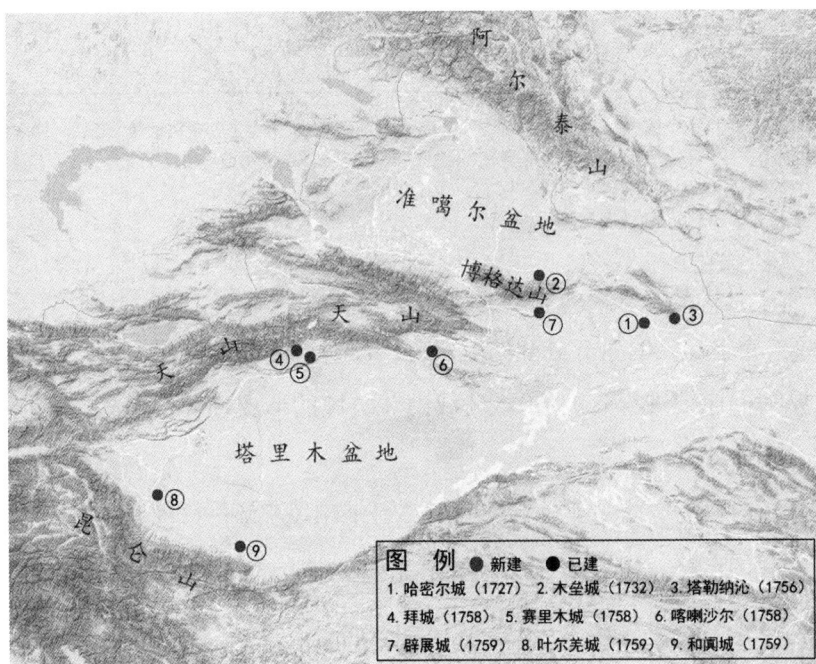

图8　1756—1759 年新疆驻防城分布示意图

北路驻防城一直延续至北部塔尔巴哈台,并在此建设了肇丰城(1764)。至乾隆二十四年(1759),清廷扩建了乌里雅苏台布彦图河畔的科布多城(1764),乾隆二十九年(1764)清廷在科布多设立八旗驻防,次年在乌里雅苏台城(1765)设立八旗驻防,此两处城池受绥远城将军管辖①;南路增建徕宁城(1762)和英吉沙尔(1762),加强了天山、昆仑山之间的军事联系(图9)。

图9 1760—1765年新疆驻防城分布示意图

第三阶段为乾隆三十一年至乾隆五十八年(1766—1793)。清廷进一步完善了新疆南、北、东路驻防城体系,加强了各路之间的联系。在天山以南的乌什、阿克苏、库车建设了永宁城(1766)、阿克苏城(1766)、库车城(1793);在天山以北的北路和东路,则更为密切地加强了北路伊犁、东路乌鲁木齐之间的

———————

① 关于这两处驻防城的驻兵情况,与内地直省和新疆驻防城略有所不同,主要采取的是换防制度。据《绥远城驻防志》记载:"乾隆二十六年,乌里雅苏台信存绥远、右卫兵百名。自二十一年起,已存信五年,理应更换。就近由绥远城挑选佐领一员,骁骑校一员,带领兵五十名,作为三年更换一次。"这种换防制度与"边门"满营驻兵制度基本一致。因地理环境、人口及兵力的不足,清朝对乌里雅苏台一带军事控制,并没有如新疆、东北区域那么严密。

联系。在伊犁一带,完成了"伊犁九城"的规划和建设工作①,在库尔喀喇乌苏建设庆绥城(1772)及安阜城(1781);在东路乌鲁木齐一带,建设恺安城(1772)、巩宁城(1773)、玛纳斯城(1777)、嘉德城(1782),并在新疆古城建设了孚远城(1775)(图10)。

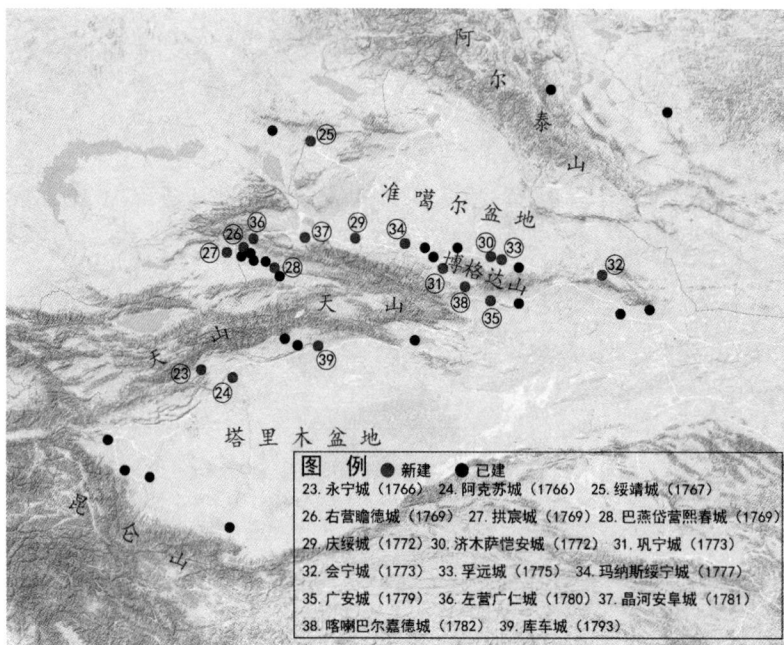

图10 1766—1793年新疆驻防城分布示意图

新疆驻防城的规划建设,因军事重心转移,随着时间的发展,因而体现出了阶段性发展特点。新疆驻防城规划建设完成之后,至1795年,清朝的驻防城已基本遍布了西北、东北边疆以及大部分的省份。地理、政治和军事是新疆驻防城空间规划发展的重要因素。至乾隆末期,清朝在不同区域内建立了大量驻防城。

① 据《西陲总统事略》卷四《官制兵额 兵书》记载,"伊犁九城"中的中营绥定城、左营广仁城由绿营游击官员带兵驻守,拱宸城为参将驻守,熙春城为都司驻守,塔尔奇城为守备驻守。这些兵营虽然不是八旗军队,但都受当时伊犁将军的统辖,亦属于新疆八旗驻防的军事体系。

第五节 内外交困:驻防城规划的滞缓与衰变 (1796—1911)

清中后期,社会积弊严重,嘉庆至清末时期(1796—1911),清朝土地集中,吏治腐败,军备废弛,清朝由盛转衰。清王室、宗室侵占土地,由此激发清朝国内的阶级和民族矛盾,农民起义不断。此外,国内政治腐败和农民起义冲击也加重了清朝外患,列强入侵战争持续不断,两次鸦片战争(1840—1842,1856—1860)爆发,使清朝的积弊越来越深重。

一、战争中驻防城的破坏与重建

(一)直省驻防城的破坏

在清朝的中后期,驻防城中驻守的八旗士兵与当地汉族居民之间的民族矛盾日益加深。当时代表汉族农民利益的农民起义浪潮兴起,驻防城内的八旗军队便成为汉族军事力量的主要攻击目标。同时,这些八旗军队在抵御外来侵略时也扮演了重要角色。清朝中后期的战争大致可分为内部防御和外部抵抗两大类,其中持续时间较长且影响深远的国内起义或战争包括川楚陕农民大起义(1796—1804)、太平天国革命战争(1851—1866)、捻军与天地会起义战争(1852—1868)以及西南、西北人民起义战争(1854—1873)。

"康乾盛世"之后的清朝,逐渐步入"嘉道渐衰"的阶段。此时,层出不穷的农民起义给八旗军队造成了沉重的打击,导致多处驻防城遭受不同程度的破坏。尤其在太平天国运动(1851—1866)期间,太平军的攻击重点放在了打击驻有八旗军队的驻防城上。太平军曾宣誓"誓屠八旗,以安九有",对江宁、京口、杭州、乍浦等驻防城造成了严重破坏[1]。咸丰三年(1853),洪秀全攻占

---

[1] 张威:《清代直省驻防城对其所依附城市形态演变的作用研究》,中国建筑工业出版社2019年版,第93—95页。

江宁,并将之改名为"天京",导致江宁驻防城内的八旗军队几乎被完全消灭,江宁驻防城名存实亡。

此外,战事还波及东南沿海地区,广州、乍浦、京口等驻防城成为清朝与各帝国军队的主要战场,广州、浙江、江苏等省内的驻防城遭受严重破坏。这一时期,清朝社会性质也逐步演变为半殖民半封建社会。19世纪初,西方资本主义强国加剧了对清朝的军事入侵,英法等列强借助先进武器、经验丰富的军队,以及不平等的经济贸易手段,逐步打开了清朝的国门,加深了其内外困境。

(二)新疆驻防城的破坏与重建

新疆驻防城的产生、发展都具有特殊的城市、民族背景。此时期新疆驻防城的重建,在本质上体现了当时内忧外患下民族矛盾的缓解与主要矛盾的转移。

19世纪60—70年代,新疆受国际军事和国内形势双重影响,面临"民族危机"和"边疆危机",这即是"内外交困"在新疆区域内的具体体现。英、俄两国在中亚地区竞相争夺殖民地。英国在吞并印度后,向北扩张,沙俄在黑海海峡和巴尔干半岛竞争失利,向南扩张转向中国东北、西北地区,英、俄在中亚产生冲突,并在新疆进行了实质性的殖民竞争。1867—1870年,在英国的支持下,中亚浩罕汗国阿古柏入侵新疆,并实行殖民统治①。同治十年(1871),沙俄也借机出兵伊犁,并占领新疆天山北路等区域②。1876—1878年,左宗棠收复新疆,并通过外交手段索还了伊犁地区。

在这样国内外的双重危机下,光绪时期的新疆驻防城得到了大量的重建,

---

① 浩罕汗国是18世纪初在中亚费尔干纳所建立的封建国家,居民以乌兹别克人为主。18—19世纪时曾向清廷称臣朝贡。至19世纪中期该国逐步强盛,并入侵了清新疆。1876年为俄国所兼并。

② 李泰棻《西洋大历史》对伊犁的"兵变"有简要记载,"伊犁事件:先是纪元一千八百五十一年,俄中佐哥巴列布斯克与我国伊犁将军奕山,定《伊犁通商规约十七条》,纪元一千八百六十年,《北京条约》亦许于喀什葛尔通商。既而伊犁及喀什葛尔人民乘洪杨之乱突起骚扰,俄人借口镇乱,出兵伊犁,乘уй 占库尔监及天山北路。"

清代官方文献记载均较为零散。同治三年(1864),新疆各族人民反对清朝统治,爆发了大规模武装起义。伊犁发生动乱,又复经阿古柏之乱,伊犁诸城陷落,"城池化为瓦砾废墟,民宅化为焦土灰烬""满汉人尽遭屠戮"①。据《钦定大清会典事例》卷五四五记载,乌鲁木齐、古城、吐鲁番、巴里坤等处,"自同治初年遭逆回之变,相继沦陷,额设兵丁散失殆尽,惟巴里坤防营仅有遗孤"。清惠宁、哈密、巩宁、惠远、孚远、绥宁、广安、绥靖、庆绥、喀喇沙尔、徕宁驻防城在战争中也多遭到毁坏。

据《清实录》《新疆四道志》等历史文献归纳整理,清朝驻防城规划重建活动,主要集中在 1882—1898 年之间(表 10)。对破坏的城市进行重建或修复,或在旧址上进行重建,或在附近进行重建②。

需要注意的是,此时期新疆的驻防城也有直接与附近汉城进行"合璧"的现象。如光绪十二年(1886),乌鲁木齐的巩宁城就与迪化汉城的城垣合并起来形成更大的城池③。光绪二十一年(1895),古城孚远城与靖远城合并,将两城的西南两边城墙连接起来,形成了更大规模的城池。这也是八旗驻防为新军制取代后,军事空间解体的反映。

表 10　新疆驻防城重建情况表

城市名称	重修时间	文献记载或依据	文献来源
惠远	1882	光绪八年(1882),清廷收复伊犁后,将军金顺奏准在旧城北七公里处重建新城(今惠远乡政府所在地)。新城筑竣,恢复惠远驻防营制	刘小萌《新疆的清代遗迹——以八旗驻防为中心》
惠宁	1882	嘉庆十年,奏明向西移筑,将南东北三面水泉、碱滩、潮湿之地隔出。旧有倾圮坝城墙四百六十丈,全行拆去,南北两面旧有坚固城墙各一百八十七丈,及南北城门仍旧粘修如故	松筠《西陲总统事略》卷五《城池衙署》

① ［日］日野强:《伊犁纪行》,黑龙江教育出版社 2006 年版,第 145、148、277 页。

② 何一民等:《清代城市空间分布研究》,巴蜀书社 2017 年版,第 291 页。

③ 苏奎俊:《清代乌鲁木齐城建史考述》,《新疆社科论坛》2021 年第 4 期。

续表

城市名称	重修时间	文献记载或依据	文献来源
巩宁	1880	同治初年,逆回变乱,二城(指迪化和旧巩宁城)均陷。……又于城东北半里许建满城,周三里五分	《新疆四道志》卷一《镇迪道属图说》
	1886	新疆设省,以迪化城为省会,将旧修满、汉两城贯通一气,增加城垣埂齿,各就地势修筑,不成方圆	《新疆四道志》卷一《镇迪道属图说》
孚远	1884	光绪十年,于旧城之东北隅,巡检治城之西南隅新修一城,号新满城	《新疆四道志》卷一《镇迪道属图说》
	1895	遂照依颁发图式,接连孚远城西南两墙一律重修	《新疆乡土志稿·奇台县乡土志》
广安	1884	光绪三年三月,大军克复吐鲁番城,雉堞多半倾圮。光绪十年,黄牧炳琨详请重修。城方形,每方长一百七十五丈七尺四寸,周围共长七百三丈	《新疆四道志》卷一《镇迪道属图说》
哈密	1868	同治七年(1868),新任哈密帮办大臣文麟率军抵哈密,于城西北一里处另建一座供军队驻扎的军城(位于今哈密市第二中学附近),这个新城规模较小,周围仅一里,只有南北两座城门	刘小萌《新疆的清代遗迹——以八旗驻防为中心》
绥靖	1889	距旧城里许,得地一区,负山带河,形势扼要,……自光绪十五年四月十五日兴工,至十七年九月二十日告竣	《重建塔尔巴哈台绥靖城碑记》
庆绥	1889	光绪初年,南北底平,十年开设行省,十五年于旧城基址重修土城,曰库尔喀喇乌苏,旧名庆绥	《库尔喀喇乌苏直隶厅乡土志》
徕宁	1898	光绪二十四年(1898),清廷决定在旧址重建徕宁城	刘小萌《新疆的清代遗迹——以八旗驻防为中心》

清朝晚期,新疆驻防城的重建在维护国家西北边疆的领土完整方面扮演了至关重要的战略角色。通过实行政治改革,以及将新疆建设为一个省份,清政府实际上在行政上将新疆与内地的其他直辖省份平等对待,标志着新疆不再仅是边陲之地,而是与内地具有等同的重要性。这一时期新疆驻防城的重建,不仅为军事行动提供了关键空间,而且稳固了中国西北部的领土安全。如此举措对于塑造当代中国的国土疆界和地理格局,产生了深远的历史影响。

二、"新功能"驻防城的出现和迅速衰退

在中国历史上,不同时期新出现的城市,经过一段时间的发展后,城市原

有功能可能会得到改变而具备新的功能。如汉代军市,虽然初有"军市无有女子""军市无得私粮者",后来逐渐发展成为商业聚落,间接地促进古代商业的发展。明朝卫所军城有的发展至明中后期时,也成为商业兴盛之地。至清中后期,清朝驻防城也从完全意义上的军事城市,转向具有完全屯田、垦荒功能的"新功能"城市。

满洲人口不断增长,成为新功能城市出现的直接动因。清朝中期,北京城内的人口约为98.7万[1]。清廷考虑到京师内人口过剩问题,将北京都城内的满洲人迁居至东北[2],成为缓解当时北京人口矛盾的当务之急。

1815—1907年,清朝在东北建设了一些新城(表11)。1815年,首先在吉林省建立双城堡。道光时期,此处共移驻了3000户从吉林、奉天以及京师分来的旗人,并派驻佐领、骁骑校等官员及兵丁到此驻守,试图从根本上解决关内满族人口过剩问题。同治时期,清廷还在黑龙江设立巴彦苏苏(1869)、吉林设立五常堡(1869)。巴彦苏苏为满营之制,地处黑龙江省中部,松花江中游北岸,其设置目的一是加强呼兰城的控制范围,二是安抚地方和"稽查捕盗",维持地方社会安定。

表11　1815—1907年建设的"新驻防城"

城市名称	建立公元	所在区域	现代地理位置
双城堡	1815	满洲	黑龙江省双城市
巴彦苏苏	1869	满洲	黑龙江省哈尔滨市巴彦县
五常堡	1869	满洲	黑龙江省五常市五常镇
海龙	1878	满洲	吉林省梅河口市海龙镇
铁山包	1879	满洲	黑龙江省铁力市铁力镇

---

[1]　侯杨方:《中国人口史》,复旦大学出版社2001年版,第328页。

[2]　清初时期,居于京师内城者约计32万人,至康熙三十年(1691)京师八旗人口约计38万人,康熙末年(1722)京师八旗人口约计48万人,其中迁居城外者3万人;乾隆末年(1795)京师八旗人口约计55万人,其中居于四郊者约10万人。到宣统年间(1909—1911),京师八旗总人口,包括城四郊旗人共计437862人。

续表

城市名称	建立公元	所在区域	现代地理位置
富克锦	1882	满洲	黑龙江省富锦市城关街道
兴安	1883	满洲	黑龙江省黑河市嫩江县塔溪乡兴安城村
通肯	1898	满洲	黑龙江省绥化市海伦市海伦镇
东兴	1905	满洲	黑龙江省哈尔滨市木兰县东兴镇

清廷还在黑龙江、吉林省设立了海龙（1878）、铁山包（1879）、富克锦（1882）、兴安（1883）、通肯（1898）、东兴镇（1905）这 6 座新驻防城。据文献记载，海龙城营建之时因争于速成，在城内仅建有总管衙署等建筑，城周围筑有土城垣，其上四面设垛口、炮台、南北营房及兵丁房屋①。光绪五年（1879）在铁山包设协领，并建协领署，协领下管辖有佐领、骁骑校、笔帖式等满族官员②。富克锦又作"富替锦"，光绪六年（1880）筑城③。通肯城，因通肯河而得名，设通肯副都统，初属呼兰城，至 1903 年改设海伦直隶厅。东兴镇为光绪三十一年（1905）所建，巴彦苏苏协领移驻于此。

此类驻防城建设的重点在于解决关内人口过剩问题，同时也具有屯田性质。加之此时清廷已不能像雍正、乾隆时期那样，有计划、有阶段地推进城市的规划发展。更为重要的是，清朝的八旗军队至中后期时，整体上已失去作战能力。虽然清廷极力去挽救这一时局，但伴随着清末军事改革，这一新功能的驻防城也很快走向衰退。

三、建省改制：边疆驻防城的消亡

清朝时期的西北、东北区域，转变成为清朝"疆域"。清末时期，新疆、东北

---

① 皮福生：《吉林碑刻考录》，吉林文史出版社 2006 年版，第 37 页。

② 潘作成：《铁力文史资料》第 3 辑，中国人民政治协商会议铁力市委员会文史资料征集委员会，2000 年版，第 237 页。

③ 光绪八年（1882）置协领，属三姓副都统。光绪十七年（1891），协领加副都统衔。光绪三十三年（1907），置巡检司，地属临江州。宣统元年（1909）四月裁副都统置县，裁协领。

建省,这意味着两个区域内的领土转变为清朝"边疆"。"新疆建省""东北改制"这两个制度因素的产生,使八旗驻防制度下边疆的驻防城体系也得到消解。

(一)清朝中后期的边疆

对中国古代封建帝国而言,"疆域"实际上并非是明确的地理概念。古代帝王多认为"普天之下,莫非王土",实际上更多体现的是统治者的政治野心和态度。"边疆"则对应古代的"夷""狄""戎""蛮"。至封建社会后期,特别是大一统帝国出现以后,疆域更多地依赖"行政系统"和"军事系统"管理体制①。

清朝疆域管理相比明朝更为复杂。内地各省沿袭明制,而满洲之地("东北三省")、新疆之地,在"建省"之前都是实行的军府制。军府制军政合一,以军统政,特点为军事权高于行政权。东北一带以"八旗驻防"制度代替明朝时期的"都司卫所"制。

至清朝中后期,清朝"边疆"概念与当今边疆有所不同,清朝时期重点是指的陆地疆土,主要为东北、西北、西南,却并不包括海疆。对于清朝统治者而言,边疆即指"藩部",内蒙古、青海蒙古、新疆、西藏、云南、广西、四川、台湾、海南岛及南海诸岛都属于清朝的"边疆"。

(二)"新疆建省"与新疆驻防城变迁

乾隆时期形成的"新疆"之地,在"新疆建省"之前,则实行的是军府制、伯克制、札萨克制等相结合的制度②。尽管从康熙时期即开始对西北蒙古用兵,因民族关系复杂,并未完全消除不同民族割据政权的直接威胁。至光绪时期,清廷出现新疆改建行省之议,光绪十年(1884)开始实行"新疆建省",在新疆

---

① 顾诚:《明帝国的疆土管理体制》,《历史研究》1989 年第 3 期。
② 苏德毕力格:《晚清政府对新疆、蒙古和西藏政策研究》,内蒙古人民出版社 2005 年版,第 6—7 页。

区域内推行"州县制",即采用"道—府—厅—直隶州(州)—县(分县)"的行政制度。[①]

驻防城的形成本来是依赖于八旗驻防,但在新疆置省之后,军政发生了变化,始以提督、总兵作为新疆省内的最高军事统领,裁撤了新疆内的八旗驻防将军。经过内外交困的危机与战争,新疆不同驻防城内驻守的旗兵所剩不多,仅有 2700 多名[②]。清后期新疆建省后,"军城"转向了"治城",旗人转向了近代居民,彻底实现了区域内城市功能的转变,意味着新疆驻防城的消亡。

(三)"东北改制"与东北驻防城变迁

"东北三省"对于清廷而言是特殊的军事、行政区域。如前所述,在清朝疆域的视野下,实质上转变成为边疆。康熙时期以来的沙俄入侵,以及清中后期日俄的远东争夺,使得东北军事制度有待变革。同治五年(1866),奉天练军的出现,标志着东北八旗军制改革的开始。

光绪三十三年(1907),清朝实行"东北改制"。光绪皇帝称"东三省吏治因循,民生困苦",认为八旗驻防制度与东北社会经济发展已不相符合,1907年,清廷宣布废止"盛京将军""吉林将军""黑龙江将军",并将东北原来的军事建制改为行省建制,同时设置 3 个行省:奉天省、吉林省和黑龙江省(时称"东北三省"),史称"东北改制"。裁撤盛京将军改设东三省总督,改吉林、黑龙江将军为巡抚,在满洲之地实行与内地行省一样的行政管理制度。

东三省总督徐世昌制定《东三省督抚办事纲要》《东三省职司官制章程》,

---

① 清朝中期,提出在新疆建省的建议的,主要有龚自珍、魏源和左宗棠。龚自珍《西域置行省议》、魏源《圣武记》提出过在西域设行省的主张,借以阻止沙俄、英国对当时西北的侵略。至晚清时期,左宗棠成为支持新疆建省的主要提倡者和实施者。"新疆建省"是新疆城市史上的一件大事。《清史稿》卷七六《地理志》二三"新疆"条:"(光绪)九年,建行省,置巡抚及布政使司。"《清德宗实录》《光绪会典事例》中设新疆巡抚及布政使的时间为光绪十年(1884),实录档案更为准确。因此,新疆建省时间为 1884 年。

② 刘子扬:《清代地方官制考》,故宫出版社 2014 年版,第 382 页。

总督署建于奉天,吉林、黑龙江两省建行署。各省又设巡抚,划定总督、巡抚的权限。在军队编制上,陆军第3镇、20镇、23镇和巡防队,代替了原有八旗军队。东北改制之后,八旗驻防制度则被新的政治制度所取代,八旗军队也被新军所取代,这也意味着东北驻防城体系的终结。

本 章 小 结

在整体上,本章研究是在清朝疆域的尺度下,梳理了驻防城空间的形成和发展,也是对驻防城空间进行历史分期之后所进行的必要"历史叙述"和"历史构建"。对驻防城规划历史演变的把握,既要注重清朝帝王在军事策略、城市布局中的绝对主导作用,又要考虑"清朝建国""迁都北京""定鼎中原""开拓新疆""清朝灭亡"等重要历史或军事事件所产生的影响。

为此,本书将驻防城空间规划历史的演变与发展历程,进一步地划分为4个时期:初创期(1616—1643)、发展期(1644—1722)、繁荣期(1723—1795)和衰亡期(1796—1911),并得出规划分期、历史时期以及重要历史军事事件之间的对应关系,并归纳总结如下(表12)。

表 12　清代驻防城规划历史发展演变表

规划分期	历史时期	位置	城市名称及建设时间	重要历史或军事事件
龙兴东土:驻防城空间区域布局初创(1616—1643)	天命时期(1616—1626)	满洲	赫图阿拉(新宾)(1616)、东京城(辽阳东)、海州(海城)、熊岳(营口鲅鱼圈)、耀州(营口大石桥)、盖州、牛庄、沈阳(1621)	努尔哈赤建立后金汗国(1616);定都赫图阿拉(1616—1621);萨尔浒、沈辽和广宁战役(1618—1622);迁都东京(1622);迁都沈阳(1625)
	天聪至崇德时期(1627—1643)	满洲	凤凰城(凤城)(1638)、归化(呼和浩特)(1641)	东征朝鲜(1627—1636);统一蒙古诸部(1627—1638);招抚黑龙江诸部(1634—1641);松锦之战(1640—1642)

续表

规划分期	历史时期	位置	城市名称及建设时间	重要历史或军事事件
定鼎中原：驻防城空间主体格局的建立(1644—1722)	顺治时期(1644—1661)	满洲	锦州(1644)、宁古塔(宁安)(1653)、广宁(北镇)(1660)	巩固"满洲根本"
		京畿	北京(1644)、喜峰口、采育里、张家口、昌平、山海关(1645)、独石口(赤城)、古北口(1646)、沧州、顺义(1648)、东安(廊坊)、三河、保定(1649)、固安(1650)、良乡(房山)(1651)	清人入关、迁都北京(1644)
		直省	杭州(1648)、江宁(南京)、太原、西安(1649)、德州(1654)、京口(镇江)(1659)	灭陕西大顺政权(1644—1645)；灭江宁南明弘光政权(1645)；灭四川大西政权(1645—1646)；灭隆武、鲁王、绍武政权(1645—1651)
	康熙时期(1662—1722)	满洲	吉林(1674)、义州(1675)、开原(1679)、金州(1680)、宁远(兴城)(1681)、布特哈(莫旗)、黑龙江城(黑河)(1684)、墨尔根(嫩江)(1686)、复州(瓦房店)、岫岩(1687)、铁岭、抚顺(1690)、齐齐哈尔(1691)、伯都讷(松原)(1693)、打牲乌拉(龙潭)(1703)、旅顺(1714)、珲春、三姓(依兰)(1715)	沙俄入侵东北边境(1665—1689)；设黑龙江将军(1683)；中俄雅克萨战役(1685—1686)
		京畿	冷口(迁安)(1670)、玉田、永平(卢龙)、霸州、雄县、宝坻(1673)	完善京师周围军事防御体系
		直省	福州(1680)、广州(1682)、荆州(1683)、右卫(右玉)(1693)、开封、成都(1718)	平定三藩之乱(1673—1681)；对噶尔丹的征战(1690—1697)；对策妄阿拉布坦的征战(1715)
开拓新疆：驻防城空间疆域格局形成(1723—1795)	雍正时期(1723—1735)	满洲	伊通、阿勒楚喀(阿城)(1727)、打牲处(齐齐哈尔北)(1728)、呼伦贝尔、博尔多(讷河)(1732)、呼兰(1734)	加强东北边疆防御
		京畿	热河(承德)、郑家庄(1723)、天津(1726)	加强京师外围防御
		直省	宁夏(银川)(1724)、潼关(1727)、乍浦(1728)、青州(1729)、凉州(武威)(1735)	部署西北军事防线；加强东南海防
		新疆	哈密(1727)、木垒(1732)	对噶尔丹策零的征战(1729)

续表

规划分期	历史时期	位置	城市名称及建设时间	重要历史或军事事件
开拓新疆:驻防城空间疆域格局形成(1723—1795)	乾隆时期(1736—1795)	满洲	拉林(1744)	完善吉林军事防御体系
		京畿	密云(1780)	完善京师整体防御体系
		直省	庄浪(1737)	部署西北军事防线
		新疆	塔勒纳沁(沁城)(1756)、拜城、赛里木、喀喇沙尔(焉耆)(1758)、辟展(鄯善)、叶尔羌(莎车)、和阗(和田)(1759)、宁远(伊宁)(1761)、绥定(水定)、宁边(昌吉)、徕宁(喀什)、英吉沙尔(英吉沙)(1762)、阜康(1763)、惠远(伊犁)、景化(呼图壁)、肇丰(今哈萨克斯坦乌尔扎尔)、科布多(1764)、惠宁(巴彦岱)、乌里雅苏台(今蒙古国扎布哈朗特)(1765)、永宁(乌什)、阿克苏(1766)、绥靖(塔城)(1767)、瞻德(霍城清水河镇)、拱宸(霍城县霍城)、熙春(伊宁)(1769)、凯安(吉木萨尔)、庆绥(乌苏)(1772)、会宁(巴里坤)、巩宁(乌鲁木齐)(1773)、孚远(奇台)(1775)、绥宁(玛纳斯)(1777)、广安(吐鲁番)(1779)、广仁(霍城芦草沟)(1780)、安阜(精河)(1781)、嘉德(达坂城)(1782)、塔勒奇(霍城三道河)(1789)、库车(1793)	对达瓦齐征战、平定阿睦尔撒纳叛乱(1755—1757);平定回部大小和卓叛乱(1756—1757);设伊犁将军(1762)
内外交困:驻防城空间的衰败与消亡(1796—1911)	嘉庆至光绪时期(1796—1908)	满洲	双城堡(双城)(1815)、五常堡(五常)(1869)、巴彦苏苏(巴彦)(1869)、海龙(1878)、铁山包(铁力)(1879)、富克锦(富锦)(1882)、兴安(嫩江县内)(1883)、通肯(海伦)(1898)、东兴(木兰)(1905)	新疆建省(1884)、东北改制(1907)
	宣统时期(1909—1911)	—	清朝灭亡,驻防城消亡	辛亥革命(1911)

注:"城市名称及建设时间"一栏中,括号内的名称为城市所在地的今地名。严格来说,清代驻防城体系中还有一类军事聚邑,本书归为"满营"类型,类似今天的边防哨所,清朝史书多称之为"边门",主要分布在清朝东北区域内,有:碱厂边门(1633)、凤凰城边门、叆阳边门(1638)、旺清边门、英峨边门(1651)、法库边门(1662)、罗文峪、威远堡边门(1670)、九关台边门、清河边门、白土厂边门(1676)、松岭子边门(1678)、新台边门、白石咀边门、明水塘边门、梨树沟边门(1679)、伊通边门、赫尔苏边门、巴拉山边门、巴延俄佛洛边门(1681)、彰武台边门(1687)、巨流河、闾阳驿、小黑山、白旗堡、小凌河、中前所、中后所(1690)。

通过本章的研究进一步发现,随着清朝驻防城空间规划历史的全面展开,其所依赖的疆域空间也存在"空间转移"的现象。从明边疆区域(东北)到清畿辅区域、直省区域再到清边疆区域(东北、西北)的基本空间演变规律,大致表现为由东北逐步向全国疆域空间的扩张过程。

清朝驻防城发展和变迁就像生物生长一样,具有类似生物发展的基本特征①。这种"生长过程"与清朝疆域扩张、军事发展脉络有着密切关系。因此,本章尤其注重王权下的军事、疆域形成等,对驻防城规划形成的促进作用的认知。驻防城在清朝政权建立初期,以东北区域为"生发点",随着迁都北京(1644),对明朝华北平原的控制,大量城市得到营建;至乾隆时期(1736—1795),开拓新疆成为清朝政治和军事主题,清朝在新疆伊犁、乌鲁木齐等地,也营建了大量驻防城;至清中后期(1796—1911),清朝政治衰败使城市规划和建设基本停滞,只在东北满洲旧地建设了一些驻防城。1911 年清朝灭亡,驻防城也随之衰变,并进入了近代城市发展历史和规划阶段。

---

① Chuan Lu, Baihao Li. *A similar ecological development historical city: The study on the spatial distribution and pattern evolution of the planning history of the Manchu city in the Ch'ing Dynasty of Ancient China*[J]. Ecological Informatics, 2021(64).

第三章 驻防城空间的分布及其特征

　　本章对驻防城空间格局的研究,主要是在区域尺度的视野下进行的,重在突出"区域"下的驻防城"空间格局"。施坚雅《中华帝国晚期的城市》一书创立了区域体系的理论。相比之下,古代西方受"土地私有制""权属"等因素影响①,很难形成真正意义上的区域规划。清朝时期,专制社会土地实际为清朝所有,为区域下的驻防城规划彻底扫清了障碍。虽然在驻防城空间形成的过程中,可能会遇到一些实际的阻碍,但最终在传统文化、官僚体系和权力的影响下得到了快速化解②。

　　本章研究思路是将清朝不同历史时期所建驻防城,叠加在同一空间层面之中③。将驻防城的空间分布,看作整个清朝王权想要延续的结果,王权的继承制,使清朝主持下的城市空间规划也就具有了延续性。需要说明的是,本章所依赖的地理版图,是以清朝嘉庆时期的历史地图作为底图的,也即是说,驻防城的区域尺度视野,内在空间参考标准是明清时期的行政区划。中国朝代

---

　　① 刘亦师:《区域规划思想之形成及其在西方的早期实践与影响》,《城市规划学刊》2021年第6期。

　　② 郑宁:《清初江南的八旗驻防与地方应对——以杭州满营建设为中心》,《苏州大学学报(哲学社会科学版)》2019年第3期。

　　③ 陶金、张杰、刘业成:《新疆喀什地区古代聚落时空分布研究》,《城市规划》2016年第7期。

的更迭,更重要的是政治更迭,使区划空间在一定的历史时期内具有一定的稳定性。清朝驻防城的空间规划布局,是不同时期的城市不断积累而来的结果,其规划与王权的延续有很大关系。在空间上,似乎并不受制于行政体制的约束,只是受到地理空间、区域军事以及区域经济情况的影响,如广州、福州、杭州、江宁等。当然因为行政体制本身也具有区域性,因此我们在对驻防城区域位置进行指示之时,仍然会参考行政体制区划,以不同省份的名称来对驻防城市群进行称呼,而城内职官设置,也与各省行政体制是相对应的,不同省的驻防将军所驻地的变迁,也会对城市空间布局和变迁产生一定影响。

将不同驻防城看作区域空间中的"点",然后对这些城市的空间分布规律进行综合考察探索。结合清朝军事活动和疆域扩张内在驱动力,不同帝王所持续进行的驻防城规划意图,便可以在此空间格局中得到整体展现,更为直观地反映出清朝驻防城空间格局的分布规律①。

第一节　众星拱月:中心分布型驻防城

美国城市规划专家泰勒(G.R.Taylor)提出了一个独特的理念,将卫星城市根据其与中心城市(母城)的距离进行分类。他将这种划分称为"里圈"和"外圈"。在他的理论中,"里圈"卫星城市指的是那些位于中心城市近郊的城镇,它们与母城之间的联系更为紧密,交通往来频繁,文化和经济交流也更加活跃②。

---

①　一般而言,中国传统城市的分布,主要受流域、山脉、水系影响较大,但驻防城的分布主要是受到军事活动影响,与疆域扩张维护相关,与区域地理、军事策略密切相关,不同区域下的驻防城空间格局,因而也具有了政治、军事和地理视野下不同的形态特征。

②　1915年,美国规划师泰勒在其《卫星城市》一书中,初步提出"卫星城市"(satellite city)概念。只是在后来数年间,并没有引起大众广泛关注,至1924年才正式得到明确并使用。从时间上来看,在泰勒这一思想形成之初清朝刚刚灭亡,这也正是历史的机缘,让我们不得不将驻防城的区域空间分布特征,与卫星城市理论结合起来思考。在17—19世纪,当时世界东方和西方,在大的疆域视野下,为解决人类居住隔离、区域军事或持续发展等社会问题,人们似乎找到了几近相同的规划手法,区域内城市分布理论有了进一步探索和实践。

他的这一理念不仅仅是对空间距离的一个简单划分,它实际上揭示了城市间复杂的社会经济关系。母城作为中心,其周围分布着众多的卫星城市,构成了一个多层次、动态发展的城市网络。这种网络不仅促进了区域内的经济发展,还有助于缓解中心城市的人口和资源压力,实现更加均衡和可持续的城市发展。

　　基于这样的宏观认识和启示,清朝区域空间中的驻防城分布,同样遵循并反映出了一些分布规律。历史文献的归纳和整理显示,清朝中心分布型的驻防城群共有四处:清直隶驻防城群、黑龙江驻防城群、吉林驻防城群以及新疆伊犁驻防城群。其中,处于中心地位的驻防城分别是:清京师、齐齐哈尔城、吉林城和新疆惠远城。这4座大型驻防城作为各自区域内的政治、军事核心,分别驻有皇帝、驻防将军等高级官员,而周围的驻防城则由低级别武官管理。各驻防城中的兵力数量不一,它们共同肩负着区域军事防御的重要职责。

一、以北京为中心的驻防城

　　北京具有优越自然和军事条件。地处华北平原北部,东南临渤海,南为广袤华北平原,西有太行山,北有燕山、七老图山、努鲁儿虎山①。在漫长区域历史发展过程之中,北京由"北狄"之境,逐步转变为后世连接东北、西北和华北的"天下之中",经历了从"封国"到"都城"的空间演变过程。地理、历史孕育了政治核心空间格局,北京的政治、经济和文化的核心空间格局延续至今。

　　以北京为空间核心的驻防城群,总体具有阶段性的建设特点,但在空间分布上又体现出共同守护京师的军事职能,因而形成拱卫空间形态。从17—19世纪的亚洲角度而言,满洲群体进入了中原并建立了清朝,为守卫北京军事安

---

　　①　周初,今北京为燕国所在地,秦、汉、魏时为上谷郡、渔阳郡、燕侯国;隋唐为涿郡、都尉府。自北宋时期,辽国在此建辽都,金为中都,元为大都,明为北平,清为北京。明顾祖禹《读史方舆纪要》称北京为"川泽流通,据天下之脊,控华夏之防";《博物策会》称"左环沧海,右拥太行,北枕居庸,南襟河济,形胜甲于天下"。

全,只能通过营建大量城市进行驻军,由此在不同区域内形成类似"卫星城市"的"城市群"①。从顺治元年至乾隆四十五年(1644—1780),在以北京为中心的"直隶省"②范围之内,清廷一共规划建设了 29 座驻防城。这些城市紧密地分布于北京周围,借助自然地势、交通线路,形成军事上的相互联系。

将这些不同时期所建立的驻防城,放置于同一地理空间中,从不同空间尺度上进行考察。此处的地理尺度空间,参考了地理学研究方法③,可用以下三个尺度空间进行观察:

(1)"太行山—燕山—渤海"大尺度空间。北京周围地理空间的外围,有燕山、太行山及向北延伸至东北的漫长山系,其内分布众多水系,如永定河、温榆河、白河等,其东南又临渤海。以北京为中心的地理空间,整体上形成对华北、东北和北方的辐射④,山脉、海洋是这一大尺度空间的边界。

(2)"直隶省"中尺度空间。"直隶"是清朝对京师所在区域所进行的行政区域的界定,也是依赖永定河河流水系所形成的区域地理空间。在中尺度空间中,以清直隶省为中心,不仅环绕京师,还是西北、东北内陆及大陆南部到达京师的必经之地。在此空间之中,以华北平原、燕山、太行山和海洋为空间边界,离京师最远的张家口、山海关与长城相接,分别与长城之外的归化、盛京形成军事联系,控制了山脉、交通要道以及长城关口。雍正时期所建立的天津水师营,在京师东南一带控制了海洋这一边界。

(3)"京畿"小尺度空间。这一地理空间更加突出了政治的功能,是以北京城为中心的核心空间。在以京师为中心的小尺度空间中,形成距离京师较

---

①　在城市规划学科之中,"城市群"一般是指由一组相对独立的城市共同组成的城市系统。每个城市都有自己的中心区,也即是独立的,同时城市群内的所有城市有一个相对的边界,各个城市之间也存在相互作用的关系。关于这一点,驻防城"城市群"是以军事、交通作为重要系统内部联系方式的。

②　据《清世祖实录》卷一八记载,顺治二年(1645),改明朝的北直隶为直隶(省)。

③　姚亦锋:《探索北京古都多尺度地理空间》,《现代城市研究》2021 年第 1 期。

④　侯仁之:《北京城市历史地理》,燕山出版社 2000 年版,第 1 页。

近的驻防城市群,如昌平、采育里、东安、三河等,相距都不太远,联系更为便捷,各处兵丁人数基本相同,大约50—200人。控制明朝的部分县城并平均分驻兵力,联系远近驻防城,若遇军情则可进退自如。相互之间可以在很短时间内得到呼应,调遣兵力配合作战也很快速。

二、以惠远为中心的驻防城

乾隆二十六年至乾隆五十四年(1761—1789)的39年时间内,清廷以伊犁惠远城为中心,共建设了9座驻防城,史称"伊犁九城"。在区域空间下,新疆驻防城主要聚集于"伊犁河谷"尺度空间、"乌鲁木齐—吐鲁番盆地"尺度空间以及"塔里木盆地"尺度空间。清朝新疆八旗驻防维护了当时我国西北边疆的军事安全,还为清朝新疆、乌里雅苏台地区农业经济、城市及民族融合作出历史贡献。

"伊犁九城"所依靠的自然环境和地理位置优越,极有利于军事"城市群"的建设。伊犁惠远城位于伊犁河北岸,其下属各城均位于和尔郭斯河东侧,乌哈尔里克河自北向南汇入伊犁河①。丰富的水系和河道,形成了区域的天然屏障,并具有优厚农业开发条件和基础。此外,伊犁还具有良好的交通体系,可大致分为"东线"和"西线"②,连接"伊犁九城"并形成互通的军事交通路线。伊犁东与乌鲁木齐、辟展、巴里坤、哈密相通;西与叶尔羌、喀什噶尔、英吉沙尔、于阗相连,北与塔尔巴哈台相通。

乾隆二十六年(1761)清廷在平定准噶尔部叛乱之后,在新疆伊犁设八旗

① 据《西域图志》记载,"伊犁东南北三面负山,地势平广,土膏绕厚。地有三河,一空格斯河,出纳拉特岭之北,西北行。一哈什河,出哈喇古颜山,西财行。一特克斯河,出汗腾格里山,东北行。各三百余里,汇为伊犁河,经流其地,西北入海。支渠数十道,分溉民田。地气和暖,为山北沃壤。"可见,清人早就注意到了伊犁"山系""水系"所具有的地理优势。

② 伊犁东路:自伊犁东南行,至登努勒台。南逾天山,接天山南路哈喇沙尔界。东过博罗图塔克,接天山南路辟展界,东北接库尔喀喇乌苏属之晶河界,西北接哈萨克界,西接伊犁西路界。伊犁西路:自伊犁西北行,北至巴勒喀什淖尔,西至塔拉斯,俱连沙碛,通藩属右哈萨克界。东北接藩属左哈萨克界。东接伊犁东路界。南至天山,逾山接天山南路阿克苏乌什界。

驻防。从热河（今河北省承德市内）、凉州、庄浪、西安和宁夏等处驻防城，抽调 1 万余名八旗官兵，另外还有绿营、锡伯营、索伦营、察哈尔营官兵①。伊犁九城的规划者为伊犁将军阿桂、明瑞及伊勒图。自乾隆二十六年至乾隆四十五年（1761—1780），继任的几位伊犁将军，规划并建设了"伊犁九城"，以惠远城为中心。

惠远城作为新疆驻防将军所驻之城，是"伊犁九城"的核心所在。"伊犁九城"的设立，按规划建设先后顺序分别为：宁远（1762）、绥定（1762）、惠远（1764）、惠宁（1765）、瞻德（1769）、拱宸（1769）、熙春（1769）、广仁（1780）、塔勒奇（1789），体现了区域内驻防城空间的形成过程。

各城与中心城惠远的直接距离也较为合理②。惠远城东南有惠宁、熙春、宁远 3 城，西北有绥定、塔勒奇、瞻德、拱宸、广仁 5 城，其南则借助伊犁河作为天然防御，形成拱卫惠远城的城市群形态。郝园林认为，"伊犁九城"具有"双核结构"③，是以惠远和惠宁这两座城作为区域内的驻防城中心。从驻军人数上看，的确反映出两城的兵丁人数较多的情况，这实际是从军事角度的考察结果。严格来说，新疆所设伊犁将军，是区域内最高武职，驻于惠远城之中，是此区域内的核心军事空间。

在军事等级上，惠远城即为新疆区域内的中心军事城市。"伊犁九城"周围早已形成的新疆聚邑，也可为驻军提供相应人力和物资供给。"伊犁九城"中的"熙春""拱宸"之名，以及右营、左营之分，也充分体现出了东方、北方的方位观念，均是出于拱卫惠远城的目的。

三、以齐齐哈尔、吉林为中心的驻防城

严格来说，黑龙江和吉林是清盛京将军所辖区域，同时也是清朝的"边

---

①　王希隆：《清代新疆的驻防八旗与"旗屯"》，《新疆社会科学》1987 年第 6 期。

②　郝园林、魏坚、任冠：《新疆伊犁九城的调查及初步研究》，《中国国家博物馆馆刊》2021 年第 1 期。

③　郝园林：《"式样图"所见"伊犁九城"形态与布局》，《故宫博物院院刊》2021 年第 7 期。

疆"区域。在地理空间上,有大、小兴安岭于西北、东北环绕,齐齐哈尔处于东北平原北端,吉林地处东北平原、长白山交界地带的松花江流域,都依赖区域地理优势。对清朝而言,这里即是"龙兴之地",又是"边防重地",区域地位的重要性十分明显,驻防城的空间格局就与其他区域有所不同。

(一)以齐齐哈尔为中心

清黑龙江与沙俄接壤,是清朝边疆重地。明末清初,沙俄开始入侵黑龙江流域。为应对入侵,清廷在黑龙江省内规划建设了13座驻防城。

黑龙江省内的中心驻防城经历了空间变迁过程。康熙十三年(1674),清廷在黑龙江区域内最早建设的八旗驻防城为瑷珲旧城,黑龙江将军驻于城内。康熙二十四年(1685),清廷在收复雅克萨之后,将将军驻地迁至黑龙江右岸的瑷珲新城。在中俄签订了《尼布楚条约》之后,清朝东北一带的局势逐步稳定下来。康熙二十九年(1690),黑龙江将军驻地迁往墨尔根城(今黑龙江省嫩江县),康熙三十八年(1699)移驻至齐齐哈尔城。

清齐齐哈尔城地处松嫩平原,西北为呼伦贝尔总管辖区,北为墨尔根、黑龙江副都统辖区,在地理上东与吉林、南与内蒙古在军事上相呼应。康熙三十年(1691),齐齐哈尔按黑龙江瑷珲城的样式建造了木城。黑龙江驻防将军移驻齐齐哈尔之后,即成为盛京、直隶北部边疆的重要军事中心。这个核心空间的迁移过程,是黑龙江驻防城市群对政治、军事时局的反应和调整。

从城市分布看,清黑龙江省的齐齐哈尔城,北部则分布有墨尔根、布特哈、黑龙江城,其西则有呼伦布尔,东有呼兰。在这种空间格局之中,形成了以齐齐哈尔为中心的驻防城体系。同治时期以后,在此区域空间内还增设了巴彦苏苏、铁山包、兴安、通肯、东兴镇这5座驻防城。以齐齐哈尔为中心,区域空间下的驻防城群具有了拱卫的空间形态。同时,黑龙江与内蒙古、吉林呼应,从康熙时期始,就形成了对沙俄的军事防御体系。

（二）以吉林城为中心

在清朝时期,吉林省被视为边疆的关键要塞,其行政管理体制经历了从八旗驻防到现代行政体制的重大转变①。在八旗驻防时期,吉林省内的驻防城主要集中于省的西北部,与盛京省和黑龙江省内的驻防城形成了一种互相呼应的布局。吉林城作为省内的核心城市,驻扎着吉林将军,并在地理上与宁古塔、伯都讷、阿勒楚喀、三姓相连,并与盛京省产生了紧密的联系。

吉林驻防城逐渐成为清吉林省的军事重心,并经历了一系列重要的空间变迁。这座城市始建于康熙十二年(1673),并设置了吉林副都统。到康熙十五年(1676),宁古塔的吉林将军迁至吉林驻防城,这标志着该城市中心地位的确立。康熙三十一年(1692),副都统迁至伯都讷,而到了雍正三年(1725),副都统职位再度设立。作为清朝吉林省内的驻防城核心,吉林城奠定了该省后来的政治核心空间。

从顺治十年至光绪八年(1653—1882)期间,清吉林省内共建立了18座驻防城。作为省内的城市中心,吉林城东侧有宁古塔,北侧有伯都讷、阿勒楚喀、三姓,西侧则与盛京省的兴京相呼应。此外,与吉林城相连的还有许多边门类型的驻军营地,共同构成了清朝东北边疆重要的军事防御体系。以吉林为中心的这些驻防城市,在吉林省的区域范围内形成了一种拱卫的城市空间布局。

第二节　首尾呼应:线性分布型驻防城

区域空间内的城市布局通常直接体现了国家的整体战略思维。从军事角度考虑,军队的补给和物资运输若能按照直线路径进行,其效率将大大提升,

---

① 傅林祥、林涓、任玉雪等:《中国行政区划通史·清代卷 修订本》,复旦大学出版社2017年版,第71、77页。

这对于战时的快速通讯和兵力迅速部署至关重要。清朝时期,盛京省域、长江流域、东南沿海以及新疆东线和南线的驻防城规划正是基于这种"线性分布"的空间规划策略。此种布局不仅确保了军事行动的高效性,同时也反映了当时清朝在国防战略上的深思熟虑。通过这样的规划,清朝能够有效地管理其广阔的领土,同时在必要时迅速调动和部署军力。

一、盛京的四条"防御线"

盛京地区驻防城的空间格局是明清两代疆域和区域变迁的产物。在"沧海之东,辽为首疆"的辽东都司①,这一区域不仅是明朝东北部的政治、军事和经济中心,也成为清朝早期疆域的起始点。随着战争形势的变化,清廷多次迁都,形成了"关外三京"(赫图阿拉、辽阳、沈阳),这些地方既是行政中心也是军事重镇。尤其是盛京,作为清朝的发源地,其重要性不仅体现在地理空间上,更在于它所承载的"满洲根本"的政治意义,成为清朝最关键的区域之一。

清朝早期疆域构建与以盛京为中心的东北八旗驻防体系发展是并行的②。围绕辽东湾的盛京驻防城按照西线、中线和东线的"雁形"线性分布,形成了独特的空间格局。

中线的驻防城以盛京为核心,沿着南北方向展开,形成了明显的线性布局。以盛京为中心点,向西延伸至铁岭、开原和威远堡边门,而向南则经过辽阳、海城、营口、盖平、熊岳、复州、宁远直至旅顺口。这一长串的中线驻防城群,在南北方向上构筑了一条强大的军事防线,成为清朝维护边疆安全的关键(图11)。

---

① 明辽东都司属山东省境,是东北政治、交通和经济的中心。至明末时期,东北对外交通路线主要有三条:一是辽东都司向南至旅顺口入辽东湾;二是辽东都司往西南经辽西走廊入山海关;三是大宁都司向西跨过长城关隘喜峰口进入北京。

② 田志和:《论清代东北驻防八旗的兴衰》,《满族研究》1992年第2期。

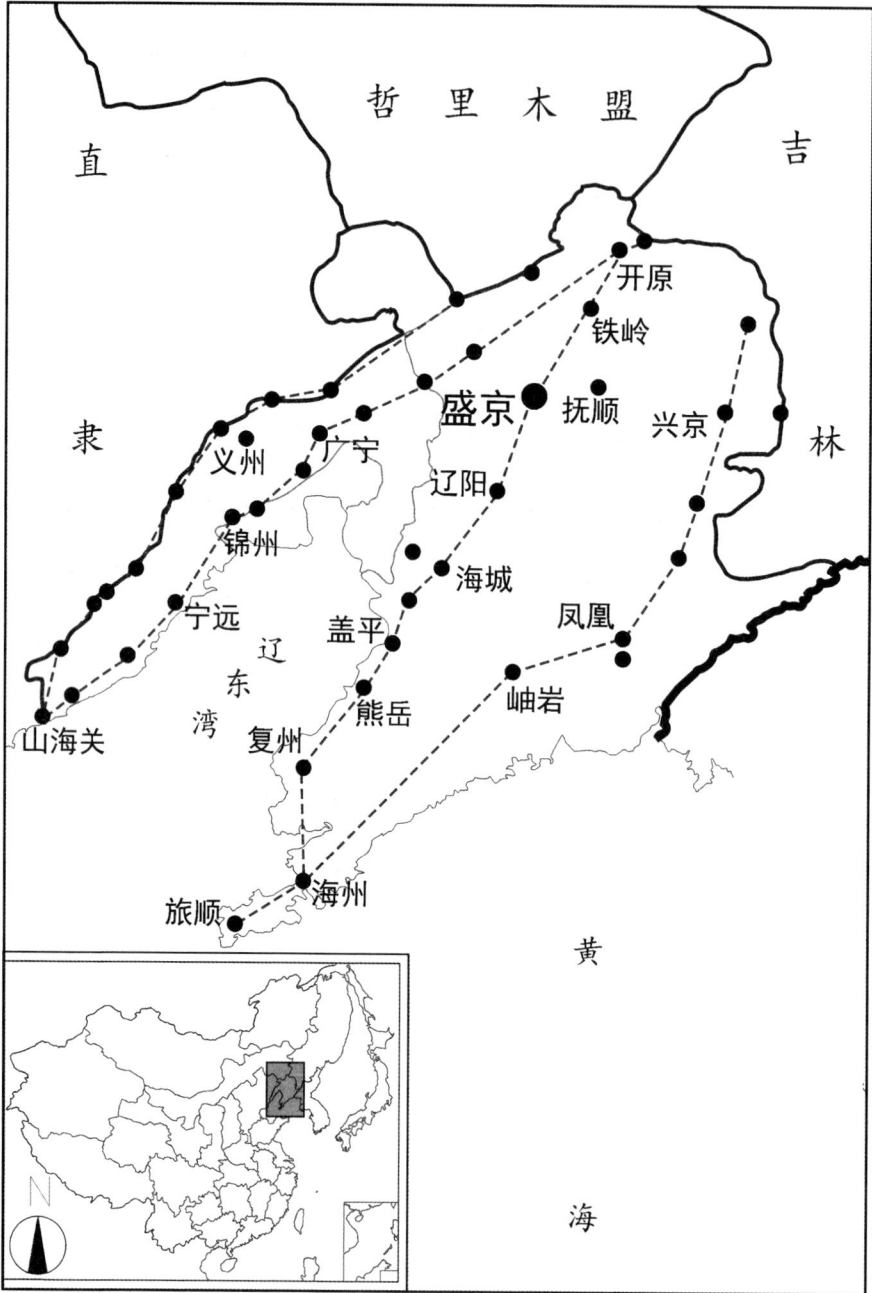

图 11　盛京驻防城线性分布示意图

"东线"驻防城以兴京为中心,也是南北向呈线性分布。天聪时期,建立兴京、碱厂边门;崇德时期建立了凤凰城、凤凰城边门、瑷阳边门。从北至南呈直线分布,不仅为吉林、黑龙江省驻防城的设立奠定了军事基础,而且也构建了当时清朝和朝鲜之间的军事屏障。

二、新疆的"东线""南线"

整体而言,新疆八旗驻防可划分为"东路、北路、南路"①。各路驻防城分别位于"伊犁河谷"尺度空间、"乌鲁木齐—吐鲁番盆地"尺度空间及"塔里木盆地"尺度空间。乾隆二十七年(1762),清廷在伊犁设置驻防将军②,这标志着新疆八旗驻防体系开始形成。

(一)新疆东线

新疆东线的驻防城,以乌鲁木齐巩宁城为中心。东线驻防城分布在乌鲁木齐、古城、吐鲁番、巴里坤和哈密地区。雍正十年至乾隆四十七年(1732—1782),清廷在新疆乌鲁木齐、古城、吐鲁番、巴里坤地区,一共营建了15座驻防城,并形成以乌鲁木齐巩宁城为中心的线性驻防城体系(图12)。

由图可见,以巩宁为中心的新疆东线驻防城,受天山山系博克达山脉影响,在小的地理空间下又分为"两线",分布于乌鲁木齐和吐鲁番盆地的地理空间之中。新疆东线驻防城所形成的南、北、西三条防线,聚散结合,互为呼应。北防线为会宁、木垒、孚远、恺安、巩宁;南防线为塔勒纳沁、哈密、辟展、广安、嘉德、巩宁;西防线为巩宁、昌吉、景化、绥宁、庆绥。向西与"伊犁九城"相通,向东可与乌里雅苏台、甘肃省相连,向南可达新疆南线的徕宁城,表现出较

① 清朝典籍中对新疆地理的划分,也是按方位来进行的。在《八旗通志》《清史稿》中均有这样的做法,定宜庄据古籍,以天山为界,认为新疆八旗驻防分南、北二路。

② 据《清实录》记载,乾隆二十七年(1762)设伊犁将军,"凡乌鲁木齐、巴里坤所有满洲、索伦、察哈尔、绿旗官兵,应听将军总统调遣。"

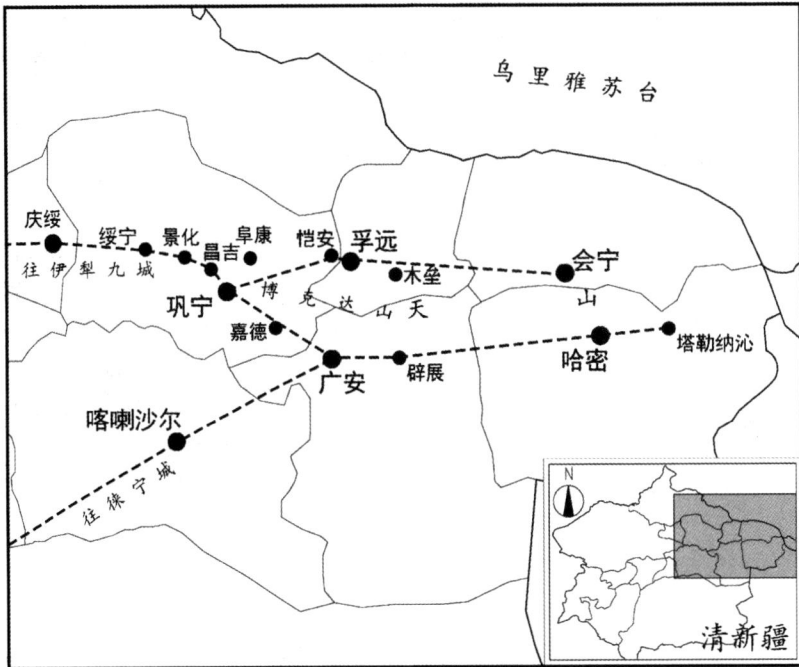

图 12 清新疆东线驻防城线性分布示意图

为明显线性分布的空间形态。

(二)新疆南线

新疆以天山为界,南部驻防城市群也形成了线性分布的整体空间形态特征。天山以南有广阔的塔里木盆地,围绕塔里木盆地,驻防城由北向西再折向南,形成一条弯曲的线性军事防线。自喀喇沙尔向西,至库车、赛里木和拜城,再向西至阿克苏、乌什;在塔里木盆地西侧,则有徕宁城、英吉沙尔和叶尔羌城,再至塔里木盆地西南边的和阗城。新疆南线驻防城市群是清廷在南疆的"军事线"(图 13)。

新疆南线驻防城在小尺度的地理空间中,因军事战线、城市选址及军事联络等基本要求,又形成了 3 处"城市群":"库车—赛里木—拜城""阿克苏—乌

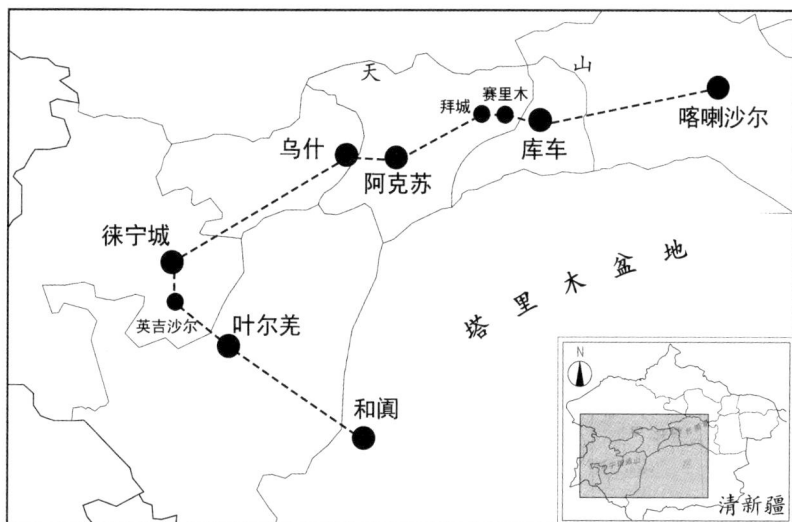

图 13　清新疆南线驻防城线性分布示意图

什""徕宁—英吉沙尔",这些城市相距不远,道路交通借"军台""营塘""卡伦"系统,由阿克苏可至叶尔羌①。驻防沿此线选址分布,充分借助原有道路交通,加强南线各驻防城之间的军事联系,体现出线性分布的空间形态特征。

三、北方漫长的"防御线"

清朝京师以北、长城之外,为蒙古诸部所据,此区域不仅文化相异,更是中原传统文化的边界区域。对于清朝而言,加强同蒙古诸部的联系,对巩固清朝统治至关重要。

定宜庄先生对清代北部边疆八旗驻防进行考察时,从边疆的视野审视了清朝北部边疆八旗驻防的军事,认为北部边疆形成了"热河—察哈尔—绥远""柳条边西诸边门—伯都讷—呼伦贝尔""乌里雅苏台—科布多"的线性城市联系②。这 3 组相连的线性驻防城市群,共同构成清朝北部边疆的军事防线。

---

① 潘志平:《清代新疆的交通和邮传》,《中国边疆史地研究》1996 年第 2 期。
② 定宜庄:《清代北部边疆八旗驻防概述》,《中国边疆史地研究》1991 年第 2 期。

从北部边疆整体情况分析,因科布多、乌里雅苏台驻兵由伊犁将军管辖,因此,这条防御线还可以进一步向西北延伸至绥靖、惠远城(图14)。

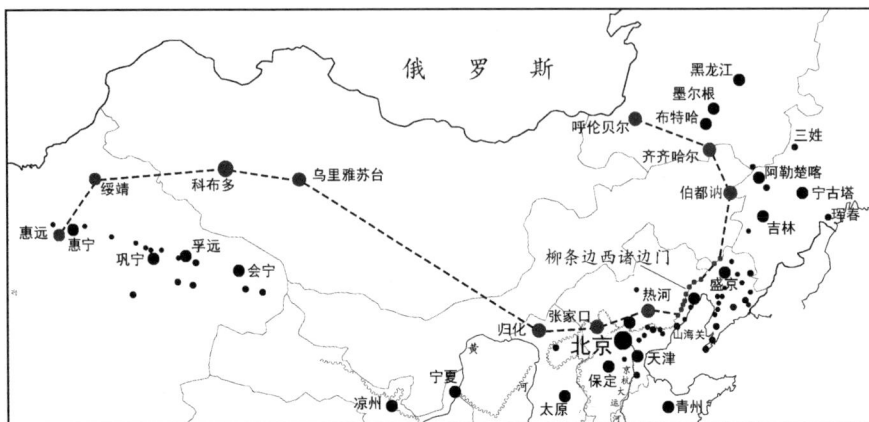

图 14　北部边疆关外驻防城线性分布示意图

"乌里雅苏台—科布多—绥靖—惠宁"线上的乌里雅苏台和科布多两处驻防城,其军队直接受新疆伊犁将军的控制。地理位置上,这两座城市紧邻新疆乌鲁木齐,因此与新疆区域内的其他驻防城建立起了密切的军事交流关系。采取军事换防策略的这两座城市,在军事上与惠远城形成了一条明显的线性联系,显示出清朝在该地区军事布局的策略性和连贯性。

"热河—察哈尔—绥远"线则揭示了清廷对京师北部防御的深思熟虑。热河和察哈尔(张家口)地处直隶省宣化府、承德府,尽管属于直隶区域,但它们扮演了清京师通往长城以北重要的中转角色。长城以外,清朝早期建立的归化、绥远城与之形成了京师北部的关键军事防线,反映了清朝对首都安全的重视。

在"柳条边西诸边门—伯都讷—齐齐哈尔—呼伦贝尔"这一线上,柳条边各门、白都讷、齐齐哈尔、呼伦贝尔构成了清京师北方的第二道防线。从柳条边门向北延伸至山海关附近,再沿地理山脉走向北至伯都讷、齐齐哈尔、呼伦贝尔,形成了一条冗长而坚固的防线。

这三条看似缺乏空间连结的线性驻防城群,虽然各自由不同的驻防将军管辖,但在清朝的广阔疆域中,实际上它们共同构成了一条长达数千里的北部"军事防御线"。这条线从西部的惠远延伸至东北的乌里雅苏台,再向东南拐至归化、张家口,经过热河、伯都讷后再向北,而止于呼伦贝尔。

第三节 星罗棋布:点状分布型驻防城

清朝驻防城的规划和建设是一个综合考虑军事、交通和经济因素的复杂过程,特别是在直隶省(现河北省)区域的选择上尤为突出。直隶省的驻防城不仅是清朝战争的重要前线,也是军事物资的中转站。由于各驻防城之间的相对距离较远,因此,通常每个城市内驻扎的兵力都相对较多。这些驻防城内的部队规模一般超过 1000 人,有的甚至达到 7000 余人[1]。

清朝时期,依靠八旗军队来控制广阔的疆域,无法做到兵力的均匀分布。对于战略上重要的区域,清廷通常会部署重兵,而其他区域则由绿营兵力辅助守卫[2]。各八旗驻防城彼此之间相呼应,共同构成了防御体系。清廷八旗驻防的省份包括浙江、江苏、山西、陕西、山东、福建、甘肃、广东、湖北、河南、四川等。

这些点状分布的驻防城主要集中在黄河、长江流域及东南沿海地区。它们在整体上构成了一种"军事网络",有效地控制了中原等关键省份。通过这种布局,清朝能够确保其核心领土的安全,同时维持对广阔疆域的有效管理和控制。

---

① 卢川:《荆州八旗驻防研究》,湖北人民出版社 2018 年版,第 85 页。

② 赵生瑞对直省驻防进行了具体分类:沿边驻防、沿河驻防、沿江驻防以及沿海驻防。这是将水系地理、清朝国界作为其划分标准的;也有学者分为"北京—凉州""德州—西安—杭州""江宁—荆州—成都""杭州—福州—广州"的驻防线等,这些分法大体是从清朝整体疆域的角度来进行分类的,充分体现了学者们对清朝直省驻防城分布形态的思考。

一、黄河流域的驻防城

自然地理条件天然具备的防御特性对于古代战略布局至关重要。以黄河为例,其发源于青海省,贯穿四川、甘肃、陕西、山西、内蒙古、河南、山东等省份。清人入关后第二年,清廷将黄河尊称为"显佑通济金龙四大王之神",体现了对黄河重要性的高度认识。这种重视不仅因黄河水患频发,也因清廷充分意识到黄河在防御上的重要作用。在更广阔的地理环境中,黄河天险使这些省份成为保护清京师、西北各民族与南方汉族的战略防线。结合清甘肃肃州至山海关的长城线,黄河的防御功能愈发显著。

黄河流域驻防城体系的建立从清初一直延续到乾隆初年。这些驻防城的建设分布在黄河沿岸,如归化、太原、西安、德州等均建于清人入关前后;康熙时期建立了右卫、开封等驻防城;而雍正时期又建立了宁夏、潼关、凉州等;乾隆时期又增加了庄浪。这些不同时期的驻防城建设都与当时的军事扩张战略密切相关①。

黄河流域的驻防城布局与其地理位置密切相关。凉州、庄浪、宁夏位于黄河上游;归化、右卫、太原、西安、潼关处于中游;开封、德州则在下游。其中,有3处驻防城配备了驻防将军,其他地区则由副都统或城守尉负责,兵力从几百到六千不等,这种兵力部署体现了清廷对黄河流域军事防御的重视。因此,黄河流域的驻防城在地理上呈现出点状分布,形成了清朝时期一条重要的防御线。

二、长江流域的驻防城

长江,这条历史悠久的重要水系,不仅在水运交通上发挥着关键作用,而

---

① 据本书"绪论"部分的归纳,后金建立之后一直到顺治迁都北京,军事活动主要以统一蒙古、平定南明及农民政权为主,归化、西安、太原即在此时得到营建;康熙时期,清朝黄河流域的军事重点在于陕甘农民起义以及平定准噶尔叛乱,右卫、开封即在此时得到营建;雍正时期,开始向西北新疆用兵,宁夏和潼关驻防城得以营建;乾隆时期,在平定新疆的战事之中,庄浪驻防城得以营建。

且在军事防御上也极为重要。发源于唐古拉山脉,长江流经的地区包括青海、西藏、四川、云南、湖北、江西、安徽、江苏等省份。自古以来,长江流域便是一个人口密集、经济发达的区域,尤其是成都平原、江汉平原以及长江中下游平原等地区。

清代继承并发展了明代的交通体系,建立了"驿道"、"御道"和"铺递道"。这些道路包括连接京城与各省的"官马大路",以及连接各省城与重要城市的"大路"①。

在长江流域,清廷精心选定了成都、荆州、江宁和京口这四座城市建设驻防城,这些驻防城分别控制着长江的上游、中游和下游。在清朝,成都是四川省的省会,具有重要战略地位;荆州位于长江中游北岸,是长江中游的战略要地;江宁则是明朝时期的"南京",其地理位置控扼南北。这些位于长江流域的驻防城,通过长江的水道,形成了紧密的军事联系。

在康熙末期,成都驻防城初建时,便是从荆州驻防城中调遣八旗兵丁。而到了清朝中后期,江宁和杭州驻防城在遭受破坏后,也是从荆州驻防城调拨兵力进行补充。这些举措充分体现了长江流域驻防城点状分布带来的军事战略优势,使得清廷能够在长江沿线迅速调动兵力,有效维护区域安全和稳定。

三、东南沿海的驻防城

从中国的地理全貌来看,东南海岸线的长度较长,历史上这也常常是军事防御的薄弱环节。在明朝,为了增强东南海防,建立了大量卫所聚落。相较之下,清朝在东南沿海的重要经济和军事城市如广州、福州、杭州等地部署了重兵,实施八旗驻防。

清朝时期,东南沿海的驻防城多数设立在省会城市内。例如,杭州的驻防城建于顺治初年;广州和福州的驻防城则是在康熙帝平定三藩之乱后设立的。

---

① 何一民:《近代中国衰落城市研究》,巴蜀书社 2007 年版,第 252 页。

江宁和京口驻防城建于顺治时期,两城相距不远,并且都位于长江入海口,对东部沿海地区具有重要的防御作用。此外,还有浙江的乍浦水师营,山东的青州、德州以及天津水师营等,这些地点与上述驻防城一起,共同构成了东南沿海点状分布的驻防城群,形成了一道坚实的防御线,保护着沿海地区的安全。这种布局不仅加强了海防,也促进了沿海地区的经济发展,增强了清朝对这一关键地区的控制力。

　　总体而言,从设驻防城的直省区域来看,长江、黄河流域、东南沿海区域所设立的八旗驻防城,具有点状分布的空间分布特点。这与东北、新疆区域内的驻防城有很大不同。这些城市大多依托水系、海岸,因各省疆域甚广,兵力分布不均,在原明朝"十八行省"中,平均部署八旗兵力,在中原各省区域内就形成了整体军事防御体系(图15)。

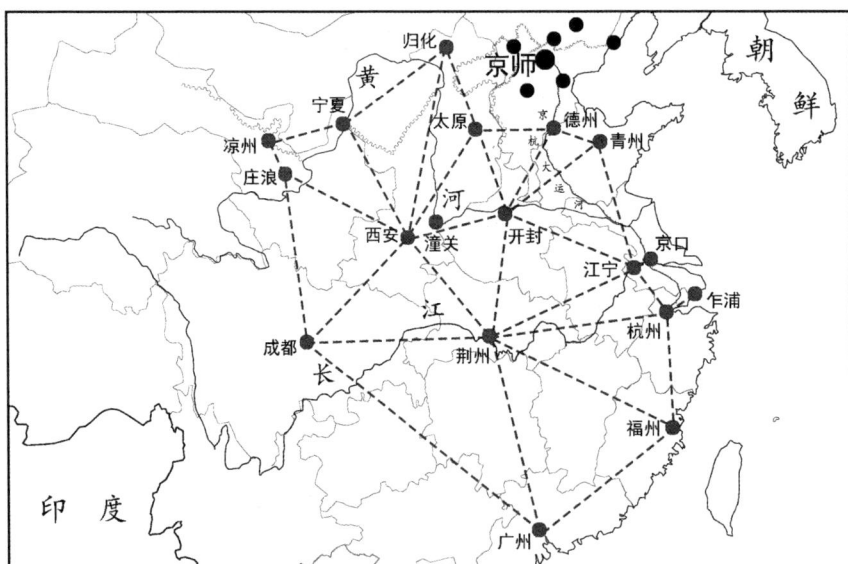

图 15　点状分布型驻防城空间分布示意图

　　需要注意的是,清朝时期东南沿海一带,规划建设的驻防城相对较少,兵力布防太少,重兵多用于内地、西北与东北。至清中期,清廷主要用兵在"对内",并不在"御外";清后期,在东北、西北虽有抗击沙俄和英法入侵军事活动,但主要还是以民族内部矛盾的战争为主。特别是在清中后期,八旗军队战斗力全面下降的情况下,加之东南沿海驻防城分布疏松,更导致了海防的松弛。至清末时期,当入侵者从西北、东北陆上无法打开清朝国门之时,于是选择从海上入侵,这也与东南沿海驻防城的分布特点有一定的关联。

第四节　纵横捭阖:驻防城空间分布的特征

驻防城所形成的"城市群",在一定区域空间之内又形成了相互军事联系。整体上成为清朝军事体系的组成部分,共同构成清朝疆域空间的军事支撑。基于本章,在区域的尺度视野下,清代驻防城空间分布主要具有"层级性""拱卫性""网络性"的特征。

一、层级性

在中国传统文化的宏大框架下,"层级性"文化的根源深植于经济、社会阶层以及文化水平的差异。这种"层级性"不仅是中国传统文化的一个重要特征,更是哲学家们重视的一种"认知思维"模式[1]。它反映在社会的每一个层面,从家族制度到帝王治理,从个人伦理到整个社会的道德观念,均体现了层次分明的思维结构。

具有现代城市空间特征的理论提出了"梯度"的概念,用以解释城市空间的多层次、多中心结构。这种理论强调城市作为"节点"的角色,导致区域内形成中心、副中心等不同等级的城市结构[2]。这样的城市布局不仅提高了城市的功能效率,也反映了城市在区域经济和社会结构中的"层级性"。

清朝时期的驻防城空间格局也具有明显的层级性特征,其表现形式在不

---

① 孙正聿:《辩证法与现代哲学思维方式》,长春出版社 2019 年版,第 324 页。
② 董伟:《大连城市空间结构演变趋势研究》,大连海事大学出版社 2006 年版,第 10 页。

同区域呈现出多样性。例如,省会城市通常作为区域的核心,承担着行政管理和军事指挥的重要职责;边境的城市则作为军事防御的关键节点,执行着保卫疆域的任务。这种分布不仅体现了清朝对于其疆域的精细管理,也反映出了中国传统文化中对于序列和层级的深刻认识。通过这种层级化的空间布局,清朝能够在保证国家安全的同时,促进区域内经济和文化发展,展现了一种综合性的治理智慧。

(一)京都—各省:王权下的城市层级性

清朝时期的集权体制达到了前所未有的高度,其中对于专制君主王权的强调,成为形成"京师—各省"层级体系的核心。追溯至夏朝,中国城市已经展现出"都"与"鄙"(即中心与边远地区)的区分,"都"作为帝王居住和治理的中心,成为经济和军事活动的焦点。后续的历代城市发展也都以都城为核心,逐步扩展了王权的辐射范围。

中国古代的疆域管理经历了秦汉的"郡县制"、隋唐的"道"制、宋代的"路"制,最终演化为元明清的"行省、府、州、县"制度。这一系列制度变革凸显了封建王权在城市层级性特征形成中的关键作用。清朝行政制度继承并发展了明朝的体系,形成了从"京都"至"省"、"府"、"县"的行政体系。在《钦定八旗通志》等八旗文献中,驻防城被划分为"京都"和"各省"两大类,这种分类体现了清朝统治者对驻防城军事层级的清晰认识。

入关后的清朝以北京作为最重要的驻防城,而在各省设立的八旗驻防将军(或都统)负责各自区域的军事事务,其任命和管理完全受皇帝控制①。盛京城作为东北地区的最大中心驻防城,由盛京将军驻守。在直省和新疆地区,驻防将军不仅是最高军事长官,还兼顾了民族和部分行政职责。惠宁、

---

① 清廷在清甘肃、陕西、江苏、湖北、四川、浙江、福建、广州和山西省设驻防将军(或都统),在边疆区域则设盛京将军、吉林将军、黑龙江将军、伊犁将军、乌鲁木齐都统和乌里雅苏台将军。

杭州、江宁、西安、福州、广州、荆州、成都、归化和宁夏等地的驻防将军,将这些驻防城打造成清朝全国范围内的关键军事节点。因此,在八旗军事制度的影响下,"京都—各省"驻防城的层级体系得到了充分体现,形成了以京师为中心、各省驻防城为支撑的两级层级关系,保障了清朝边疆的安全和稳定。

(二) 中心—次中心:军事下的城市层级性

在现代城市发展的历史进程中,除了形成若干中心城市以外,还出现了许多追求成为次中心的城市①。在 17—18 世纪的欧洲,首都城市通常同时是区域的政治、军事和经济中心,政治和军事统治伴随着经济发展同步增长。

相较之下,清朝作为一个高度集权的专制国家,重视军事的重要性,王权也高度集中在皇帝手中。清朝通过充分运用八旗制度的特点,采取了分层次布兵的策略,从而形成了具有"中心"和"次中心"分布特征的城市体系。

在畿辅、边疆以及直省等区域中,由于驻防将军所在的驻防城不同,这些区域内呈现出明显的"中心—次中心"层级分布特点。这种"中心—次中心"的层级性,不仅反映了军事城市的内在特性,而且与驻守武官的品级高低密切相关(表 13)。在这样的分布模式下,中心城市通常承担更重要的行政和军事职能,而次中心城市为辅,共同构成了清朝全国范围内的一张紧密的军事和行政网络。这种层级分布体系,不仅体现了清朝对国家安全和行政管理的高度重视,也展现了其在地域治理上的策略。

---

① 吴一洲、赖世刚、吴次芳:《多中心城市的概念内涵与空间特征解析》,《城市规划》2016年第 6 期。

表 13 清代主要军事、行政官员级别对应表

官员级别	八旗军事官员	绿营军事官员	行政官员
正一品	将军(初制)	—	太师、太傅、太保、殿阁大学士等
从一品	将军(乾隆之后)、都统	提督	总督(加尚书头衔)
正二品	副都统、统领、参赞大臣	总兵	总督、巡抚(兵总右侍郎衔)
从二品	—	副将、城守营	巡抚、布政使、按察使、都指挥使等
正三品	城守尉、火器营翼长、参领、领队大臣、办事大臣	参将	副都御使、通政使、大理寺卿等
从三品	协领、参领	游击、指挥同知等	盐运使、参政道等
正四品	佐领、防守尉	都司等	道员(守道、巡道)
从四品	包衣佐领	副参领等	知府、参议道等
正五品	防御、分管佐领	守备、千户等	郎中、直隶州知州、同知等
从五品	骁骑校、参领	副千户、安抚使、守御所千总等	鸿胪寺少卿、各部员外郎、各州知州等
正六品	骁骑校	千总、安抚使司同知、百户等	都事、京县知县、通判

清朝主要八旗官员为:将军、都统、副都统、城守尉、防守尉、佐领、防御、骁骑校和笔帖式。新疆因特殊原因,绿营军队所驻城市也得到兴建,官职体系出现参赞大臣、领队大臣、办事大臣。八旗官员各有等级,也与绿营、行政官员有品级对应关系。八旗官员的等级性在驻防城体系内表现得非常明显。虽然不同民族的八旗略有不同,但官职主要分为三个层次:一个是最高级别的将军,为从二品官员;二是副都统,为正三品的官员;三是副都统以下的基层武职,在各旗中都有所分布。这种多层级官职体系,在各省八旗官职体系中较为常见,也是"中心—次中心"的驻防城层级关系形成的基础。

在京畿区域,为拱卫京师军事目的,京师自然是作为中心"驻防城"而存在的。在此区域之内,驻防城市群"中心—次中心"层级性体现得更为明显。京畿区域内共建设有5座次中心驻防城:张家口、山海关、热河、天津、密云,各自分布在直隶省的不同府域内,另外还建有 9 座一般驻防城,交错分布于中心驻防城、次中心驻防城的周围①,形成了军事上的拱卫关系。

边疆区域(东北、西北)。首先东北以盛京、伊犁为中心驻防城。定宜庄以"边疆"作为特殊区域,分析了清朝北部边疆八旗驻防的内在联系,再进一步划分为"盛京""吉林""黑龙江"三个部分,即是这种"中心—次中心"驻防城层级性的体现和反映。清朝"东北三省"的八旗军政,均受盛京兵部衙门及三省将军衙门兵司的管理。盛京、吉林城、黑龙江城 3 座驻防城,均为各自区域内的中心驻防城,其下又有次中心驻防城、一般驻防城以及满营的分布。其次,西北新疆则以伊犁惠远城为中心驻防城,徕宁、巩宁为次中心驻防城,其余城市按照不同等级,或拱卫而居、或珠串相连,主次分明,受伊犁将军的管辖和节制。

直省区域。以各省内驻防将军所驻的城市为中心驻防城,部分省内还设立了 2 座或 2 座以上驻防城。清朝时期,在直省区域内共规划建设了 11 座中心驻防城,有的是设于省城之中,有的选择交通重地或军事要地,具体情况为:福建(设福州)、广东(设广州)、河南(设开封)、湖北(设荆州)、四川(设成都),各建 1 座城;江苏(设江宁、京口)、山东(设德州、青州)、陕西(设西安、潼关)、浙江(设杭州、乍浦),各建 2 座城;甘肃(设宁夏、凉州、庄浪)、山西(设归化、太原、右卫),各建 3 座城,共计建设 19 座驻防城。

直省区域规划建设的中心驻防城共有 11 座,是各省八旗军事的中心。有的省设 2—3 座,除中心驻防城之外,其余的则为次中心驻防城或一般驻防城,整体上表现为"中心—次中心"层级关系(表 14)。基于前文"京都—各省""中心—次中心"分析,清朝驻防城"层级性"受制于官员等级、兵丁人数、行政城市等级等不同因素影响,在不同视野、区域内表现出不同的层级性模式。

---

① 此处所提及的"中心驻防城""次中心驻防城""一般驻防城",是本书对驻防城类型的一种新认识。具体的划分依据、方法及标准,在后文有专门论述和说明。

表 14　清代直省驻防城"中心—次中心"层级表

直省名称	中心城市			次中心城市		
	所在区域	城市名称	始建时间	所在区域	城市名称	始建时间
山西省	太原府	太原	1649	归绥六厅	归化	1641
				右卫	右卫	1693
浙江省	杭州府	杭州	1648	嘉兴府	乍浦	1728
江苏省	江宁府	江宁	1649	镇江府	京口	1659
陕西省	西安府	西安	1649	同州府	潼关	1727
山东省	青州府	青州	1729	济南府	德州	1654
甘肃省	宁夏府	宁夏	1724	凉州府	凉州	1735
				凉州府	庄浪	1737
福建省	福州府	福州	1680	—	—	—
广东省	广州府	广州	1682	—	—	—
湖北省	荆州府	荆州	1683	—	—	—
河南省	开封府	开封	1718	—	—	—
四川省	成都府	成都	1718	—	—	—

从清朝全国范围来看,京城与各省驻守将军的驻防城,形成了两级的层级关系。在不同区域内,又体现出不同的层级关系。在多中心、线性以及点状分布的驻防城市群内,层级性表现出不同的形态和模式。

经过对前文分析的深入探讨以及结合第二章所提供的历史背景知识,我们可以揭示出驻防城层级性模式产生的几个潜在原因。首先,王权的扩张无疑是这一层级性模式产生的最根本原因。驻防城的出现和发展,无论是在区域层面还是疆域层面,都是王权力量扩散和加固的具体体现。这种扩张不仅反映了对内的政治控制和集权的加强,也代表了对外的边疆防御和领土扩展的需要。

其次,军事的联系和管理是驻防城层级性形成的直接原因。在军事体制中,驻防城的官员根据其军事职责和级别而有所区别,这些都是直接受到皇帝严格控制的。从军事地理空间的角度来看,不同层级的驻防城围绕中心驻防城进行分布,形成了层次分明的格局。这种分布不仅具有实际的军事防御功能,还体现了清朝对于地理空间的策略运用。在不同地理环境中,驻防城的层级性表现出多样的模式特征,如沿重要交通线路的直线型分布、连接各个重要节点的网状型分布,以及从中心向四周辐射的放射型分布等(图16)。

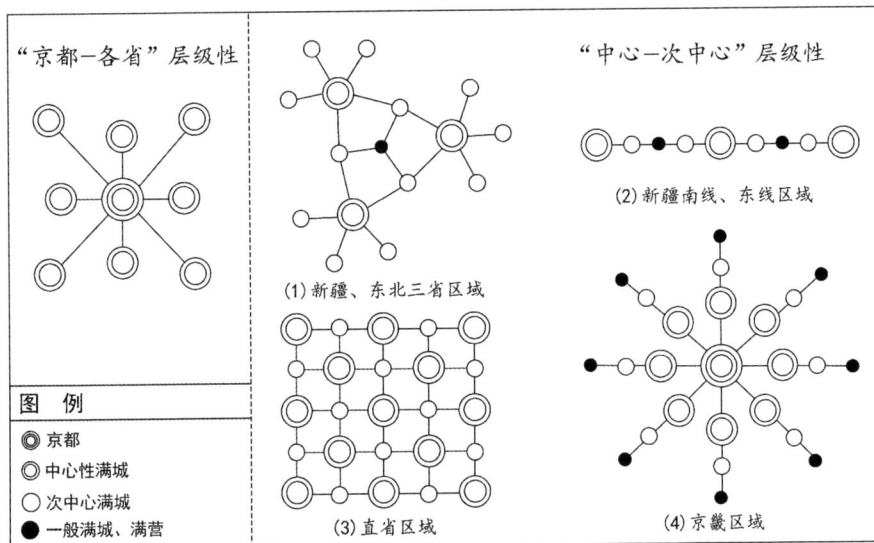

图16 清代驻防城层级性模式示意图

综合来看,在行政区划的角度下,各驻防城与省、府、州、县等城市的对应关系,展现了明显的等级性。在更广阔的区域尺度视野中,"京都"与各省中心驻防城之间的关联,凸显了王权制度下的层级性;而在京畿、直省、新疆及东北区域,驻防城在地理空间上呈现的"中心"与"次中心"的层级关系,则显现了军事空间下的层级性。这种层级模式的形成,是由清朝的王权扩张、政治管理和军事战略共同塑造的结果。在这个复杂的体系中,每个层级的驻防城不仅承担着特定的行政和军事功能,同时也是清朝维护国家统一和安全的重要节点。这种层级模式体现清朝如何通过细致地域管理和军事部署,加强集权,同时保持对边疆地区的有效控制。

二、拱卫性

在 20 世纪城市空间结构的研究中,城市内部空间结构的"同心圆理论"引起了广泛关注,这一理论强调城市土地利用的"圈层式结构",其中不同的"要素"决定了空间的形态和功能。观察清朝的军事战略和驻防城的规划分布,我们可以发现类似的模式。在军事策略上,"拱卫性"一直是重要的防御需求和体现。

对清朝而言,这种"拱卫性"特征的形成可追溯至早期的后金时期,当时的女真城寨已具备了这种基本特征。为了维护王权和领土的安全,这种"拱卫性"在京畿区域和边疆区域都有着明显的体现,对城市分布产生了显著影响。具体而言,在京畿区域体现为"多圈层拱卫"模式,而在边疆区域则表现为"多中心拱卫"模式(图 17)。

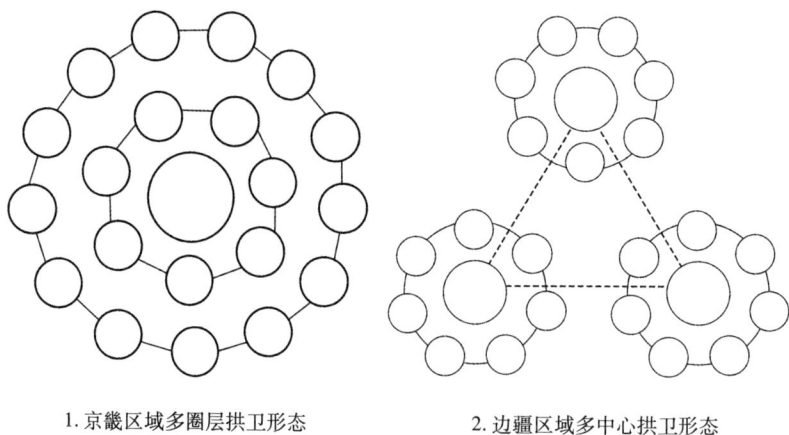

1.京畿区域多圈层拱卫形态　　　　　　2.边疆区域多中心拱卫形态

图 17　清代驻防城拱卫性模式示意图

(一)京畿区域:多圈层拱卫性

1644 年至清末,作为京师的北京是清朝皇帝、贵族所居之地,军事防御事关王权存亡大事,因而成为军事防御的重中之重。在此,笔者将清廷于

1645—1780 年间在畿辅区域内所建的 30 座驻防城,叠加于京畿这一重要空间中,可发现畿辅区域内驻防城的分布具有多圈层拱卫形态特征。

在"京师"圈层空间内,是以北京城作为中心的,同时还具有多个"圈层"①。以清京师为中心,在三个不同地理尺度之中,形成了不同驻防城空间格局认识,也形成了多个"圈层"。清京师周围按八旗驻防制度来驻守军队,昌平驻正黄旗兵、顺义驻镶黄旗兵、固安驻镶红旗兵、良乡驻正红旗兵、采育里驻正蓝旗兵、东安驻镶蓝旗兵、三河驻正白旗兵、宝坻驻镶白旗兵,形成拱卫京师的第一圈层;"顺天府"是更大范围地理空间,建有雄县、霸州、玉田、古北口、永平、天津、密云驻防城,形成拱卫京师的第二圈层。

此外,"直隶省"作为拱卫体系的最外围空间,包括了畿辅及其周围更广阔的地理空间。其北有长城合围屏障,南有华北平原,有保定、沧州、张家口、独石口、罗文峪、喜峰口、冷口、山海关,形成拱卫京师的第三圈层。三个圈层范围内的驻防城市群,都分布在以北京为中心的地理空间中,形成多圈层拱卫的城市分布模式。

（二）边疆区域:多中心拱卫性

19 世纪末 20 世纪初,沙里宁提出有机疏散理论②。作为城市规划新概念,一方面是对当时城市问题的理论反应;另一方面,在人类城市规划历史中,总能找到相应的、相似的理论和实践渊源。在清朝东北边疆、西北边疆区域范围之内,驻防城具有"多中心城市"的基本特点,与其他多中心现代城市相比,区别在于清朝驻防城是以军事驻军人数、不同级别的官员体系,作为不同城市

---

①　"圈层"最初是地理学上的概念。多用于"文化圈""文化层"的意义上,后来运用于社会学和经济学的领域。在此,我们主要用此概念来描述"城市群"在地理空间上的分布形态和规律。1925 年,美国社会学家 E.W.伯吉斯(E.W.Burgess)在研究美国芝加哥城市的土地利用结构时,提出了城市空间结构的"同心圆理论"。

②　[美]伊利尔·沙里宁:《城市 它的发展衰败与未来》,中国建筑工业出版社 1986 年版,第 169、209 页。

之间的联系要素的。

东北边疆区域。东北三省是清朝早期疆域"起点",多中心拱卫城市形态也体现得较为明显。清廷在东北设盛京将军、吉林将军和黑龙江将军。以将军驻地为中心,在整体上是以清陪都盛京、吉林、齐齐哈尔作为中心驻防城,以这3座将军驻地作为拱卫中心。

西北边疆区域。新疆驻防城以惠远、巩宁、徕宁为中心。新疆北路以伊犁惠远城为中心,形成"伊犁九城",前已述及围绕惠远城,其东南有惠宁、熙春、宁远3城,西北有绥定、塔勒奇、瞻德、拱宸、广仁5城,共同拱卫伊犁惠远;新疆东部以巩宁为中心,广安、哈密、孚远、会宁等城,共同拱卫巩宁城;新疆南路分布在天山以南、塔里木盆地西北一带,共同拱卫徕宁城。以上三个小区域范围内的中心驻防城群,共同形成新疆区域内的多中心拱卫形态。

总体来看,将不同时期清朝所建的驻防城叠加在同一地理空间上,我们可以看到在"东北边疆"的盛京省共建有20座驻防城,吉林省有13座驻防城,黑龙江省也有13座驻防城。而在"西北边疆"的新疆区域(包括乌里雅苏台),共建立了39座驻防城。这些位于清朝东北和西北边疆区域的驻防城,形成了以多个中心驻防城为特征的"多中心"城市群形态。这种分布特征不仅体现了清朝对边疆地区的战略重视,也反映了其在区域治理和军事防御上的策略部署。

三、网络性

在清朝实行的"首崇满洲"国策下,满族贵族对其他民族的统治具有潜在性,因此"防内"思想在政策上体现得尤为明显。清朝的许多重要军事冲突大都源于民族内部矛盾。在直省区域和新疆区域,由于地域广阔,军事部署的方式与东北、直隶等地区有所不同。对直省区域和新疆区域内不同民族的防范成为清朝军事活动的重要目标之一。在直省区域的地理空间中,驻防城如同"星罗棋布",整体上呈现出网络化的特征(图18)。

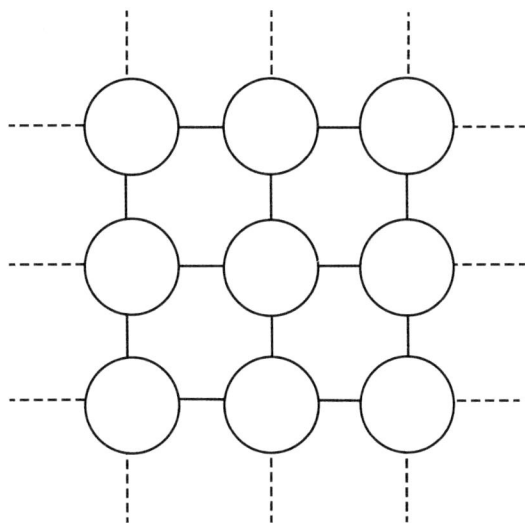

图 18　清代驻防城网络性模式示意图

针对直省范围内的八旗驻防布局,学术关注得比较多,有研究者将其总结为"五条防线"①。具体包括:一是北京、绥远、宁夏、凉州的长城防线;二是德州、开封、西安的黄河防线;三是江宁、荆州、成都的长江防线;四是杭州、福州、广州的东南沿海防线;五是北京、杭州运河防线。在整体布局上,清朝充分利用长城、黄河、长江、京杭大运河及海洋作为天然屏障,在战略要地部署八旗军队以加强军事控制。这些防线不仅是军事的基础,在继承了明朝"十八行省"更大地理空间的基础上,这些驻防城并不只是单纯的"地理防线",而更应被视为构成了复杂的军事网络。

驻防城分布与选址既是传统城市格局的延续,又是清朝政治、军事及民族关系发展的必然结果。中国古代专制国家划分省府县界线,设置行政区划和行政中心以统治和控制全国。清朝沿袭前代在畿辅之外直省区域,以布政使司所驻省城为"节点",以"水系""道路"等,作为行政区域之间的"连线",将不同省城、府城联系起来。清朝在直省的驻防城,多选择省城、府城和军事要

① 朱绍侯:《中国古代治安制度史》,河南大学出版社 1994 年版,第 736—737 页。

地,借用明朝传统城市格局,构建军事网络体系①。

对清朝统治者而言,中原各省虽自成"省域",在整体上更是清廷重点防范的区域。这些城市充分借助了明朝省城、府城以及县城的传统选址智慧,利用部分城市空间以驻守八旗兵丁,本质上也是为了依赖周边府县的物资供给②。各城之间又均有传统陆路交通相连,还有黄河、长江、京杭大运河等重要水系相通,军事上相互呼应,充分体现了直省区域内驻防城空间分布的"网络性"特征。

本 章 小 结

本章是从区域的尺度视野,对驻防城空间分布进行的研究。研究思路是将这些驻防城看作"点",将清朝不同时期所建的军事城市,置于同一空间之中,并分析这些"点"在区域空间中的关系。按清史发展脉络,清人从建立后金开始到清朝灭亡前,在不同区域内建设驻防城。这种认知在清朝时期官方文献中就有所反映。这些城市因"区域"不同,因而又具有了不同的空间格局形态。

在北京(京畿)、伊犁(新疆北线)、黑龙江(省区域)和吉林(省区域)这4个区域范围内,因居住有皇帝或驻防将军、都统,驻防城的分布因而也具有了"众星拱月"的空间分布形态,以中心城市为中心形成了拱卫城市群。在盛京(省区域)、乌鲁木齐(新疆东线)、徕宁(新疆南线)以及北部边疆(乌里雅苏台、甘肃、山西等)这4个区域尺度空间范围内,受漫长军事防线的影响,军事

---

① 清朝通达全国的驿道(清后期称为"官路"),均是以京师为核心向四方辐射的。各省之间也有"大路"相通。"官路""大路"实际上成为各个驻防城调兵的陆路联系。东北区域驻防城主要以官马东路交通体系相连;新疆区域驻防城由北京至伊犁台站路相连;中部以及南部驻防城由官马南路相连。

② 阎崇年:《满学研究》第 1 辑,吉林文史出版社 1992 年版,第 110 页。

城市的分布体现出"首尾呼应"的线性分布空间格局。在清直省大的区域范围内,各省以省城或以重要军事重地为依托建设驻防城。在地理空间上以黄河流域、长江流域以及东南沿海为边界,形成"星罗棋布"的空间分布形态。

　　基于以上分析和研究,结合清朝王权、政治等外史影响,清代驻防城的整体空间分布,具有"层级性""拱卫性""网络性"的特征。体现出王权下的军事布防思维,同时也反映了军事防御、八旗制度对驻防城空间分布的内在深层影响。

第四章　驻防城空间的类型分析

本章对驻防城类型的研究，是在"城市"尺度下进行的，是比疆域、区域尺度更小的研究视野。城市类型是认识城市空间的重要切入点，是剖析和了解城市的重要手段之一。即使是史学家在认识城市时，也多从城市类型入手了解城市历史①。中国古代城市类型划分方法多种多样，具有从城市规模②、经济形态、功能形态及行政级别等角度的不同划分标准及方法③。

对于驻防城类型已有相关认识，研究者从建设方式角度，认为驻防城可分为"同城"和"单独筑城"④，或者分为"旧城利用""另筑新城"⑤。从城市空间关系角度，分为"无依附关系""依附""相离"⑥。从整体上看，划分标准多样，不尽明确。

基于学术界已有相关认识，本章从综合角度进行归纳、整理和提升。研究的基本思路是，先分析驻防城不同类型划分依据，再从建设方式等角度，对驻防城类型进行研究，从而多角度认识城市尺度下的驻防城类型。

---

① 陈恒等：《西方城市史学》，商务印书馆 2017 年版，第 122 页。
② ［日］妹尾达彦：《隋唐长安与东亚比较都城史》，西北大学出版社 2018 年版，第 120 页。
③ 陈涛、宁欣：《如何认识唐宋城市社会变革》，河南人民出版社 2019 年版，第 106 页。
④ 李燕光、关捷：《满族通史》，辽宁民族出版社 2001 年版，第 323 页。
⑤ 赵生瑞：《中国清代营房史》上册，中国建筑工业出版社 1999 年版，第 67—68 页。
⑥ 朱永杰：《"满城"特征探析》，《清史研究》2005 年第 4 期。

第一节　基于建设方式的划分及类型

一、类型认知及划分依据

中国古代历史发展悠久且无间断,古代城市发展也是如此,一般是在前朝城市发展基础上,加以传承和创新并形成自身特色。清朝城市发展、城市规划仍然充分运用到了明朝城市格局、体系及个体城市建设基础,并加以改建利用和创新发展。驻防城作为清朝"特殊城市",其空间规划与城市建设也充分体现了这点。

清朝驻防城的建设既属于城市现象,也属于军事现象。此角度下城市类型划分的依据是:军事行为下城市建设方式不同。具体而言,为了确保军事活动开展,清廷采取不同建设方式,或是改建汉城而成"满城",或是重新选择新的地方建设新的城池。基于这种划分依据,在此可把清代的驻防城归纳为"旧城改建"和"择地新建"这两种类型。

二、"旧城改建"型

古代城市空间发展变化具有多种模式。王树声、李欣鹏研究认为,中国古代新、旧城的延续发展,具有"城关新城"、"双城—多城"及"城市—市镇"模式,存在"延续旧轴线""多轴线"等方法①,反映了中国古代城市"新""旧"交替的演进过程,是传统城市空间发展的具体表现。

清代驻防城的建设,与中国传统城市空间的发展不同,驻防城作为军事和民族空间,是直接在原来传统城市中划定部分空间,用于军事驻防和满族、蒙古族等居住。对明朝已有城市进行改建,是城市建设的主要方式之一。从时

---

① 王树声、李欣鹏:《中国城市新旧城空间规划的历史经验》,《西安建筑科技大学学报(自然科学版)》2016 年第 5 期。

间发展序列看,清朝前中期"旧城改建"型驻防城建设的本质目的,即是为了节约建城成本、加快军事防御体系建设。

与近世西方"城市管治"对国家空间重构不同①,驻防城改建属于强制性"嵌入"军事空间,是对原有传统空间功能的强制性更改,首先表现为对明朝卫所军城的改建(表15)。

表 15 明辽东都司卫、州及清朝驻防城对应表

明卫、州名称	置卫、州时间	清朝驻防城
定辽中卫	洪武十七年	辽阳城
定辽左卫	洪武六年	
定辽前卫	洪武八年	
定辽后卫	洪武八年	
东宁卫	洪武十九年	
定辽右卫	洪武六年	凤凰城
广宁卫	洪武二十三年	广宁城
广宁中卫	洪武二十六年	
广宁左卫	洪武二十六年	
广宁右卫	洪武二十六年	
广宁中屯卫	洪武二十四年	锦州城
广宁左屯卫	洪武二十四年	
广宁右屯卫	洪武二十六年	
广宁前屯卫	洪武二十六年	—
宁远卫	宣德五年	兴京城
义州卫	洪武二十年	义州城
沈阳中卫	洪武三十一年	沈阳城
铁岭卫	洪武二十一年	铁岭城

---

① [美]尼尔·博任纳:《城市,地域,星球:批判城市理论》,商务印书馆 2019 年版,第82页。

明卫、州名称	置卫、州时间	清朝驻防城
三万卫	洪武二十年	开原城
辽海卫	洪武二十三年	
海州卫	洪武九年	海州城
盖州卫	洪武九年	盖州城
复州卫	洪武十四年	复州城
金州卫	洪武八年	金州城

由上表统计可见,清朝的驻防城与明朝的卫城有着普遍对应关系。在清朝早期,努尔哈赤、皇太极是城市规划建设的"主导者",不仅具体指导了驻防城的规划建设工作,而且在重视城市防御、军事城市体系基本思想下,在战争的过程中,将明辽东都司盖州卫、海州卫等一些重要的卫城改建成驻防城,并驻守八旗军队。

明卫、州城不仅是城池空间,而且还有一定的区域管辖的范围。明卫所军城是清朝政权崛起的重要城市空间,也是清人入关后东北区域内驻防城的空间基础①。清朝早期,驻防城建设与明卫所军城,内在规划意图具有承袭的关系。后金汗国"修治加固"明朝旧城,即是沿袭和传承城市空间的具体表现。在不断的征战过程中,后金将明朝卫所军城的城池,修筑衙署、改建兵营,并用来驻守清朝八旗军队,进而转变为驻防城,并有一定的军事辖区,在城市更迭上是属于整体替代了明卫所城(表16)。

---

① 在以上明代都司、卫所、城堡的城市,往往围绕一个作为军事中心的都司城或卫城,分布所城或城堡。清朝全国范围内驻防城空间格局"拱卫性"也与之相似。如广宁卫,有中、右、左、后,还存在屯田卫,这些军事聚落都围绕着广宁城,在方位上有规律地进行分布。这些卫所大多为后来清朝驻防城所取代,如定辽卫后来为清辽阳驻防,广宁卫为广宁驻防,义州卫为清朝的义州驻防等。

表 16 东北区域"旧城改建"型驻防城数量统计表

序号	所属省	驻防城名称	建立纪年	建立公元
1	盛京省	兴京	天命元年	1616
2	盛京省	熊岳	天命六年	1621
3	盛京省	海州	天命八年	1623
4	盛京省	耀州	天命十年	1625
5	盛京省	牛庄	天聪三年	1629
6	盛京省	沈阳	天聪五年	1631
7	盛京省	盖州	天聪六年	1632
8	盛京省	凤凰城	崇德三年	1638
9	盛京省	锦州	顺治元年	1644
10	盛京省	广宁	顺治十七年	1660
11	盛京省	义州	康熙十四年	1675
12	盛京省	开原	康熙十八年	1679
13	盛京省	金州	康熙十九年	1680
14	盛京省	宁远	康熙二十年	1681
15	盛京省	岫岩	康熙二十六年	1687
16	盛京省	复州	康熙二十六年	1687
17	盛京省	铁岭	康熙二十九年	1690
18	盛京省	抚顺	康熙二十九年	1690
19	黑龙江省	博尔多	雍正十年	1732

由上表可见,从后金建立至雍正时期,后金汗国利用明朝旧城进行改建的驻防城,数量相当多。顺治至康熙时期(1644—1722),清朝在征服明朝"十八行省"过程之中,直接利用了明直省中的省城、府城、州城和县城,在城内划出八旗驻防空间并建设驻防城。八旗军队和传统城市中的居民"分城"而居。除了前述东北一带所改建的驻防城之外,清廷还在京畿、直省及新疆区域之内,通过改建城市的部分城池空间的做法,建设了大量驻防城(表17)。

表 17 京畿、直省和新疆区域"旧城改建"型驻防城数量统计表

序号	所属省	驻防城名称	建立纪年	建立公元
1	直隶省	北京（内城）	顺治元年	1644
2	直隶省	喜峰口	顺治二年	1645
3	直隶省	张家口	顺治二年	1645
4	直隶省	采育里	顺治二年	1645
5	直隶省	昌平	顺治二年	1645
6	直隶省	山海关	顺治二年	1645
7	直隶省	独石口	顺治三年	1646
8	直隶省	古北口	顺治三年	1646
9	直隶省	沧州	顺治五年	1648
10	浙江省	杭州	顺治五年	1648
11	直隶省	顺义	顺治五年	1648
12	直隶省	东安	顺治六年	1649
13	直隶省	三河	顺治六年	1649
14	直隶省	保定	顺治六年	1649
15	山西省	太原	顺治六年	1649
16	江苏省	江宁	顺治六年	1649
17	陕西省	西安	顺治六年	1649
18	直隶省	固安	顺治七年	1650
19	直隶省	良乡	顺治八年	1651
20	山东省	德州	顺治十一年	1654
21	江苏省	京口	顺治十六年	1659
22	直隶省	冷口	康熙九年	1670
23	直隶省	宝坻	康熙十二年	1673
24	直隶省	霸州	康熙十二年	1673
25	直隶省	雄县	康熙十二年	1673
26	直隶省	永平	康熙十二年	1673
27	福建省	福州	康熙十九年	1680
28	广东省	广州	康熙二十一年	1682
29	湖北省	荆州	康熙二十二年	1683
30	山西省	右卫	康熙三十二年	1693

序号	所属省	驻防城名称	建立纪年	建立公元
31	河南省	开封	康熙五十七年	1718
32	四川省	成都	康熙五十七年	1718
33	直隶省	热河	雍正元年	1723
34	浙江省	乍浦	雍正六年	1728
35	新疆省	塔勒纳沁	乾隆二十一年	1756
36	新疆省	拜城	乾隆二十三年	1758
37	新疆省	赛里木城	乾隆二十三年	1758
38	新疆省	和阗城	乾隆二十四年	1759
39	新疆省	安阜城	乾隆四十六年	1781
40	新疆省	库车城	乾隆五十八年	1793

由以上统计可知,清朝在全国范围内通过改建方式建设的驻防城较为普遍,总计有 59 座。此类驻防城建于军事活动之前或之后,驻军于传统城市之中,节约了建城的成本。从军事上说,这些驻防城是清朝军事防御的空间;从民族关系上说,这些驻防城又是满族、蒙古族和汉族等不同民族从矛盾到交流,再到融合的重要民族空间。

三、"择地新建"型

结合清朝历史文献以及现代学者研究,特别是从《钦定八旗通志》中,对清朝时期驻防城建设情况进行梳理。清廷"择地新建"的驻防城,大多是为了实现不同时期军事战略,在不同直省之内,除了北京之外,共新建了 62 座此类型城市(表 18)。

表 18 "择地新建"型驻防城数量统计表

序号	所属省	驻防城名称	建立纪年	建立公元
1	盛京省	东京城	天命六年	1621
2	山西省	归化	崇德六年	1641

序号	所属省	驻防城名称	建立纪年	建立公元
3	吉林省	宁古塔	顺治十年	1653
4	直隶省	玉田	康熙十二年	1673
5	吉林省	吉林	康熙十三年	1674
6	黑龙江省	黑龙江城	康熙二十三年	1684
7	黑龙江省	布特哈	康熙二十三年	1684
8	黑龙江省	墨尔根	康熙二十五年	1686
9	黑龙江省	齐齐哈尔	康熙三十年	1691
10	吉林省	伯都讷	康熙三十二年	1693
11	吉林省	打牲乌拉	康熙四十二年	1703
12	盛京省	旅顺水师营	康熙五十三年	1714
13	吉林省	珲春	康熙五十四年	1715
14	吉林省	三姓	康熙五十四年	1715
15	直隶省	郑家庄	雍正元年	1723
16	甘肃省	宁夏	雍正二年	1724
17	直隶省	天津	雍正四年	1726
18	陕西省	潼关	雍正五年	1727
19	吉林省	阿勒楚喀	雍正五年	1727
20	吉林省	伊通	雍正五年	1727
21	新疆省	哈密城	雍正五年	1727
22	黑龙江省	打牲处	雍正六年	1728
23	山东省	青州	雍正七年	1729
24	新疆省	木垒城	雍正十年	1732
25	黑龙江省	呼伦贝尔	雍正十年	1732
26	黑龙江省	呼兰	雍正十二年	1734
27	甘肃省	凉州	雍正十三年	1735
28	山西省	绥远	雍正十三年	1735
29	甘肃省	庄浪	乾隆二年	1737
30	吉林省	拉林	乾隆九年	1744
31	新疆省	喀喇沙尔	乾隆二十三年	1758
32	新疆省	辟展城	乾隆二十四年	1759

序号	所属省	驻防城名称	建立纪年	建立公元
33	新疆省	叶尔羌城	乾隆二十四年	1759
34	新疆省	塔勒奇城	乾隆二十六年	1761
35	新疆省	宁远城	乾隆二十七年	1762
36	新疆省	徕宁城	乾隆二十七年	1762
37	新疆省	中营绥定城	乾隆二十七年	1762
38	新疆省	昌吉宁边城	乾隆二十七年	1762
39	新疆省	英吉沙尔	乾隆二十七年	1762
40	新疆省	阜康	乾隆二十八年	1763
41	新疆省	惠远城	乾隆二十九年	1764
42	新疆省	景化城	乾隆二十九年	1764
43	新疆省	肇丰城	乾隆二十九年	1764
44	乌里雅苏台	科布多	乾隆二十九年	1764
45	乌里雅苏台	乌里雅苏台	乾隆三十年	1765
46	新疆省	惠宁城	乾隆三十年	1765
47	新疆省	永宁城	乾隆三十一年	1766
48	新疆省	阿克苏城	乾隆三十一年	1766
49	新疆省	绥靖城	乾隆三十二年	1767
50	新疆省	右营瞻德城	乾隆三十四年	1769
51	新疆省	拱宸城	乾隆三十四年	1769
52	新疆省	巴燕岱营熙春城	乾隆三十四年	1769
53	新疆省	庆绥城	乾隆三十七年	1772
54	新疆省	恺安城	乾隆三十七年	1772
55	新疆省	巩宁城	乾隆三十八年	1773
56	新疆省	会宁城	乾隆三十八年	1773
57	新疆省	孚远城	乾隆四十年	1775
58	新疆省	绥宁城	乾隆四十二年	1777
59	新疆省	广安城	乾隆四十四年	1779
60	直隶省	密云	乾隆四十五年	1780
61	新疆省	左营广仁城	乾隆四十五年	1780
62	新疆省	嘉德城	乾隆四十七年	1782

从时间上来看,此类型驻防城兴建于康熙、雍正、乾隆时期;从区域上看,直隶京畿、东北、直省和新疆区域内都有所分布,以新疆所建城居多。京畿、直省和满洲区域内的驻防城则处于缓慢发展阶段,对初创期驻防城建设有所补充和完善。

雍正至乾隆时期(1723—1796),在清廷主要军事"西北用兵"的整体策划下,雍正和乾隆两位皇帝主持规划大量驻防城。这种不均衡的发展,暗示了清朝雍正至乾隆时期的军事意图,反映出不同帝王的军事谋略不同。新疆新建的驻防城,主要位于清朝北部以及新疆天山南北。这些新建城市因驻兵人数较多,全部采取择地新建城池的做法,并多与汉城或回城相隔数里之内,以保障物资的供给和交通的联系。

第二节　基于军事和行政体系的划分及类型

驻防城所选择的位置,决定了与其相近行政城市之间存在对应关系。同时,这也暗示这些城市与所在府城、县城等,处于同一地界的疆域空间之中。根据不同省内驻防城分布及区域军事布局情况,可分为4种不同类型。

一、类型认知及划分依据

谭其骧先生在制作清朝历史地图之时,将盛京、吉林、黑龙江、新疆伊犁、乌里雅苏台等由八旗驻防将军驻守和管辖的区域,与清朝行政区划城市进行了对应。这是比较符合清朝时期的政治、军事实际的。其大体对应关系为:驻守驻防将军的驻防城对应省级城市,驻守副都统的驻防城对应府级城市,驻防协领的驻防城对应州级城市,驻防城守尉的驻防城对应县级城市①。这种对应关系,应是从官员品级来考虑城市的等级的。

---

① 谭其骧主编:《中国历史地图集》第八册,中国地图出版社1996年版,第2页。

结合本书研究内容,军事城市参考行政城市等级进行认识,具有一定合理性。根据以上体系、对应关系划分,八旗驻防官员所在驻防城,与其所处省、府、州、县等城市之间,也都有相应对应关系。同时,因驻防城是以军事驻防为主,城中八旗官员、兵丁人数也使驻防城具有了不同的级别。驻防城官员、兵丁人数与行政城市也具有对应关系(表19、表20)。

表19　清朝驻防城与行政城市等级对应表

军事辖区	驻防城驻守官员	行政对应级别
盛京将军辖区	将军	省级
	副都统	府级
	协领、城守尉、防守尉	州、厅、县级
吉林、黑龙江将军辖区	将军	省级
	副都统、总管(副都统衔)	府级
	协领、城守尉	县级
伊犁将军辖区	将军	省级
	都统	
	参赞大臣	
	办事大臣	
	领队大臣	府级
乌里雅苏台将军辖区	将军	省级

表20　八旗官员等级、兵丁人数及城市层级表

驻防城官员	兵丁人数	对应关系	驻防城级别
将军、都统	2000人以上	省城	中心
副都统、参赞大臣、领队大臣、办事大臣等	1000—2000人	府城	次中心
城守尉、防守尉、协领	500—1000人	州、县城	一般
佐领、防御、骁骑校等	500人以下	镇、聚落	满营

前已论及,清廷的八旗驻防具有"拱卫性",在一定区域内不同驻防城市群因而也具有一个军事中心,武职的不同也使驻防城具有了不同层级。按省域进行划分,绝大多数省内有 1 座驻守驻防将军(都统)的驻防城,也是各自省内的军事中心;在东北、新疆区域内,因城市数量众多,故而有数处军事中心驻防城分布的情况。因此,基于这样认识,综合考虑清朝八旗驻防及驻军情况,清朝驻防城可以划分为以下 4 个层级类型:中心驻防城、次中心驻防城、一般驻防城及满营。

二、中心驻防城

中心驻防城位于一个区域中的地理环境、战略地位最为重要的位置,自然也就成为区域的军事中心。基于以上划分依据,驻防城中驻守将军、都统的,是各区域内的中心城,除北京之外,其级别与府城相当。按营建的先后顺序,清朝一共建设了 17 座"中心驻防城"(表 21)。

表 21　清朝中心驻防城统计表

序号	所在区域	所属省	城市名称	驻守官员	兵丁人数	建立纪年	建立公元
1	满洲	盛京省	沈阳	将军	6831	天聪五年	1631
2	京畿	直隶省	北京	皇帝	约 100000	顺治元年	1644
3	直省	浙江省	杭州	将军	2050	顺治五年	1648
4	直省	江苏省	江宁	将军	4246	顺治六年	1649
5	直省	陕西省	西安	将军	6240	顺治六年	1649
6	满洲	吉林省	吉林	将军	3678	康熙十三年	1674
7	直省	福建省	福州	将军	2000	康熙十九年	1680
8	直省	广东省	广州	将军	3424	康熙二十一年	1682
9	直省	湖北省	荆州	将军	5180	康熙二十二年	1683
10	满洲	黑龙江省	齐齐哈尔	将军	3107	康熙三十年	1691
11	直省	四川省	成都	将军	2424	康熙五十七年	1718
12	直省	甘肃省	宁夏	将军	3400	雍正二年	1724
13	直省	山东省	青州	副都统	1860	雍正七年	1729

序号	所在区域	所属省	城市名称	驻守官员	兵丁人数	建立纪年	建立公元
14	直省	山西省	绥远	将军	7700	雍正十三年	1735
15	新疆	新疆省	徕宁城	办事大臣	329	乾隆二十七年	1762
16	新疆	新疆省	惠远城	将军	2359	乾隆二十九年	1764
17	新疆	新疆省	巩宁城	都统	3352	乾隆三十八年	1773

在该类城市之中,除了北京具有一定的特殊性(八旗诸都统)之外,大多是以驻守八旗驻防将军(或都统)为主,也有少部分是驻守副都统、办事大臣等①。各直省的驻防城中驻守最高武职,也是各省内的军事中心。受武职级别影响,驻防将军级别一般与直省总督的官阶相当,并略高于总督级别。驻防城内所驻守八旗兵丁人数一般为 2000 人以上。此类中心驻防城多与都城、省城级别城市相近或相切,如北京、江宁等。也有一些驻防城处于战略要地,并非是省城所在地却有相当规模,如荆州、青州等。

三、次中心驻防城

次中心驻防城是相对于中心驻防城而言的城市类型,一般位于中心驻防城周围不远之处,所驻官员等级比驻防将军或都统要低,兵丁人数一般为 1000 人以上 2000 人以下,一共为 22 座(表 22)。

表 22　清朝次中心驻防城统计表

序号	所在区域	城市名称	驻防官职	兵丁人数	建立纪年	建立公元
1	满洲	熊岳	副都统	954	天命六年	1621
2	满洲	锦州	副都统	960	顺治元年	1644
3	京畿	张家口	都统	1000	顺治二年	1645
4	京畿	山海关	副都统	860	顺治二年	1645

---

① 对于部分直省而言,设置了 1—2 座驻防城的,往往会有 1 处为省域内的中心驻防城,作为该省内的重要军事中心,如清山西省、山东省、浙江省、江苏省。

续表

序号	所在区域	城市名称	驻防官职	兵丁人数	建立纪年	建立公元
5	直省	太原	城守尉	860	顺治六年	1649
6	满洲	宁古塔	副都统	1400	顺治十年	1653
7	直省	京口	副都统	1534	顺治十六年	1659
8	满洲	布特哈	副都统	1998	康熙二十三年	1684
9	满洲	黑龙江城	副都统	1540	康熙二十三年	1684
10	满洲	墨尔根	副都统	1900	康熙二十五年	1686
11	满洲	伯都讷	副都统	1000	康熙三十二年	1693
12	京畿	热河	副都统	1440	雍正元年	1723
13	京畿	天津	都统	2144	雍正四年	1726
14	满洲	阿勒楚喀	副都统	406	雍正五年	1727
15	直省	乍浦	副都统	1700	雍正六年	1728
16	满洲	呼伦贝尔	副都统	2000	雍正十年	1732
17	直省	凉州	副都统	1540	雍正十三年	1735
18	新疆	乌里雅苏台	将军	1000	乾隆三十年	1765
19	新疆	惠宁城	领队大臣	2204	乾隆三十年	1765
20	新疆	绥靖城	参赞大臣	1150	乾隆三十二年	1767
21	新疆	会宁城	副都统	1060	乾隆三十八年	1773
22	新疆	孚远城	领队大臣	1060	乾隆四十年	1775
23	京畿	密云	副都统	2000	乾隆四十五年	1780

在东北三省、直省内的"次中心驻防城"，一般是由副都统或同级的武职驻守。但在城市相对较少的区域，如乌里雅苏台、新疆，情况相对较为特殊，都统或将军所驻的驻防城，有的也被归入次中心驻防城之中。如乌里雅苏台，其军事驻防等事务，均由区域内军事中心派遣，虽后来短暂设立了将军，但其军事防务，仍由新疆伊犁将军安排部署。另外，山西省太原驻防城所驻官职的品级、驻军的人数并未达到本书所界定的次中心驻防城的标准，但太原作为清山西省的省府所在，具有非常重要的战略位置，因而也归入了次中心驻防城之列，并与山西省内中心驻防城绥远城，形成了"中心—次中心"的层级关系。

四、一般驻防城

一般驻防城对应的行政城市是州、县城。武职级别具有多级性,除了驻防将军、副都统级别官员之外,城守尉、防守尉或协领及新疆办事大臣、领队大臣等,都是属于三、四品的武职。"一般驻防城"内驻兵人数一般为500人以上1000人以下。

在东北区域之外,一般驻防城也多分布于中心城、次中心城周围(表23)。新疆一般驻防城驻防官员也多以办事大臣为主,有些驻守绿营军队的城市中,是以都司、守备为最高武职。这些一般驻防城多与中心城、次中心城一并建设,并多建于雍正至乾隆时期(表24)。

表23 东北三省区域一般驻防城统计表

序号	所属省	所属府 (辖区)	城市名称	驻防官职	兵丁	建立纪年	建立公元
1	盛京省	奉天府	兴京	城守尉	473	天命元年	1616
2	盛京省	奉天府	东京城	城守尉	449	天命六年	1621
3	盛京省	奉天府	盖州	城守尉	385	天聪六年	1632
4	盛京省	奉天府	凤凰城	城守尉	635	崇德三年	1638
5	盛京省	锦州府	义州	城守尉	1180	康熙十四年	1675
6	盛京省	奉天府	开原	城守尉	855	康熙十八年	1679
7	盛京省	奉天府	金州	城守尉	830	康熙十九年	1680
8	盛京省	奉天府	岫岩	城守尉	547	康熙二十六年	1687
9	盛京省	奉天府	复州	城守尉	599	康熙二十六年	1687
10	盛京省	锦州府	旅顺水师营	协领	560	康熙五十三年	1714
11	吉林省	宁古塔副都统辖区	珲春	协领	450	康熙五十四年	1715
12	吉林省	三姓副都统辖区	三姓	协领	1520	康熙五十四年	1715
13	黑龙江省	齐齐哈尔副都统辖区	打牲处	总管	2000	雍正六年	1728
14	黑龙江省	齐齐哈尔副都统辖区	呼兰	城守尉	500	雍正十二年	1734
15	吉林省	阿勒楚喀副都统辖区	拉林	协领	406	乾隆九年	1744

表24　京畿、新疆、直省区域一般驻防城统计表

序号	所属省	城市名称	驻防官职	兵丁人数	建立纪年	建立公元
1	直隶省	沧州	城守尉	311	顺治五年	1648
2	直隶省	保定	城守尉	511	顺治六年	1649
3	直隶省	良乡	城守尉	50	顺治八年	1651
4	山东省	德州	城守尉	500	顺治十一年	1654
5	山西省	右卫	城守尉	380	康熙三十二年	1693
6	河南省	开封	城守尉	540	康熙五十七年	1718
7	直隶省	郑家庄	城守尉	600	雍正元年	1723
8	陕西省	潼关	城守尉	1000	雍正五年	1727
9	新疆省	哈密城	办事大臣	100	雍正五年	1727
10	新疆省	木垒城	守备	—	雍正十年	1732
11	甘肃省	庄浪	城守尉	816	乾隆二年	1737
12	新疆省	塔勒纳沁	都司	—	乾隆二十一年	1756
13	新疆省	拜城	办事大臣	—	乾隆二十三年	1758
14	新疆省	赛里木城	办事大臣	—	乾隆二十三年	1758
15	新疆省	喀喇沙尔	办事大臣	—	乾隆二十三年	1758
16	新疆省	辟展城	办事大臣	—	乾隆二十四年	1759
17	新疆省	和阗城	办事大臣	—	乾隆二十四年	1759
18	新疆省	叶尔羌城	办事大臣	206	乾隆二十四年	1759
19	新疆省	宁远城	—	—	乾隆二十七年	1762
20	新疆省	英吉沙尔	领队大臣	60	乾隆二十七年	1762
21	乌里雅苏台	科布多	参赞大臣	55	乾隆二十九年	1764
22	新疆省	永宁城	办事大臣	200	乾隆三十一年	1766
23	新疆省	阿克苏城	办事大臣	52	乾隆三十一年	1766
24	新疆省	庆绥城	领队大臣	—	乾隆三十七年	1772
25	新疆省	恺安城	—	—	乾隆三十七年	1772
26	新疆省	绥宁城	—	—	乾隆四十二年	1777
27	新疆省	广安城	办事大臣	560	乾隆四十四年	1779
28	新疆省	安阜城	—	—	乾隆四十六年	1781
29	新疆省	库车城	办事大臣	—	乾隆五十八年	1793

一般驻防城分布于中心城、次中心城的附近。在军事管理体系上，受中心城武职官员的管辖，且分布较为分散，较容易形成军事上的联系。

五、满营

除此之外，《八旗通志初集》中还记载有诸多"边门"类型的军营。早在明朝时期，东北就分布有大量城堡，这些城堡多在清朝改建成为"边门"，对应关系明显。边门驻守八旗官兵，由低等级武职佐领或防御进行驻守（表25）。

表25　清朝边门满营与明代城堡对照表

明城堡名称	清边门名称	管辖城市	驻防官职
碱厂堡	碱厂边门		防御
凤凰城堡	凤凰城边门		防御
嫒阳堡	嫒阳边门	盛京兵部	防御
	旺清边门		防御
	英峨边门		防御
	法库边门	开原	防御
威远堡	威远堡边门	盛京兵部	防御
	九关台边门		防御
大清堡	清河边门	义州	防御
镇静堡	白土厂边门		防御
	松岭子边门		防御
	新台边门		防御
	白石咀边门		防御
	明水塘边门	锦州	防御
	梨树沟边门		防御
小凌河驿	小凌河		佐领
	中前所		佐领
	中后所		佐领

明城堡名称	清边门名称	管辖城市	驻防官职
	彰武台边门		防御
	巨流河		佐领
闾阳驿	闾阳驿	广宁	佐领
	小黑山		佐领
白旗堡	白旗堡		佐领

康熙时期,清廷大量重建了"边门"。满营多为"边门"性质军事聚邑(驻守佐领、防御等),人数约为50—200人,类似于后世所谓的军事据点,自然也受区域内驻防将军制约与管辖。这些满营中以衙署、官兵房屋为主要建筑,甲兵以换防方式驻守。"边门"位于盛京省和直隶省交界处,呈直线排列,形成漫长的军事联络线。

此外,在京畿京师的周围,为了拱卫京师安全,也分布有一些驻军人数不超过200人的满营。如京畿区域内的采育里、昌平、顺义、东安、三河、固安、良乡等,驻守人数都在200人以下。在新疆区域内,除了"伊犁九城"之外,绝大多数驻防城内驻兵人数都在200人以下。这些驻防城因为驻守的八旗兵丁人数较少,都不另建城垣,而只是在城中占用部分民房进行驻守,或者新建一座规模较小的城池作为军营。

第三节　基于空间关系的划分及类型

在中国古代城市建设上,在同一城市中有营建两个城池的做法。学者称其为"分城"①,这种做法多是出于政治、军事或商业的目的。清代驻防城"分城"即是出于军事驻防和民族隔离的双重目的。这些城由满族统治者主导所

---

① 张驭寰:《中国城池史》,百花文艺出版社2002年版,第312页。

建,因此在清朝疆域大背景下,驻防城又不得不与汉城、回城等产生一定空间关系。

清朝有的驻防城建于满族聚居区域之内,替代明朝卫所军城而来,在区域上,与汉城形成空间相离关系;有的建于直省内汉城附近,形成空间相邻关系;有的则借助汉城城垣内部空间进行八旗驻防,形成空间相切关系。

一、类型认知及划分依据

驻防城首先是军事空间。传统学术界一般认为驻防城是"城"的概念。基于这种认识,传统历史学、历史地理学视野下的驻防城研究,以马协弟的研究为发轫,并将其解释为"城市",这也影响到后来学者的研究视野和思路。

在军事空间的视野下,笔者认为驻防城不能完全看作"城",而应有"城市"、"城区"和"街区"三种空间类型,这样可以更好地观察和研究驻防城空间问题。以下是几条依据和理由。

(1)清朝东北三省是"龙兴之地",满族本身就是东北民族的主体民族。区域内虽然有不同民族,但全归置于八旗制度之下,旗人亦兵亦民,居住于驻防城之中。在清"满洲根本"之地,清朝八旗驻防制度取代明朝卫所制和行政制度。在此区域内的八旗驻防城,周围并无传统意义上的汉城。

因此,在此区域之内,虽然也有旗人、民人之分,但并不存在大规模满族、汉族共存的格局,并不存在所谓"满汉有别"。因此,东北三省内整体城市均由明卫所军城演化而来,是真正意义上的"军事城市"。

(2)清朝各省采用行政管理体系,各直省"疆域"空间可分"城池"和"地界"两个部分①。在中国古代,城池是重要核心空间,官署、民居、手工业以及商业区都位于城池之中。但实际上,古代"省""府""州""县"都有着比城池

① "地界"是指土地的界线。主要分为国界、行政区划界、土地权属界等。在清朝时期,地方官员在编写地方志时,无一例外地在"疆域"中界定了各省、府、州等的"地界"。

空间更为广阔的"地界"空间范围①,也即清人所说"疆域"。城池是核心空间,城池之外仍属各省府州县的管辖疆域。因此,我国古代城市边界,并不仅仅只是城池空间所约束范围。城市、郊区因而有着相当明确的区分。那些建于府、州、县城地界之内的驻防城,与传统的府城、州城或县城不远,可理解为"军事城区"。

（3）进行八旗驻防的城市,其传统城池空间实现经济和军事功能的分区,但并未重建城池,不构成完全意义上的"城市"。依附在汉城之中的"驻防城",与"分化"（地域分工）、"极化"（经济、阶层）、"共生"（生态）等传统城市空间分区有所不同,是属于极为特殊的军事"街区",空间功能完全以军事为根本目的,是八旗旗人进入传统城市之后,对城池内部空间（包括官署、民居）的整体"演替"②。对于这种类型的驻防城,我们可以理解为"军事街区"。

二、空间关系下三种驻防城类型

（一）作为"军事城市"的驻防城

在八旗驻防制度下,清朝东北区域内的驻防城,可以看作完全意义上的"军事城市"。盛京将军、黑龙江将军、吉林将军是辖区内最高军事兼行政的官员。

八旗驻防制度界入清朝东北社会管理体系之后,"民族格局"发生根本性变化。其变化重点是:从满洲民族与民族的对立,转向"旗人"和"民人"的对立。居住于东北区域内民族,包括满族、蒙古族、汉族、巴尔虎、锡伯族、索伦、达斡尔、额鲁特族等,其中以满族、蒙古族分布最多③。东北城市中居民不分

---

① 李百浩教授在认识"历史文化名城"时,提出了"历史文化名市"的概念。这种认识实际上可以与此处所谓的"城池""地界"结合起来认识。古代的省、府城的城池,大多是今天的历史文化名城,实际上这些文化名城的地界之中,还有很多县城、城镇等城市空间。

② 荣玥芳、高春凤:《城市社会学》,华中科技大学出版社2012年版,第186页。

③ 张研:《17—19世纪中国的人口与生存环境》,黄山书社2008年版,第104页。

民族,以旗统人,故有"不问满汉,但问旗民"的说法。

清朝"东北三省"区域之内,盛京、黑龙江和吉林省各八旗驻防城内,民族成分较为复杂,实际是以满族为主体的。这与直省省城、府城、县城以汉族为主的情况不同①。因此,在八旗制度作为军事管理制度的手段下,为了维护东北"龙兴之地",清朝长期实行"东北封禁"政策,民族格局相对稳定。

同时,这些军事城市建有封闭"城池",城外又有军事管辖的边界,其制度保障即为八旗驻防制度。这些驻防城分属于不同驻防将军或副都统的管辖区。城垣的城池、辖区土地以及各管旗人等,均划定于各军事城市管辖范围之内。因此,在此区域内并不存在真正意义上的汉城、回城等,驻防城即是作为军事城市的核心空间而存在的。

(二)作为"军事城区"的驻防城

中国古代城市本身兼具军事功能,军事与城市相依相生。中国传统城市城垣形态出现很早②,体现城市与生俱来的军事功能,直至专制王朝结束。传统城市具有较强军事防御性,重点在于"城垣"及其附属设施,同时也构成城池的军事防御"边界"。

需要说明的是,古代城市发展并不完全约束于城池空间之内。清朝统治者也并未给新建驻防城以新的城名,如宁夏府城称宁夏,而驻防城则称为"宁夏驻防"或"宁夏满城"。因此,完全用"城"的概念来描绘和认识,就会出现概念上的偏差。有些与汉城、回城存在一定空间距离,又形成单独城池空间的,我们不能将之称为另外一个"城",只能将之看作原有城市的特殊"军事区域"。

雍正至乾隆时期,在"直省""新疆"择地建设了大量驻防城。其中,有一

---

① 李克建:《中国民族分布格局的形成及历史演变》,《西南民族大学学报(人文社科版)》2007 年第 9 期。

② 张国硕、张婷、缪小荣:《中国早期城址城墙结构研究》,《考古学报》2021 年第 1 期。

些与汉城、回城保持了一定的地理空间距离,并与汉城形成了空间相邻关系。这类"军事城区"的驻防城,一般规划并新建有专门城垣,驻守数千兵丁,规模相对较大。这类驻防城多建于已有城池空间的东北向,这是八旗军事防御心理的反映。在时间上,建于雍正、乾隆时期。在新疆区域内,也建有"军事城区"类型驻防城,在原西域民族城市的附近进行建设,此类驻防城因其有相对的城市关系,因而这个部分的统计我们沿用了史籍中的"满城"(表26)。

表26 "军事城区"满城与汉城关系

所在区域	所属省份	城市名称	营建时间	城市关系
直省	甘肃省	宁夏	雍正二年(1724)	宁夏府城东北三里宁夏府城——宁夏满城
京畿	直隶省	天津	雍正四年(1726)	天津府城——水师营满城
直省	陕西省	潼关	雍正五年(1727)	潼关县城西一里潼关县城——潼关满城
直省	山东省	青州	雍正七年(1729)	青州府城北三里青州府城——青州满城
直省	甘肃省	凉州	雍正十三年(1735)	凉州府城东北三里凉州府城——凉州满城
直省	甘肃省	庄浪	乾隆二年(1737)	庄浪县城二公里庄浪县城——庄浪满城
京畿	直隶省	密云	乾隆四十二年(1777)	密云县城东北数里密云县城——密云满城

清朝各省"省域"空间划分,基本还是沿袭明朝各省的划分。省、府、州、县等都有其固定疆域和空间边界。不同层级疆域空间具有层级性,省内有府、府内有州县等。处于同一疆域空间之内,但并不打破原有核心空间,"满城"因而与原有的城池空间,在空间上构成"双城"结构,与核心城市空间有一定距离,但是城池功能有所不同。

需要说明的是,在驻防城规划知识体系中,传统意义上所认识的"满城",认为是军事在传统城市中的"空间植入"。部分驻防城军事"空间植入"与"近代殖民城市"①有本质不同，是清朝不同民族融合的体现，与现代意义上的"殖民"并无关联。

（三）作为"军事街区"的驻防城

关于驻防城作为"军事街区"这一点，其实清朝统治者早已注意到了。在称呼这些驻防城之时，清朝皇帝或官员总是习惯在原来汉城名称之后，加上"驻防"两字，这其实可转译为"某城市中的'军事隔离区'"的语言形式。

对作为"军事街区"的驻防城与汉城的关系，过去研究者多用"依附"一词进行表述，并形成了一定语言习惯。清代官方历史文献满汉双城空间结构进行"历史叙述"，叙述文字多在《八旗通志》、《钦定八旗通志》和相应地方志"营建志"之中。章生道将古代"城池"作为城市空间来看待，以"复合城市"作为满汉双城的城市形态的称呼。朱永杰认为，满、汉城"依附关系"是城市历史地理、军事历史地理所要关注的视角。张威亦沿用"依附"一词，作为描述驻防城与汉城的关系②。

清廷在传统汉城内所建的"满城"，笔者认为应理解为"军营"，是依附于汉城的"军事街区"。有的以城门为界，建起一道"界墙"，如荆州、西安、杭州、成都等。也有不建城垣而只设军事设施，将原有街区和军事街区分割开来，如广州、福州等。对于直省驻防城而言，"依附"于传统城市之中，更可以将其概括为具有军事、民族"隔离"性质的，且位于传统城池范围之中的"军事街区"（表27）。

---

① 李百浩：《日本殖民时期台湾近代城市规划的发展过程与特点（1895～1945）》，《城市规划汇刊》1995 年第 6 期。

② 现代汉语中的"依附"一词，有附着、依赖这两层意思。"附着"是物质性的，"信赖"是精神性的。过去对于驻防城的研究，研究者多用"依附"一词来形容清廷将八旗驻防设于汉城之中的这一规划过程。实际上，这一规划过程是将原有城市中部分用地，包括建筑、道路等，以行政和军事手段，进行直接分割或强行侵占的"规划行为"。赵生瑞、朱永杰对处于汉城中的驻防城区或街区，即开始用"依附"一词来进行表达。何一民在《从农业时代到工业时代中国城市发展研究》一书中，即关注到了近代"依附型城市发展模式"，但用此词来表达丌埠城市依附十西方城市的关系，这是从城市技术、文化影响上所进行的表述。

表 27 清朝"军事街区"驻防城统计表

序号	所属省	城市名称	建立纪年	建立公元
1	直隶省	采育里	顺治二年	1645
2	直隶省	昌平	顺治二年	1645
3	直隶省	顺义	顺治五年	1648
4	直隶省	沧州	顺治五年	1648
5	浙江省	杭州	顺治五年	1648
6	直隶省	东安	顺治六年	1649
7	直隶省	三河	顺治六年	1649
8	直隶省	保定	顺治六年	1649
9	山西省	太原	顺治六年	1649
10	江苏省	江宁	顺治六年	1649
11	陕西省	西安	顺治六年	1649
12	直隶省	固安	顺治七年	1650
13	直隶省	良乡	顺治八年	1651
14	山东省	德州	顺治十一年	1654
15	江苏省	京口	顺治十六年	1659
16	直隶省	冷口	康熙九年	1670
17	直隶省	玉田	康熙十二年	1673
18	直隶省	宝坻	康熙十二年	1673
19	直隶省	霸州	康熙十二年	1673
20	直隶省	雄县	康熙十二年	1673
21	直隶省	永平	康熙十二年	1673
22	福建省	福州	康熙十九年	1680
23	广东省	广州	康熙二十一年	1682
24	湖北省	荆州	康熙二十二年	1683
25	山西省	右卫	康熙三十二年	1693
26	河南省	开封	康熙五十七年	1718
27	四川省	成都	康熙五十七年	1718
28	直隶省	热河	雍正元年	1723
29	浙江省	乍浦	雍正六年	1728

从以上表格统计来看,这29座"军事街区"类型的驻防城,主要建设于顺治、康熙时期,这两个时期是清人入关之后不断扩张疆域的重要时期。结合第二章对驻防城规划形成与发展认识,这些作为"军事街区"的驻防城,多位于直省范围之内,城池空间中并无更多空地建设新满营,因而划定"街区"以驻守军队。这也反映清廷充分利用汉城已有城市条件,进行八旗驻防的史实。

三、驻防城与汉城的空间关系

(一)"军事城市"与汉城的空间关系

注重历史经验传统基础上的变革,这是中国城市规划的基本特征①。沿袭旧有城市格局、空间、技术或思想体系。变革内容也与时代具体形势密切相关。城市空间亦是如此。在清朝东北区域之内,八旗驻防城取代明卫所城,沿袭明朝的军事城市空间,是属于空间演替。同时,东北区域内并没有汉城的存在,因此"军事城市"与汉城空间为相离关系。

(1)明卫所军城的改建与转型

清朝虽然结束了明朝的统治,但旧城选址、城市规模、格局体系等,并未被完全打破。为尽快确立专制统治"合理性",对明朝制度、文化、城市等都采取了"清承明制"的态度。除了早期营建的一些女真城寨之外,随着征战进程,还以明朝卫所军城为基础,驻防八旗军队,进而形成了新的"军事空间"。

明朝卫所军城是清朝驻防城形成的基础。卫所军城所依赖的卫所制度,"寓兵于农""屯守结合",其渊源可上溯到唐朝的府兵制。明朝"一郡者设所,连郡者设卫",属于古代"军管型"特殊地方行政制度。明早期边疆所设卫所城,与内地卫所城相比,更加突出了戍边的军事职能。

明卫所军城体系完备,在整体上形成"都督府—都司—卫—千户所—百

---

① 王树声:《中国城市规划传统的现代意义》,《城市规划》2019 年第 1 期。

户所”的“军事性”行政层级模式。明卫所军城有“模式化”“模数化”①的特征。后金崛起之地“辽东都司”，即是卫所城市体系最为完备的区域，辽东都司设于明初，其下共辖有 25 卫、2 州②。除了都司城、卫城、所城之外，辽东还分布堡城、驿站，并成为都司、卫、所城的有益补充③。这些军城不仅具有军事驻防的功能，所驻官员还有管辖行政系统之外的土地、户口的职能。

明末时东北的卫城，以沈阳中卫为代表。该卫城平面形态规整，南北向。卫城周长为 5208 米，边长为 1300 米。从文献和地图的记载和描绘来看，防御设备有城墙、角楼、瓮城等。在当时城市建设、军事发展情况下，努尔哈赤、皇太极只可能是根据当时所见明朝城市的形态建设新的城市。同时，明辽东的其他的所城，也建有方正的城池，如中后所的城内，军用和民用的设施齐全，有官舍、民舍、庙寺以及军事设施等④。

东北“军事城市”形成于战争过程之中。如海州卫城的改建，就极大地受到了战争的影响，毁坏的城池并未完全重建，仅仅进行了维修并利用部分旧城城垣，新建城池的规模比原城要小很多。据文献记载，明海州卫城的周长为 6 里，女真人在旧城东南角修建了新海州新城，城池周长仅为 2 里⑤。

海州驻防城空间规划和建设，参考了当时明卫所城，并按照明辽东都司城的建城方法进行营建。努尔哈赤在写给海州参将的文书中说：“我见尔海州城，殊属破旧，并未修治。着尔参将将城外木栅松动损坏之处，修治加固，并照辽沈二城之法，亦于海州城外壕内布列车炮坚守”⑥。《清太宗实录》卷一二记载，天聪六年(1632)，努尔哈赤“复修其城，移民以实之”，其复修也应是沿

---

① 尹泽凯、张玉坤、谭立峰：《中国古代城市规划“模数制”探析：以明代海防卫所聚落为例》，《城市规划学刊》2014 年第 4 期。

② 周振鹤：《中国地方行政制度史》，上海人民出版社 2019 年版，第 378 页。

③ 吕海平、吴迪：《明代辽东镇堡城分布及布局研究》，《建筑史》2016 年第 2 期。

④ 李治亭：《吴三桂大传》，江苏教育出版社 2005 年版，第 2 页。

⑤ (明)李辅：《全辽志》，科学出版社 2016 年版，第 26—27 页。

⑥ 中国第一历史档案馆：《满文老档》，中华书局 1990 年版，第 207 页。

袭明城的一些做法。此外,《满洲实录》卷六记载了"太祖克沈阳"史事,提到沈阳城有"城外深堑""筑拦马墙"等做法。

此外,后金汗国还将辽东都司重要驿站改建成为驻防城空间。如牛庄驿、熊岳驿、耀州驿等,牛庄驻防城规划指导者是努尔哈赤。据《清太宗实录》卷五记载,天聪三年(1629),皇太极"车驾次牛庄,环视城郭,命筑新城。高二丈二尺有五,加雉堞,除四隅外,每面建腰台四座"。同年,他又至耀州"周视城垣,有不坚者,命修之"。可见,在营建城市方面,已形成一定规划手法,为方形城制,在城垣高度、城垣防御(雉堞)、城垣设施(腰台)建设上,也基本符合卫所城形制特征。无论是"城外深壕"还是"增建腰台",都增强了原有城市军事防御能力,是对原有城市空间的承袭和利用。

(2)从明城堡到清边门

前已述及,清朝"柳条边门"是属于特殊类型驻防城。"柳条边门"大体沿袭明代辽东边墙走向和范围,多以土堆而成土堤,此类隔墙主要在辽河流域,柳条边的修建是为了保护"满洲根本"和"龙兴之地"[①]。在整体格局上,明代城堡形成"南路""西路""中路""东路辽阳以西""北路""东路辽阳以东"分布格局,以广宁、辽阳、沈阳、铁岭、辽海为中心的"卫—城堡"空间特征也得以形成。

边门满营分布也与明朝军事城堡分布空间基本一致,是清朝驻防城沿袭传统军事空间的又一重要表现。清朝在柳条边设满营军事防御,并从属于区域内其他高级别驻防城。柳条边门"满营"兵丁人数50—200人不等,军事上采取换驻制。各边门还建有门楼供行人通过,门楼内建衙署、营房等建筑。在明朝卫所的基础上所设的"柳条边门",在军事上仍然以明代重要城堡空间为基础。

综合以上分析,在作为"满洲根本"东北三省的区域内,八旗驻防城并不存在民族隔离现象,随着城内居民身份普遍转变,以及直接承袭明卫所城的空间格局,转变成为清朝"军事城市"类型的驻防城。

---

① 张敏:《"根本亦须防":清代柳条边的时空分布》,《江汉论坛》2019年第1期。

（二）"军事城区"与汉城的空间关系

择地新建的"军事城区"，城市空间功能为八旗驻防，可以说是纯粹意义上的军营。这些城区与汉城相隔不远，是同一城市的"军事城区"。《钦定八旗通志》卷一一七《营建志六》，详细记载了这一类型的驻防城。整体上位于清朝北部直省及新疆区域内。这一类型城市在建设之时，正是清朝雍正、乾隆两位帝王"开拓新疆"军事策略的实施阶段。如宁夏驻防城、青州驻防城等，都是具有代表性的单独"军事城区"，并与邻近汉城形成相邻的空间关系。

（1）直省"军事城区"

各省内新建的"军事城区"建成于雍正、乾隆时期。此时，军事重点还未完全转移至今新疆区域内。清廷大多选择在邻近汉城的北边、东北及东边建城，并在整体上形成了京师西边或附近的军事"防线"。

最具代表性的"军事城区"为宁夏、凉州、庄浪、潼关和青州。宁夏驻防城建于雍正二年（1724），潼关驻防城建于雍正五年（1727）、青州驻防城建于雍正七年（1729），凉州、庄浪驻防城建于乾隆二年（1737）。凉州、庄浪和潼关处于甘肃、陕西省内，朱永杰注意到了青州驻防城与清朝海防之间的联系。据《钦定八旗通志》记载，这几处驻防城均单独营建了城池，并且各自与凉州、庄浪、潼关和青州的府城或县城，有着一定的空间距离。

直省内的"军事城区"与各省原有汉城相隔不远，形成了"军事城区"。如清甘肃省的宁夏驻防城，始建于宁夏府东北①，清山东省青州驻防城位于青州府的北边等②。新建的"军事城区"与原来汉人府城、县城之间往往有道路相

---

① 据《钦定八旗通志》记载："宁夏驻防，雍正二年设满城一座，离汉城东北三里，周围六里三分。"后因地震原因，乾隆三年（1738）又择地新建了一座满城，"因地震将城垣房屋全行坍塌，四年重建，城垣在汉城西门外，围长一千三百六十丈。"

② 据《清实录》记载："议政王大臣等议覆，河东总督田文镜遵旨议奏：山东青州府为适中要地，内与陆路各营声势联络，外与沿海营汛呼吸相通。设立满洲兵驻防，可以资弹压而重保障。查青州府北城外有古废东阳旧城基址，请建造城垣衙署营房，可以驻兵数千。"

连,军事上可与驻守府城中的绿营兵彼此呼应。

(2)新疆"军事城区"

清雍正时期之前,新疆区域为准噶尔、大小和卓回部等割据政权长期占据。哈密、塔勒纳沁、赛里木、叶尔羌、和阗、宁远、徕宁、孚远、库车这些地方,原来都建有回城。出于军事、经济等因素考虑,清廷在新疆所进行的八旗驻防,也采取在回城附近新建驻防城的办法。

在新疆区域内,驻防城规划建设情况相对比较特殊。因城市密度不大,人口相对较少,地域又广,为方便旗兵驻扎,新疆驻防城规划多以回城作为选址建设基础。哈密"原有二城,旧城周四里,东北二门,康熙五十六年建",新城为雍正五年(1727)所建,"周里许,东西北三门,为官兵驻防之所",据《西陲要略》卷二记载,哈密城是在回城之外东北处建的城池。哈密虽由绿营兵驻防,但其城市仍与驻防城规划一致。具体而言,新疆区域内的驻防城,多在原有回城旁边重建"军事城区",以供八旗军队、绿营兵丁驻扎。另外,新疆东线、北线和南线的其他驻防城,与回城之间也存在着空间相邻的关系。

(三)"军事街区"与汉城的空间关系

城市规划历史的演变与发展,体现了中国文化和历史发展的"延续性"。"军事街区"驻防城,与中国传统城市发展不同,并非延续旧城或以轴线式发展,而是在旧城中"强制性"地嵌入"军事街区",形成军事和民族城市的隔离空间。

据文献记载分析,作为"军事街区"的驻防城又可以分为"封闭式"和"开放式"。本部分所论及的驻防城多是与汉城有相对关系的,故也称为"满城"。前者之所以称为"封闭式",主要是以城垣进行了空间的闭合,于是形成了相对封闭的"军事街区";后者用军事设施进行隔离,并未完全隔开,于是形成了开放的"军事街区"。两者与汉城之间均形成了空间相切的关系。

（1）封闭式"军事街区"

封闭式"军事街区"主要建于汉族聚居的各直省的城市之中。在旧城中建立"军事街区"的驻防城,与原有汉城形成空间相切关系。通过改造旧有的汉城,选择划定其中建筑、交通条件有利的地方建设驻防城,有效地节约建城成本,加快军事驻防效率。具有代表性的"封闭式"驻防城是:北京(图19、图20)、江宁(图21、图22)、杭州(图23)、西安(图24)、成都(图25)、荆州(图26、图27)。

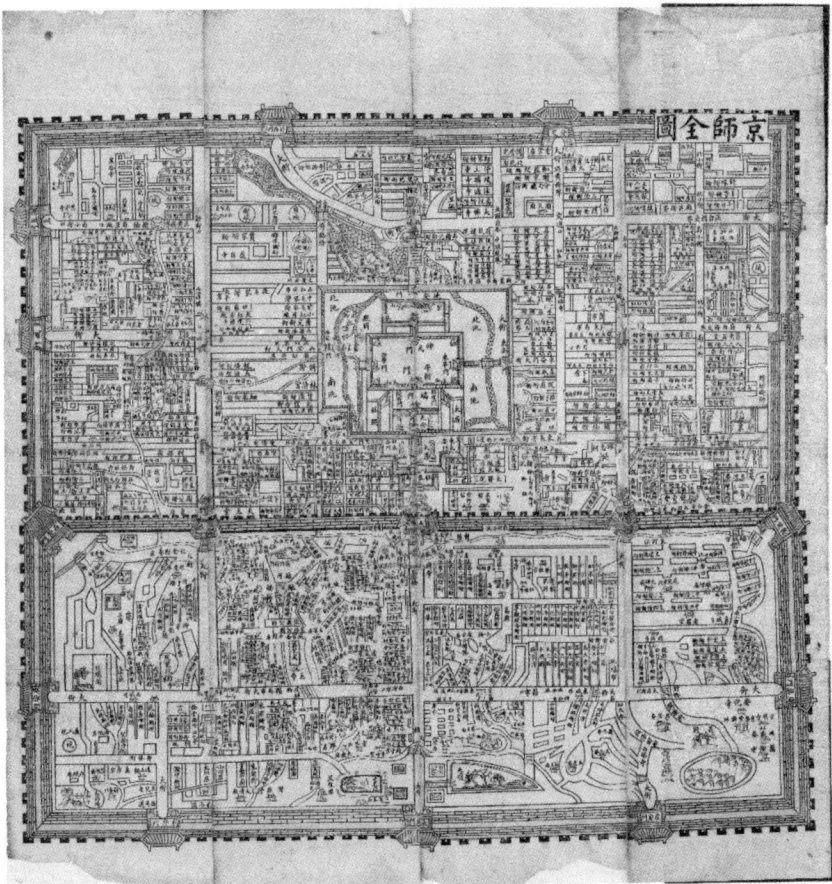

图19　清朝北京满、汉城形态

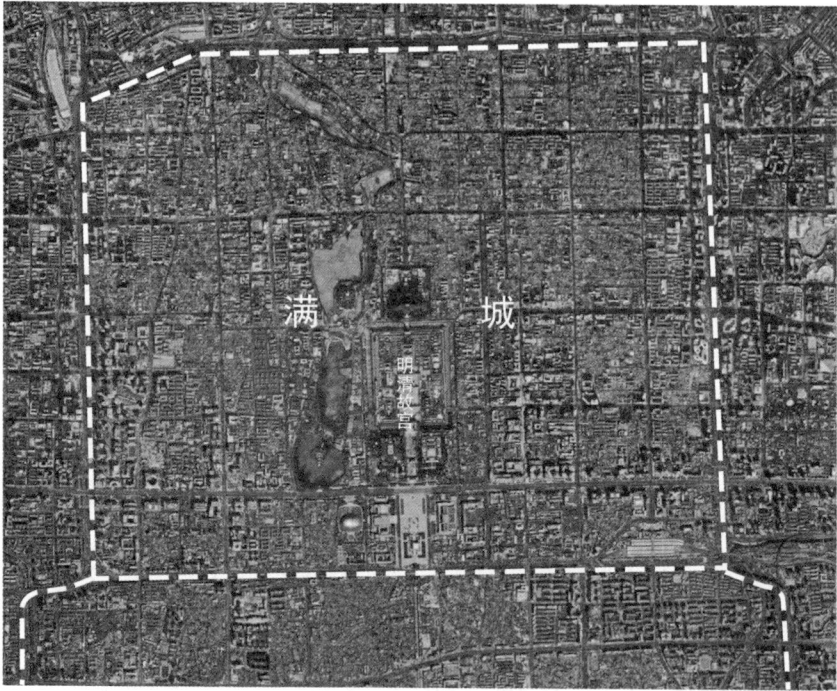

图 20 清代北京满城现代位置示意图

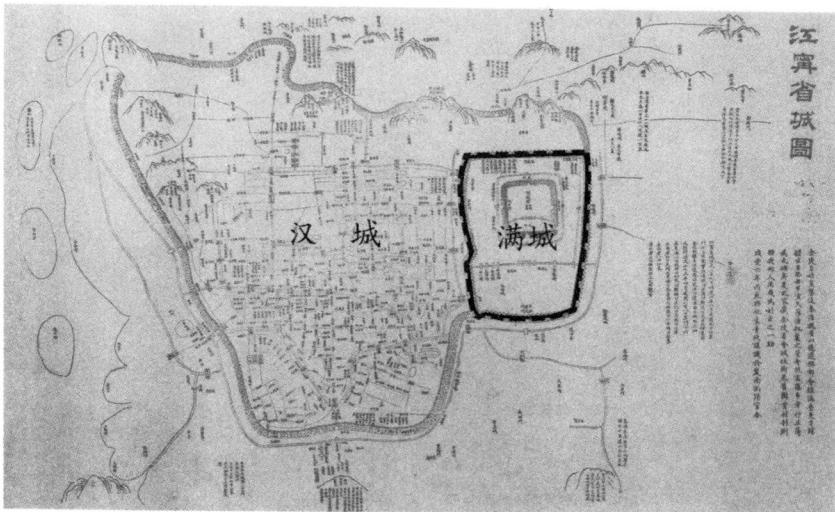

图 21 江宁府城内的满、汉城形态

图 22　江宁满城现代位置示意图

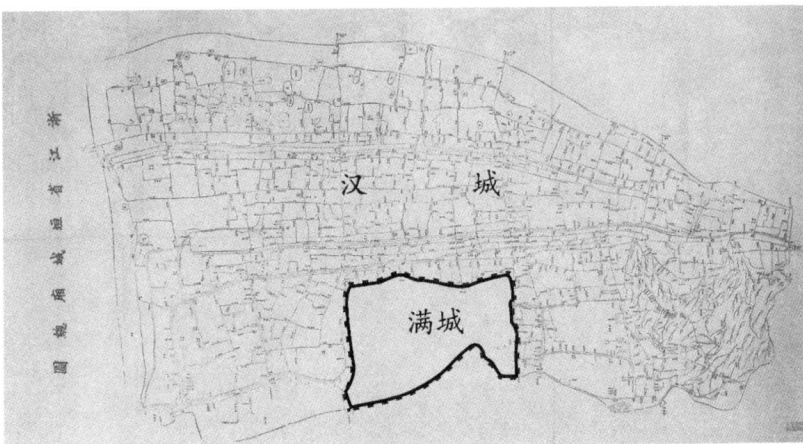

图 23　杭州府城内的满、汉城形态

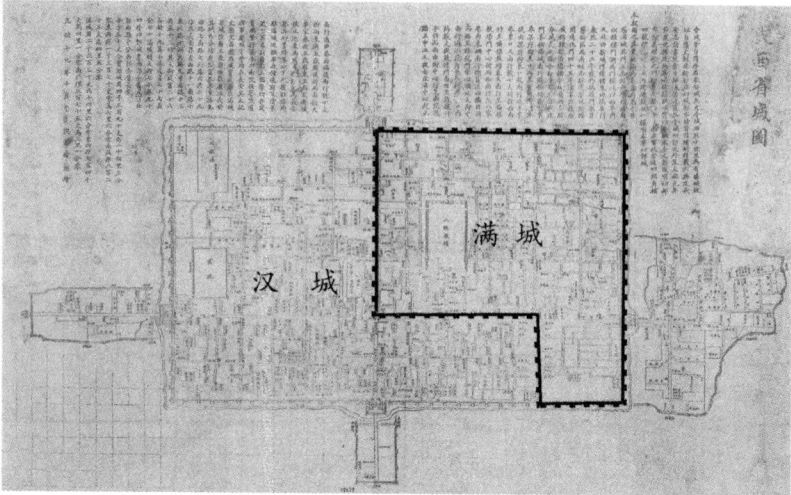

图 24　西安府城内的满、汉城形态

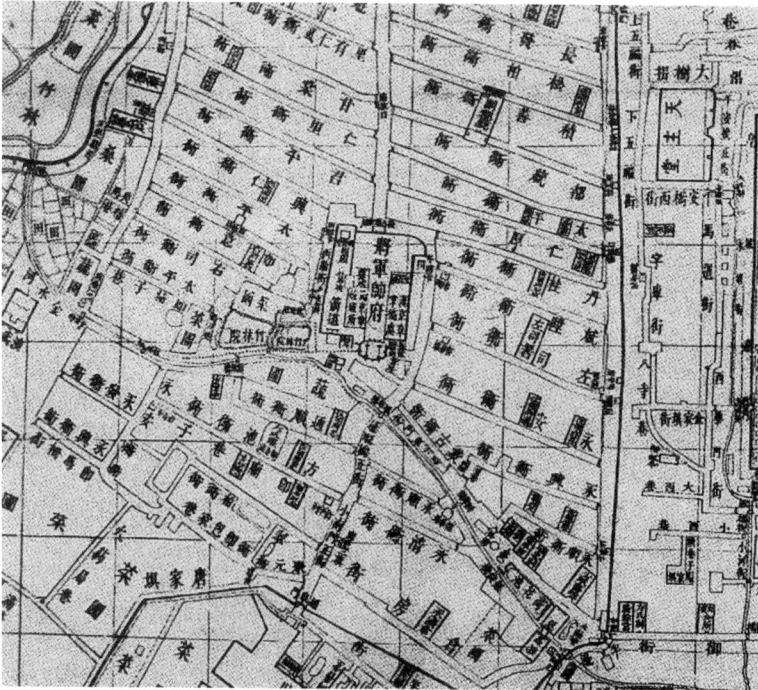

图 25　清朝成都府内的满城位置

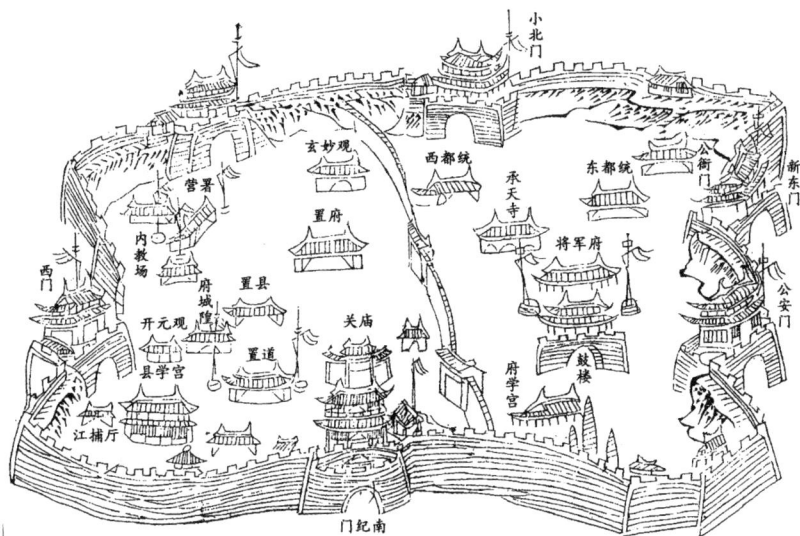

图 26　荆州府城内的满、汉城形态

图 27　荆州满城位置示意图

　　此类封闭式"军事街区"营建"界墙"与汉城分割。"界墙"是区分满城和汉城的重要标志性建筑,是军事和民族的"隔离墙",是具有政治、民族和军事象征意义的城垣。"界"主要划分"旗人"和"民人"地界,也是军事空间的"边界"。从文化意义上说,界墙是清朝固守"满洲根本"、讲求"满汉有别"、实施

"旗民分治"的重要反映(图 28)。

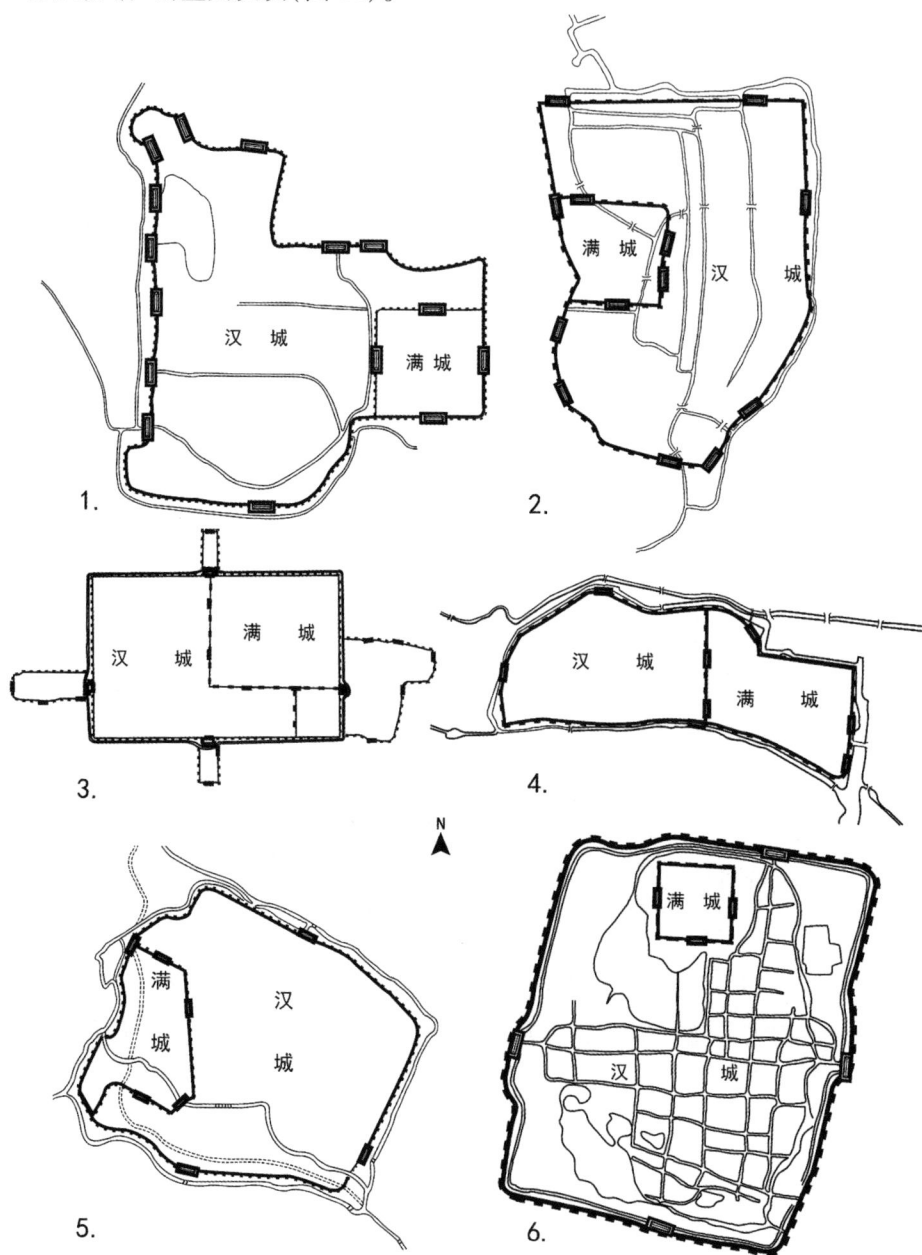

1.江宁;2.杭州;3.西安;4.荆州;5.成都;6.开封

图 28 "封闭式"满、汉城空间关系示意图

营建界墙的封闭式"军事街区"具体空间形态不同,但整体上与汉城表现为空间相切关系。江宁驻防城划府城东侧明朝皇城区域,建造界墙与汉城相隔;杭州驻防城建在杭州府城西隅,并建有东、南、北三侧城垣;西安驻防城自府城北门起,向南至城中钟楼止,再从钟楼起,东至东门修筑界墙形成满城;成都驻防城的建设在成都府城西侧建造;荆州驻防城的建设是将原荆州府城划分为两个部分,中立界墙,东侧为八旗驻防城。

在府城中这些"军事街区"所处空间方位各不相同,并无规律可循,具体表现为"因地制宜"原则。或选择空余之地,或选择繁华之区,如江宁驻防城选择原明皇宫之地,荆州驻防城选择原荆州府的府署聚集之地,杭州驻防城选择临近西湖繁华之地等。

需要注意的是,作为"军事街区"的驻防城与北京内城一样,与邻近汉城在空间上也并非完全意义上的"隔离",而是存在空间的"联系通道",使长期的民族融合成为可能。尽管大多数满城都进行了"空间隔离",实行"满汉有别""旗民分治",但是与汉城之间仍然营建可供行人通行的城门,使满城和汉城之间有了经济、文化的交流通道。

朱永杰对直省驻防城"城门"有过概述说明,按城门多少对驻防城进行分类举例①。如北京"满城"与汉城之间,就有宣武门、正阳门和崇文门 3 个城门可以互通,另外还有 6 个城门可通向外界;荆州驻防"界城之门凡二:一曰南新门,一曰北新门。大城及界城各门皆旗营官兵守之"②。另外,杭州、江宁、太原、西安等驻防城,也各有城门与汉城和外界相通,保证驻防城内军事运输和物资供给。通过文献记载和历史地图,作为"军事街区"的驻防城,与汉城之间的空间联系情况如下(表28)。

---

① 朱永杰:《清代满城历史地理研究》,知识产权出版社 2017 年版,第 83—84 页。
② (清)希元:《荆州驻防八旗志》,辽宁大学出版社 1990 年版,第 84 页。

表 28　驻防城与汉城的空间联系情况表

序号	城市名称	公元纪年	位置及关系	隔离方式	城门数量
1	北京	1644	北京内城	封闭式城垣	9 座城门
2	采育里	1645	采育城内	开放式	可互通
3	昌平	1644	昌平州城内	开放式	可互通
4	山海关	1645	临榆县城内	开放式	可互通
5	独石口	1646	赤城县城内	开放式	可互通
6	沧州	1648	沧州城内西北隅	开放式	可互通
7	东安	1649	东安县城内东南隅	开放式	可互通
8	杭州	1648	杭州府城内西北隅	修筑界墙	5 座城门
9	三河	1649	三河县城内	开放式	可互通
10	保定	1649	保定府城内	开放式	可互通
11	固安	1650	固安县城内	开放式	可互通
12	太原	1649	太原府城内西南隅	设立栅栏	3 座城门
13	江宁	1649	江宁府城内东侧	修筑界墙	2 座城门
14	西安	1649	西安府城内东北隅	修筑界墙	5 座城门
15	良乡	1651	良乡县城内东北隅	开放式	可互通
16	冷口	1670	迁安县内	开放式	可互通
17	德州	1654	德州城内东北隅	设置堆拨	可互通
18	京口	1659	镇江府城内	设置堆拨	可互通
19	宝坻	1673	县城东门外	开放式	可互通
20	霸州	1673	霸州城内东北隅	开放式	可互通
21	雄县	1673	雄县县城内东	开放式	可互通
22	永平	1673	永平府城内东南隅	开放式	可互通
23	福州	1680	福州府城东南隅	设置堆拨	可互通
24	广州	1682	广州府城内西	设置堆拨	可互通
25	荆州	1683	荆州府城东	修筑界墙	5 座城门
26	右卫	1693	右卫县城内西南隅	开放式	可互通
27	开封	1718	开封府城内北	修筑界墙	3 座城门
28	成都	1718	成都府城内西北隅	修筑界墙	4 座城门
29	热河	1723	承德府城内	开放式	可互通
30	乍浦	1728	乍浦城内东北隅	修筑界墙	1 座南门
31	赛里木城	1758	回城内	开放式	可互通
32	和阗城	1759	回城内	开放式	可互通

由以上统计可见,驻防城多民族空间规划思维,本身就具有从"隔离"到"融合"的空间基础。空间隔离外在表现出清朝不同民族的对立与矛盾,为了监视汉族和其他民族,清廷在这些城市中驻军,借助原有汉城城垣,围合并形成相对独立空间,或形成军事管控范围。另外,空间互通又内在地暗示民族融合的大趋势。不同驻防城建设了可直达汉城的城门,为驻防城旗人提供了必备的生活物资,也是清朝历史上不同民族交流与融合的重要"空间通道"。

(2)开放式"军事街区"

开放式"军事街区"是在原来汉城之中,划定部分城池空间用于八旗驻防,但因驻兵人数较少,并未新建城垣或界墙,只是通过强制的手段,划定部分区域进行八旗驻防。

在京畿区域内,为了突出"拱卫京师"目的,除了在北京城内驻守近10万官兵之外,周围驻防城内驻兵一般并不太多,驻兵人数为50—400人不等,只在县城之中占用部分原有官署、民房或新建少量八旗营房,并无必要建设封闭城垣进行围合。如保定八旗驻防位于府城南门内①,沧州八旗驻防在府城内西北角②。据《钦定八旗通志》记载,北京周围的京畿之地,还有昌平、顺义、东安、三河、固安、良乡、霸州、雄县、永平等,这几处驻防兵丁人数均约为50人,衙署和营房所需数量不多,也并不用营建单独城池,故而也未建界墙。

在直省区域中,这类驻防城多借用栅栏、堆拨等军事设施,设立"满城"和汉城之间"分界线"。关于直省区域中的一些大型开放式的"军事街区"型的驻防城,主要是以广州、福州为代表。广州驻防城设于1682年,在府城西划定了八旗军队的军事管辖范围,并区分了满八旗和汉军八旗的居住空间区域③。

---

①　据光绪《保定府志》载,"正红、镶红旗二旗,城守尉一员,防御四,骁骑校四,……营署在府城南门内。"

②　据《钦定八旗通志》载,"城守尉衙署一所,防御衙署四所,骁骑校衙署四所,笔帖式衙署二所……俱在州城内西北隅。"

③　据《驻粤八旗志》载,"自归德楼西边起至西城楼归满洲,自西城楼北边起至大北楼东边止归汉军,各分八旗防守。"

驻防城内的满洲、汉军八旗分区居住,与汉城之间并未另建城垣(图 29、图 30)。福州驻防城初建之时,只设汉军在城中驻扎,划分福州府城东部的东门、汤辛以及水部门一带为驻防城空间,并设置栅栏、堆拨等军事隔离设施来区分满、汉城市(图 31)。以上 2 座驻防城只划定"空间边界",加强军事和民族隔离管理,并未建立封闭式的城垣。

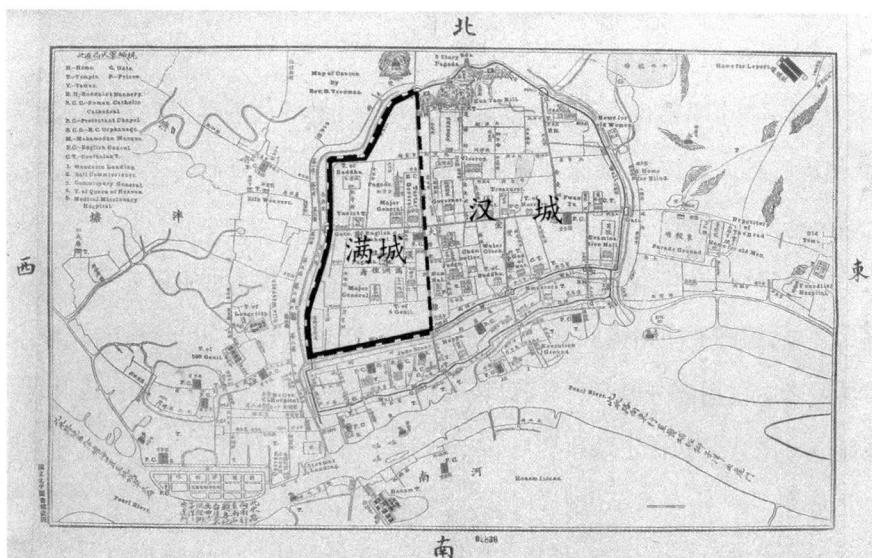

图 29 广州府城内的满、汉城空间

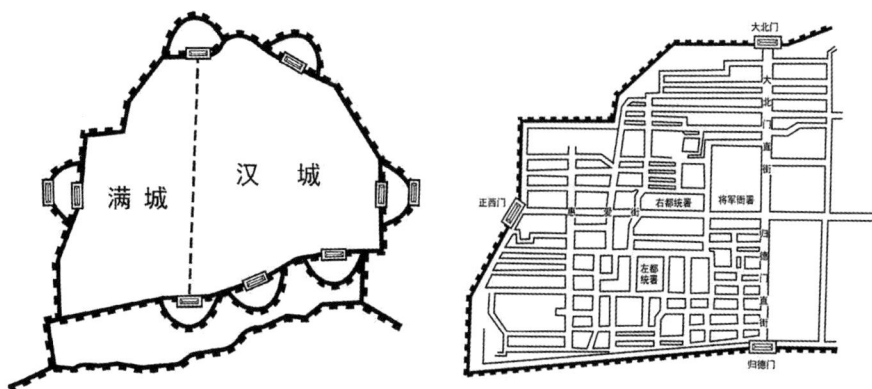

图 30 广州满城与汉城空间关系示意图

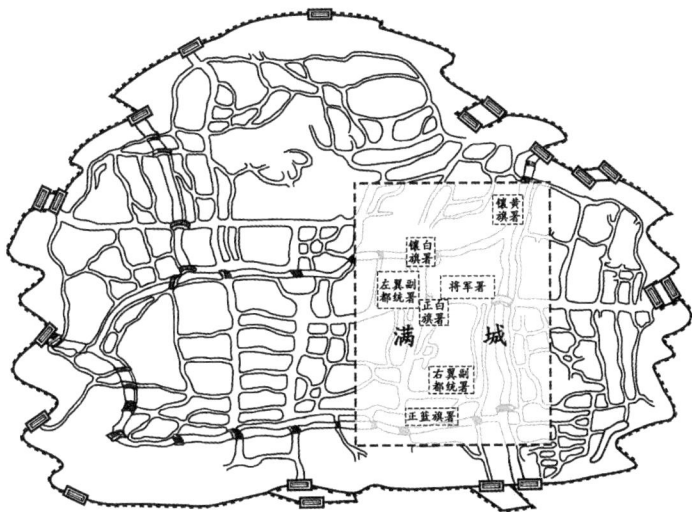

图 31　福州满城与汉城空间关系示意图

　　作为"军事街区"的驻防城空间,对汉城的城市空间仍有所选择和偏好,这也是由军事性质所决定的。张威研究认为,直省汉城中原有官员衙署比较集中的区域,往往是八旗驻防"首选之地",规划上具有"紧邻官署"原则。中国传统城市中政治建筑所在的区域,多为城市核心空间所在,其空间内衙署建筑相对较多,军事行政功能较为成熟。八旗兵丁到达地方后,需要借助城市设施相对齐全的官署区,直接用于八旗驻防。

　　以荆州驻防城的空间选择为例进行进一步说明。在康熙《荆州府志》中的历史地图上,可发现荆州驻防城所在区域之内,分布着荆州府署、荆南道署、江陵县署、都察院署等重要建筑。这些建筑空间功能成熟,出于八旗驻防需要的考虑,清廷将荆州府城东边官员、居民迁至城西侧。据乾隆《荆州府志》载,"驻城内东偏,迁官署民廛于城西偏,中设界墙,以东为驻防城",其中"迁官署民廛于城西偏"的记载,即充分反映荆州驻防城空间对原荆州府城空间的选择和形成过程。

　　清中后期,无论是"开放式"还是"封闭式"的"军事街区",虽然都利用界墙或军事设施进行军事和民族隔离,但伴随长期民族交往,城市隔离性质逐渐消失,反倒成为当时各个民族之间交流和融合的重要城市空间。这也正是清朝时期多民族融合历程在城市空间中的具体体现。

本 章 小 结

本章是在城市尺度视野下的研究。从建设方式、城市层级及军事空间关系这3个角度,分析了清代驻防城的不同类型。

受到军事活动和建设方式影响,驻防城可分为"改建"和"新建"两种类型。改建型驻防城多产生于后金汗国立国之后,将明朝辽东都司卫所军城,改建成为驻防城,其次多产生于清人入关之后的长期军事斗争时期,分布于直省之内;新建型驻防城多产生于雍正至乾隆时期,在征服明朝旧有疆域和开拓新疆疆域过程中,清廷择地新建了一些驻防城。

从城市驻守官员、驻军人数等角度,结合清朝行政城市层级,驻防城又可分为中心驻防城、次中心驻防城、一般驻防城以及满营这4种类型。相对而言,驻防城与行政城市有所不同,其层级性仍然与军事拱卫的特性密切相关。出于对驻防城空间的分布认识,不同省域内都分布有中心驻防城、次中心驻防城、一般驻防城和满营,围绕中心驻防城分布于各区域之中,起到军事控制、拱卫的作用。

从军事空间关系角度,结合本书对"驻防城"概念的界定和认识,本章进一步明确了驻防城与传统"城市"之间并不能画上等号。在东北区域,因民族关系具有特殊性,以及八旗驻防制度原因,东北驻防城可称得上是真正意义上的"军事城市";而在其他区域内的驻防城,有的与汉城有一定距离,有的是在汉城城池空间之内,这就形成相邻、相切的空间关系。在省、府、州、县等城的核心城池空间不远处所建的"满城",可看作省、府、州、县的"军事城区";在不同城市核心城池空间之内划定的"满营",是这些城市的特殊"军事街区"。

　　同时,基于城市空间关系层面,分析了驻防城、汉城的不同空间关系,是军事的、民族的。同时,本章的研究是对以往将驻防城看作"城"的研究观点的重新审视和认知。

　　在东北区域内,因战争原因和民族聚居的特点,八旗驻防制度替代行政管理制度,在相当长时期内,驻防城作为军事城市而存在,同时还具有地理、行政上的空间辖区。因此,作为"军事城市"驻防城,与其他区域内汉城之间形成空间相离关系。

　　在直省、新疆区域内,出于军事和民族融合考虑,驻防城多建于离汉城、回城不远的地方。在行政辖区视野下,这些城市仍然属于不同级别的省城、府城、县城的地界或疆域,与传统城池核心空间相比,新建驻防城城池实际上是作为传统城市的"军事城区"而存在的,与汉城形成空间"相邻"关系。

　　在直省、新疆区域内,还有一类驻防城是依附于传统汉城,划定部分城池空间,强制性形成军事空间。有的营建隔离墙,有的只划定八旗驻防范围。这种类型驻防城,实际上是传统城市中的"军事街区",与汉城形成空间"相切"的关系。

第五章 新建驻防城内部空间
规划及其特征

　　不同时代的城市空间发展，均受到所处时代的政治、军事或商业等不同因素的影响，进而产生新的城市，形成新的空间①。城市尺度下的驻防城空间，具有完整的城垣或军事的管辖区，城市空间也具有明确的城垣或空间"边界"。同时，驻防城内部空间布局还体现出政治、军事和民族因素的整体"嵌入"。夏铸九认为，驻防城（满城）是清朝的"制度性空间"②，驻防城空间规划服从或服务于政治王权、军事驻防，受到"有意识的人为控制"③。

　　借助现代"城市空间结构"④理论进行思考，具体包括城市"要素""组织"

---

　　①　鲁西奇、马剑:《空间与权力:中国古代城市形态与空间结构的政治文化内涵》,《江汉论坛》2009 年第 4 期,第 81—88 页。

　　②　夏铸九:《反思都市史:比较都市史与规划史阅读书目的导言》,载董卫、李百浩、王兴平:《城市规划历史与理论 03》,东南大学出版社 2018 年版,第 26 页。

　　③　顾朝林、甄峰、张京祥:《集聚与扩散城市空间结构新论》,东南大学出版社 2000 年版,第 4 页。

　　④　20 世纪 60—70 年代,"城市空间结构"概念提出并得到发展。具体可分为"要素论""动静论""系统论""交互论"。富利(L.D.Foley)和韦伯(M.M.Webber)将城市空间结构划分为"物质环境""功能活动""文化价值"三个层面,对应为"物质""活动""互动"三个要素。"物质"是物质空间各要素的位置关系,"活动"是活动的空间分布,"互动"是城市中的人流、物流、信息流等。波纳(L.S.Bourne)认为,城市空间结构是城市要素的空间分布、要素与要素之间的相互作用,以及城市要素空间分布和相互作用的内在机制。

分布、作用及内在机制。"空间"是城市的存在形式,城市空间各个部分进行"搭配和排列"①,各要素各有偏好和选择,相互之间也存在关系②。

形态类型学提出"地块""建筑""街道"作为城市的三大要素,也为认识驻防城内部空间结构提供了框架启示③。本章研究并不强调面面俱到,重点以择地新建的驻防城内部空间的"面"(城池空间)、"块"(居住空间)、"线"(道路空间)为中心,进行深入研究和分析,并在此基础上归纳新建驻防城内部空间规划的特征。

据前章的分析与研究,清朝时期驻防城分为"旧城改建"和"择地新建"两种类型。两者共同点在于,都是为了容纳八旗军队驻守和居住之用。不同之处在于,前者是利用汉城已有的城市空间,后者是新建一座"军营",没有汉族等民人的居住。对于"旧城改建"的驻防城而言,均是根据原有城市的建筑、道路、城垣进行划定军事空间,按八旗方位部署八旗官员及军队士兵。与新建驻防城内部空间相比,并非重新规划建设,只是对原有的衙署进行改建,或按军队规模,重新营建官员衙署,属于局部的改建,并不具有规律性。因此,本章重点以新建驻防城内部规划作为研究对象,以揭示驻防城原初的规划规律。

第一节　清朝的城市空间规划

一、清朝城市的规划过程

在古代,城市空间的形成与规划管理密切相关,清朝的情况也不例外。1616 年,后金汗国之初,国力尚未充足,无法专门设立机构来管理城市规划。因此,城市规划的工作主要由努尔哈赤和皇太极这两位皇帝亲自指导。他们

---

① 黄志宏:《城市居住区空间结构模式的演变》,社会科学文献出版社 2006 年版,第 44 页。
② 柴彦威:《城市空间》,科学出版社 2000 年版,第 12 页。
③ 刘鹏、Markus Neppl:《中国历史城市的地块肌理保护研究:内涵、演变和策略》,《城市规划学刊》2020 年第 5 期。

在行军过程中,对军事城市的规划进行了直接的指导和管理,其中重点放在增强城市的军事防御能力上。这种由君主直接参与的规划方式,在一定程度上体现了当时清朝的国力和管理水平,同时也反映出清朝初期对于城市空间规划的特殊重视,尤其是在军事防御方面。

后金立国15年后,即天聪五年(1631),在政治体制上开始效仿明朝,设立了包括吏、工、户、刑、兵、礼在内的"六部"制度。每个部的主官是尚书,辅以左、右侍郎,满族与汉族官员各设一人,但实际上满族官员占据主导地位。吏部负责全国文官的任命与考核;工部则掌管国家工程建设和器物制造;户部负责土地、户口及经济管理;刑部主管全国刑法与司法;兵部负责军事和武官管理;而礼部则负责祭祀、庆典、丧礼,以及外交接待和科举等事务。随着这一体制的建立,城市规划的职责正式落在了负责"掌天下造作"的工部。在工部的具体运作上,根据《清史稿·世祖本纪一》的记载,工部下设有"四司",即营缮司、都水司、屯田司和虞衡司。这些司局负责不同的具体职能,如营缮司负责宫廷和官方建筑的维修,都水司管理水利工程,屯田司负责农田的开发和管理,而虞衡司则负责度量衡的标准和管理。这样的细分管理,反映出清朝对于城市规划和国家建设的重视,同时也显示了其体制上的复杂性和效率。通过这种组织结构,清朝能够更有效地进行城市规划与建设,以适应快速变化的政治和社会需求。

在清朝的行政管理体系中,随着时间的推移,逐渐建立起了一套负责城市规划和建设的多级管理体系。这一体系不仅包括了清工部,还涵盖了地方政府的多个层级。在具体操作层面,除了清工部直接负责全国范围内的重大建设和规划外,各省巡抚衙门也设有相应的部门或机构,负责省级的城市规划和建设工作。此外,地方政府,如各府、州、县、厅衙门,也相应地设置了"工房"①,专门负责该地区的城市规划和建设任务。这种多级管理体系的建立,

---

① 黄伟伦:《论清代官方建筑之营建及管理制度——以〈钦定工部则例〉为中心》,台湾政治大学2015年硕士学位论文。

不仅提高了城市规划和建设的效率,也使得城市规划更加贴近实际需要和地方特色。地方的"工房"根据当地的具体情况和需求,制定和执行城市规划,从而确保了城市建设的多样性和适宜性。此外,这种体系还允许清廷通过清工部对全国城市规划和建设保持总体控制和指导,确保了全国范围内城市发展的一致性和协调性。

清朝城市具体规划过程,在官方典籍之中记载并反映出来。具体规划程序包括"勘估""查验""料估""造册""核定"等环节。"勘估""查验"是城市的选址。我国传统城市选址,具有完整观念发展脉络,大体经历了夏商周"主都居中"、先秦"择中、相土、形胜"、秦汉"思和求中""象天""天人合一"、宋元"形势宗"以及明清普遍化"风水观"的发展历程①。随着历史发展,"非自然因素"在城市选址中的影响越来越大,无论是都城、省、府城,还是州、县甚至是乡镇等,都特别注重"非自然因素"②的影响。对于清朝而言,省、府、州、县城均沿袭明朝城市选址、军事防御等,并在其基础上加以利用和发展。"料估""造册""核定"是规划预算和审核过程。工部对"料估""造册"有严格要求,规定各省修建城垣、衙署等工程,均按工部制定的"则例",委派官员进行查估,并核定"工料做法""墙垣宽长高厚""房屋檐高、面阔、进深丈尺"等具体情况进行"造册",由各省布政使、督抚官员,委派工房人员进行具体核实,最后由督抚官员"核定"后上报工部。

二、城市的建设管理和内容

在清朝的城市规划和建设流程中,规划完成之后便进入建设阶段。在清朝史籍的记载中,城市建设通常被归纳为"兴工"和"承修"两个阶段。在开始"兴工"之前,即在规划"核定"之后,首先要解决的问题是经费的筹措。清朝

---

① 董卫:《风水变迁与城镇发展》,《城市规划》2018 年第 12 期。

② 刘立欣、刘绘宇:《城市的足迹:非自然因素在中国古代都城选址中的重要作用》,《华中建筑》2009 年第 8 期。

城市建设的经费来源主要包括"定款""筹款""借款"和"摊款"。这些经费既有来自官方的拨付("定款"),也包括地方上的"借款",还涉及各地官员、乡绅等通过"筹款"和"摊款"的方式共同负担。

城市建设完成后,为了保证建筑质量,清朝还形成了一套"保固赔修"的制度。在工程竣工并经过验收后,会开具"保固印结"。根据这一制度,如果建筑因为建造质量不佳而倒塌或损坏,负责监造的官员不仅会被革职,还须出资进行赔偿和修复。这种制度体现了清朝对城市建设质量的重视,同时也是对建设过程中负责人的一种监督和约束。

清朝城市建设一般由地方知府、知县等官员具体负责。官员们严格按工部"则例"、《工程做法则例》等规定进行城市建设。《工程做法则例》编定于雍正十二年(1734),由雷发达撰写,共分74卷。该书是清代官式建筑通行的标准设计规范。内容上分为两类:一是各类房屋营造范例规则,二是应用工料估算的额限。此书还对营造建筑具体工程操作程序有所记载。在新建驻防城比较集中的雍正时期,已形成统一建筑工程规制,用来指导全国工程做法,还考虑到了等级性对建筑空间的影响,具体细致到木作乃至进深,均有明确规定。

在具体城市建设过程中,除了官员之外,参与城市实际营建工作的,还有地方知识分子、乡绅及民间匠人等①。知识分子、乡绅以及地方官员均在官方引导下,出资或参与城市建设。

经过相当长时间的城市建设实践,清朝城市建设内容也得以基本固定下来。这些内容被总结在《清会典事例·工部》《钦定工部则例》卷一至卷二二"营缮司"等历史文献之中。《钦定工部则例》是清朝工部的技术法规及事例汇编,其中包括建筑许可、工程预算、施工工料、经费核销等规定,是工部官员执行工程时的重要标准和依据。文献将城市建设工程主要细分为"坛庙""城

---

① 孙诗萌:《浅论中国古代城市规划的"三个传统"》,《城市规划》2021年第1期。

垣""公廨""仓厫""营房""物料""匠役"等,明确了城市建设的基本流程、标准和技术等内容。我们在繁杂的历史文献中寻找线索,并将清朝城市建设具体工作简要归纳如下(表29)。

表29　清朝城市建设的相关文献统计表

	典籍名称	卷次	条目	主要内容
建设设计	清实录	零散分布	—	官员奏折以及皇帝的朱批,规划方案形成并指导城市建设
建设流程建设标准	钦定工部则例	卷一至卷二二	城垣公廨营房匠役	工程做法、工程预算、施工工料、经费核销
建设标准建设技术	钦定大清会典事例	卷八七一至卷八八〇	仓厫营房物材	京师营房、各省驻防营房建设规定;建筑材料价值、运用管理等
建设法律建设监督	钦定大清律例钦定工部则例	卷三八卷一至卷二二	工律营造物料	不合工程或违反建设规定的法律处罚、工程保固等
建设结果	八旗通志初集钦定八旗通志	卷二三至卷二四卷一一六至卷一一八	城垣衙署营房	不同驻防城城垣长度,所建衙署、营房的数量等

三、驻防城空间规划管理的特殊性

驻防城的空间规划和建设,由于其紧密关联于军事策略,具有显著的重要性和特殊性。这些规划活动不仅需要经过皇帝的亲自审阅和批准,而且通常由工部执行规划准备。这种做法突显了驻防城规划与一般城市规划的本质区别,其核心差异源于驻防城作为军事防御据点的特殊性质。

相比之下,清朝一般城市的建设过程往往会出现与规划、规范和工程要求不一致的情况。据《大清律例·工律》中的相关条文,对于城市建设中的违规行为,如"擅造作""虚费工力采取不堪用""造作不如法"等,都设有明确的法律约束和相应的处罚措施。这一法律规定反映出,清朝一般城市工程中存在建设问题的可能性相对较高。

然而,驻防城规划和建设中,类似的问题出现的概率极低。文献检索显示,驻防城建设中几乎未见违反营造规定的案例。这主要是因为驻防城的规划和建设直接关联军事,并与军事日程紧密相连,任何建设的延误都可能影响到军事行动的进程。更重要的是,皇帝作为驻防城规划的主导者,对于其规划和建设过程执行了严格的监督和控制。与其他类型的城市规划不同,驻防城规划属于军事策略的一部分,因此受到更为严格的军事性质监查。

在战略层面上,驻防城的产生和规划多发生在战争前、中或后,以适应不同的军事需求,如驻守、防御或巩固战果。这些城市因此受到军事和行政的双重制约,具有明显的特殊性。

四、王权至上:雍正帝与青州驻防城的规划

清朝历史档案的记载,并不能全面反映规划史实,在《清实录》以及可获见的档案文献之中,雍正帝亲自主持青州驻防城规划的事情,有较多的文献反映。因此,本小节以青州驻防城规划为例进行深入说明。

在青州驻防的规划中,雍正帝是最高级别的“规划师”,他在一份奏折中,对山东青州驻防城的“规划”朱批了一段文字。这段朱批被清朝史官记载在《清实录》之中:

> 山东青州府设立满洲驻防官兵,所有建造城垣营房工程,着御史偏武、候补道员陈豫朋前往,会同地方官监督修造。其一应如何修造之处,着天津都统拉锡前往青州,相度、经画、定议,交与偏武等办理,拉锡仍回天津地方。拉锡有素知可以办工之人,准其带往工所,交与偏武等派委办事。偏武所管仓工交与御史兆华监修,再着内务府总管常明兼管稽查。①

---

① 《清实录》第八册,中华书局1985年版,第214页。

雍正帝对城市规划和建设过程都有详细的安排，这主要是出于军事策略和考虑。以军事调派方式，安排不同官员参与驻防城规划工作。其中所提及的"规划过程"，首先包括"相度"。"相度"主要是关乎阴阳风水，据《大清会典》记载："凡相度风水，遇大工营建，钦天监委官，相阴阳，定方位，取吉兴工，典至重也。""钦天监"作为清朝天文机构，负责官员为监正，正五品官，设监正、左右监副，俱由满、汉人共同担任，下设主簿厅等官。另外还有"阴阳生"具体负责风水之事。但实质上，在驻防城的规划过程中，阴阳风水并没有像传统城市那样得到重视。

其次包括"踏勘"和"经画"。踏勘主要是寻找合适的城址，此外还有"经画"①，筹划规划事宜，重点包括绘制建筑图以利于营建工程实施。"定议""监修""稽查"是关于城市建设方面的程序。这与前节归纳的清朝一般城市的规划程序是基本一致的。

需要注意的是，雍正帝对城市建设的每个步骤，都做出了具体人员安排。这些参与驻防城规划和建设的官员，不仅有工部司官，还有驻防将军、地方督抚等官员②。在这份奏折之中，所见官员有"御史"、"都统"及地方官员等，有军事官员参与，更可见驻防城规划不仅仅是城市规划，还是军事谋划的重要组成部分。

当然，皇帝直接参与规划，也给驻防城建设提出了更高要求。官员们对皇

---

①　"经画"一词与城市规划相关联。早在宋、金时期文献中就有所体现。宋苏轼《答秦太虚书》："度囊中尚可支一岁有余，至时别作经画，水到渠成，不须预虑，以此胸中都无一事。"此句中即有"安排规划"的意思；宋《迁创龙泉县水北城治记》记载："以正中为县治，若前后左右衢道沟浍，一一列定阙位，经画分明"，即指城市规划之事宜。据《金史·卢彦伦传》记载："城邑初建，彦伦为经画，民居、公宇皆有法。"卢彦伦是金上京城的官员，在金上京城兴修之时，他参与了城市规划之事。至明清时期，该词也多用于城市规划，如《明史》卷一三〇《华云龙本传》载："建燕邸，增筑北平城，皆其经画。"由此可见，在古代城市规划上，"经画"即是指筹划规划事宜，重点包括了绘制建筑图以利于营建工程实施。

②　据光绪《钦定大清会典》卷五八记载："兴建城垣、衙署、祠庙、仓廒、营汛等工，皆由督抚、将军、大臣等酌定规制，奏准饬委勘估，造册具题，核定兴工。"由此可见，八旗驻防城的规划经过清前期的实践，也被列入了清朝官方典仪。

帝的绝对服从,因而也有"事事具奏"的做法,保障了驻防城规划意图在建设中得到实施。驻防城规划者主要是以清朝满官为主,其他官员协助进行驻防城的建设工作,以保障在规定时间内建好驻防城。雍正八年(1730),御史偏武与天津都统拉锡按皇帝旨意,到青州进行驻防城规划工作。在其后上呈给雍正帝的一份汇报奏折中说,"详细估计,商同地方各官,召募工匠"①,同时对建设过程进行了详细说明,包括物料、工匠安排等,并按照相应建设流程进行驻防城的建设工作(表30)。

表30　新建驻防城的规划和建设整体过程表

	勘估、查验	料估、造册	核定	兴工、承修
规划和建设过程	阴阳方位 相度踏勘 划定城池	工料数量 城垣规模 檐高进深	经画审核 造价审核 预算加减	兴工吉日 营建城垣 衙署营房 保固赔付
建设人员	工部官员 驻防官员	驻防官员 地方官员	工部官员	地方官员 士绅及民间匠人

在清朝史书中,对于驻防城实际的建设者,即"工匠"的提及相对较少。尽管官方文献中详细记载了关于"物料""城垣""建筑"等工程的具体做法,这些记载实际上是工匠们在建设过程中遵循的标准和参考。这些文献反映出工匠们在驻防城建设中的重要作用,他们不仅是技术执行者,而且对于保持和传承建筑技术有着重要的贡献。这种情况在历史研究中并不罕见,技艺工人的贡献往往在官方记录中被较少提及,而主要关注的是规划和管理层面的信息。然而,工匠们的技能、经验和创新在实际建筑过程中起着关键作用,他们对于工程材料的选择、建筑技术的应用以及施工方法的创新,都直接影响到驻防城的质量和效能。因此,虽然直接的记录可能不多,但工匠在清朝驻防城建设中的重要性不容忽视。

---

① (清)偏武:《奏报青州满营工程开工折(雍正八年七月十五日)》,《宫中档奏折(雍正朝)》,台北故宫博物院藏,档案编号:故宫006815/402003786。

从以上所引的文献中可以看出,因天津都统曾经主持规划过天津水师营驻防城,加之天津、青州两地相隔不远,故而也被清廷派往青州,参与协助青州驻防城"相度、经画、定议"等建设工作。奏折中所说"办工之人"即为营建城池的匠人,雍正帝告知天津都统拉锡,可以携带"办工之人"前往青州进行营建工作。但在实际工作中,是在青州当地召募工匠进行青州驻防城建设的。

五、军事至上:驻防城规划的选址原则

前已论及,驻防城规划仍属于城市规划,既有一般性又有特殊性。驻防城既然是为八旗驻防所营建的城市空间,首先表现出来的是其军事城市功能。军事空间形成于驻防城规划建设之后。因此,驻防城空间规划就具有更为特殊的军事选址需求,军事空间的形成也比一般城市规划更具有特殊性。

实际上,驻防城是把军事作为城市规划中的"理性主义",并与清朝不同时期的军事策略密切相关。因此,驻防城规划尤其注重"军事因素"考虑,有时会象征性地考察地理条件等自然因素。如雍正初期陕西潼关驻防城规划即是如此。潼关驻防城的规划过程,在《钦定八旗通志》中记载得较为详细:

> 潼关驻防,雍正五年三月,工部尚书臣李永绍等议准,陕西总督岳钟琪疏称:"潼关添设八旗官兵,建筑城垣,盖造衙署、营房。原议于潼关西门外接连旧城建造。今经布政司张廷栋同旗员踏勘,潼关西门外之北,逼近黄河,水势泛涨可虑,而城内更无宽闲地址。离潼关城西一里许,相近教场处,地势宽广,建筑甚宜。"①

因军制宜、重军事而轻地理,又是驻防城规划中的突出现象,这与一般城市的建设有很大的不同。驻防城规划者多与军事将领的军事驻兵需求相关,更多出于军事考虑。他们往往会向皇帝呈上奏折,请求为其所带官员和兵丁

---

① 李洵、赵德贵、周毓芳等校点:《钦定八旗通志》,吉林文史出版社 2002 年版,第 2004 页。

营建驻防城,供军事驻防之用。乾隆二十五年(1760),新疆办事大臣阿桂奏请在察汗乌苏建瞻德城,以达到"遏哈萨克布鲁特等所通之路"的军事目的。乾隆三十七年(1772),伊犁将军舒赫德,即向乾隆帝奏请在巴里坤东边建造驻防城。虽然提到了巴里坤为新疆"诸路之要"①,但随后马上提出为军队建设营房是迫在眉睫之事。可见,军事至上是驻防城规划中最为重要的原则。

再以宁夏、肇丰驻防城为例进行分析,更可体现出这一点。宁夏驻防城规划是清廷"西北用兵"策略的组成部分。雍正二年(1724),针对"守边"问题,年羹尧认为,宁夏是进入西域的军事要道,上奏并将宁夏驻防城选址于宁夏府城东北 3 里处,清廷快速反应,并于当年即行建成城池。但数年后发现,"所择之地基本属低洼,其土性松浮,原非可建城之所",可见当时并未认真勘察地形。仅隔数年,宁夏地震驻防城遭到毁坏,又在府城西门外重建了一座驻防城。

新疆肇丰城的选址显然是基于军事驻防的需求决定的,而没有充分考虑到自然环境因素。乾隆二十九年(1764),清廷成立了塔尔巴哈台政区,并派遣 600 名乌鲁木齐的兵丁至雅尔(今哈萨克斯坦乌尔扎尔地区)开垦荒地、采集石料,用以筑城并实施军事驻防。这座城市被命名为"肇丰",但其所在地的自然环境和气候极为恶劣,以至于官兵在此难以生存。仅两年后,肇丰城便因为不适宜居住而被废弃。到了乾隆三十二年(1767),清廷在一个更适宜居住的绿洲地区新建了绥靖城,并将肇丰城内的官兵迁移到新城进行驻防和居住。这一历史事件揭示了清朝军事策略与环境适宜性之间的矛盾。清朝在这种边疆地区的城市规划,虽然重视军事战略,但却忽视了自然环境的重要性。

---

① (清)舒赫德等:《奏陈拟在巴里坤城东筑造满城一座(乾隆三十七年五月初九)》,《军机处档折件/乾隆朝》,台北故宫博物院藏,档案编号:故机 017013/016881。

第二节　新建驻防城的城池空间规模分析

清廷新建驻防城的城池大小不同。城垣是古代城市核心空间的边界①。随着古代城市人口的增长,城市有可能会突破传统城垣空间束缚,并发展到城垣之外②。但是城垣周长与城市最初规模之间仍存在密切关系。清朝驻防城以驻军为根本目的,其城垣规模受到军事影响更大。

本节从城市尺度下城池"面"的空间维度进行研究。择地新建的驻防城城垣,划定作为军事空间的"面",也即城池空间。"新建"型驻防城是驻防八旗军队"军事城区",是"按既定规划在生地上创建的城市"③,最能反映出清朝驻防城规划的智慧和理想。传统省、府、县城内所设"军事街区",因地制宜进行改建,空间边界并无规律,空间形态等差异都比较大④。朱永杰曾将改建、新建驻防城城垣一并进行了比较。考虑到改建型驻防城城垣并不规则,只能体现驻军人数差异的结论,因而本书仅选取新建驻防城城垣进行研究。

一、"伊犁九城"的城池规模

在清代中国历史研究中,对于驻防城的遗存和文献资料的分析尤为关键。虽然物理遗迹稀少,但文献记录却相当丰富。特别是清代的古籍和地方志文

---

① 贾亭立:《明代筑城规模研究》,《城市规划》2017 年第 12 期。

② 鲁西奇、马剑:《城墙内的城市:中国古代治所城市形态的再认识》,《中国社会经济史研究》2009 年第 2 期。

③ 傅熹年:《中国古代城市规划、建筑群布局及建筑设计方法研究》(上),中国建筑工业出版社 2001 年版,第 2 页。

④ 本部分之所以选择那些择地新建的"军事城区"驻防城作为研究对象,是有相应考虑的。"空间相切"城市的内部空间,因其城垣周长完全按照当时驻军人数和所在城池规模情况进行划定,同时,军事街区内部建筑空间多为挪用、改用原有汉城衙署或王府等,因此并不能反映规划建设规律。依附在汉城的"军事街区",只是在八旗分布方位上有所体现,但在内部空间布局上,并没有明确地受到八旗制度影响。

献,为学者们提供了一扇窥视城市规模和结构的窗口。这些文献,如《钦定八旗通志》和《八旗通志初集》,详细记录了城市的规模和城墙的周长,采用了清代的尺制单位进行精确测量。它们不仅提供了关于城市规模的定量数据,而且以极高的精度,记录了城垣的周长,精确到"尺""分""步",甚至对于相同规模的城池,也细致地区分了微小的尺寸差异。这些详尽的数据很可能源自于当时地方官员向清朝工部提交的实际测量和规划材料,因而具有极高的可信度和学术价值。

为了深入探讨清代新建驻防城的规模多样性,本书选取了"伊犁九城"作为代表性案例。伊犁九城的形制和规模的研究已有学者如郝园林进行过深入探讨,本书不再重复①。这九座城池不仅在驻军构成(包括绿营)上有所差异,而且在城市的形制和风格上也展示了明显的新建特征。除了惠远和惠宁城在扩建后呈现长方形外,其余城池最初都是按照方形设计建造的。城池的大小不一,随之而来的即是驻军数量的差异。

探究"伊犁九城"的城池规划和建设,显然需要考虑一系列的规划参考因素。这些因素受到了八旗制度的影响,清朝在"平定新疆"期间所建的军事城区,大多采用方形设计。这一点可以从《钦定八旗通志》中的《营建志》部分找到支持,其中对城市数据的精确记录提供了有力的证据。因此,研究不同规模驻防城的规划参考因素和标准成为一个关键课题。本书将从城市空间规模的角度出发,对这一问题进行深入分析。

二、新建驻防城的空间规模分析

本节以"伊犁九城"之规模差异性为出发点,旨在深入探索新建驻防城市空间规模的发展规律。为了便于深入研究与分析,以下将从历史文献中提取有关新建驻防城市的兵丁人数、城垣周长等关键数据。

---

① 郝园林:《"式样图"所见"伊犁九城"形态与布局》,《故宫博物院院刊》2021年第7期。

在对相关数据进行统计的过程中,主要参考了清朝官方文献《钦定八旗通志》。需要注意的是,清朝的长度计量单位与现代存在差异。在清代,常用的长度单位包括"营造尺"、"裁衣尺"和"量地尺",各自拥有不同的标准。这些标准大体上继承自明代,但也有所调整,其中城垣长度的计算以"营造尺"为准。

清代的长度单位主要包括"里、丈、尺、分、步"等,其基本换算规律如下:1里等于1800尺,1丈等于10尺,1步等于5尺,1尺等于10寸,1寸等于10分。根据清工部营造木尺的测量,1尺在现代度量中相当于32厘米[①]。因此,清代长度单位的现代换算情况为:1里等于576米,1丈等于3.2米,1步等于1.6米,1尺等于32厘米,1寸等于3.2厘米。据此,我们将从历史文献中提取的数据转换为现代度量单位,以得出不同驻防城市的周长和面积的现代数值(表31)。

表 31　新建驻防城驻兵、城垣情况统计表

所在区域	城市名称	清朝年号	建设时间	兵丁人数	文献所载城垣周长	周长(m)	面积(m²)
直省	宁夏	雍正二年	1724	3400	6里3分	3456	1728
直省	潼关	雍正五年	1727	1000	2里7分3厘4毫	1728	864
新疆	哈密城	雍正五年	1727	100	1里1分	576	288
直省	青州	雍正七年	1729	1860	1049丈	3356.8	1678.4
新疆	木垒城	雍正十年	1732	300	3里	1728	864
直省	凉州	雍正十三年	1735	1540	7里2分	4032	2016
直省	庄浪	乾隆二年	1737	816	4里4分	2304	1152
新疆	喀喇沙尔	乾隆二十三年	1758	—	254丈	812.8	406.4
新疆	叶尔羌城	乾隆二十四年	1759	673	约1里	576	288

---

① 黄盛璋:《历代度量衡里亩制度的演变和数值换算》,《历史教学》1983年第1期。

续表

所在区域	城市名称	清朝年号	建设时间	兵丁人数	文献所载城垣周长	周长（m）	面积（m²）
新疆	塔勒奇城	乾隆二十六年	1761	500	1里5分6厘	576	288
新疆	宁远城	乾隆二十七年	1762	—	4里7分	2304	1152
新疆	徕宁城	乾隆二十七年	1762	329	225丈	720	360
新疆	绥定城	乾隆二十七年	1762	500	4里3分	2304	1152
新疆	宁边城	乾隆二十七年	1762	—	3里5分	1728	864
新疆	阜康	乾隆二十八年	1763	—	3里5分	1728	864
新疆	惠远城	乾隆二十九年	1764	2359	9里3分	5184	2592
新疆	肇丰城	乾隆二十九年	1764	600	1里4分	576	288
新疆	科布多	乾隆二十九年	1764	55	2里余	1152	576
新疆	乌里雅苏台	乾隆三十年	1765	1000	500丈	1600	800
新疆	惠宁城	乾隆三十年	1765	2204	6里3分	3456	1728
新疆	永宁城	乾隆三十一年	1766	200	2里8分	1152	576
新疆	阿克苏城	乾隆三十一年	1766	52	约1里	576	288
新疆	绥靖城	乾隆三十二年	1767	1150	2里7分	1152	576
新疆	瞻德城	乾隆三十四年	1769	600	3里6分	1728	864
新疆	拱宸城	乾隆三十四年	1769	350	3里7分	1728	864
新疆	熙春城	乾隆三十四年	1769	300	2里2分	576	288
新疆	庆绥城	乾隆三十七年	1772	650	3里1分	1728	864
新疆	恺安城	乾隆三十七年	1772	—	约1里	576	288
新疆	巩宁城	乾隆三十八年	1773	3352	9里3分13丈6尺	5184	2592
新疆	会宁城	乾隆三十八年	1773	1060	6里3分	3456	1728
新疆	孚远城	乾隆四十年	1775	1060	4里	2304	1152
新疆	绥宁城	乾隆四十二年	1777	800	736丈5尺	2356.8	1178.4
新疆	广安城	乾隆四十四年	1779	560	4里	2304	1152
新疆	广仁城	乾隆四十五年	1780	500	3里6分	1728	864
新疆	嘉德城	乾隆四十七年	1782	320	2里5分	1152	576

关于兵丁人数,以历史文献中对最初驻兵的数据进行统计,如有约数取其最近整数值。大多数据以《八旗通志初集》《钦定八旗通志》《西陲要略》《钦定新疆识略》等历史文献作为主要来源,并进行了相应校正和对比,有的数据还结合了现代学者研究成果进行校正。

从统计与归纳可见,在雍正、乾隆时期,为了军事驻防、城市建设之便,新建驻防城形成了不同规模。以"里"为计,呈现出 1—9 里的不同空间规模。据现代换算单位,以 1 里为周长的城池边长约为 144 米(图 32)。

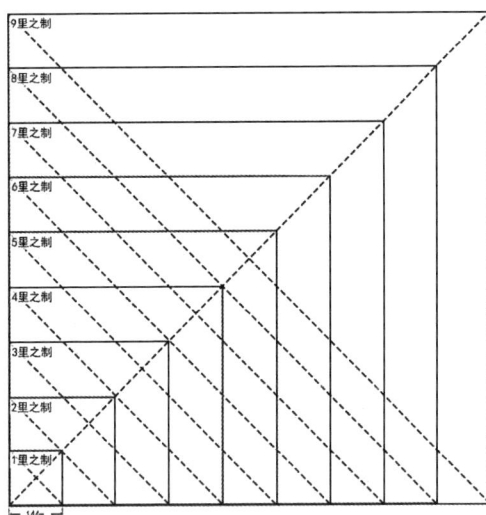

图 32　清朝新建驻防城城池空间规模对比示意图

那么,数据所反映出来的驻防城规模,与什么因素最为相关呢?结合表31 抽离出来的驻防城周长数据分析,试以 x 为派驻兵丁的数量,A 为城池的面积,使用这些数据进行线性拟合(图 33)。

基于以上分析,形成兵丁人数与新建驻防城面积之间的关系公式:

$A = 0.6159x + 428.74$

$R^2 = 0.6826$

根据公式模型及散点图,相关系数 R^2 值为 0.6826(注:1 为完全符合,

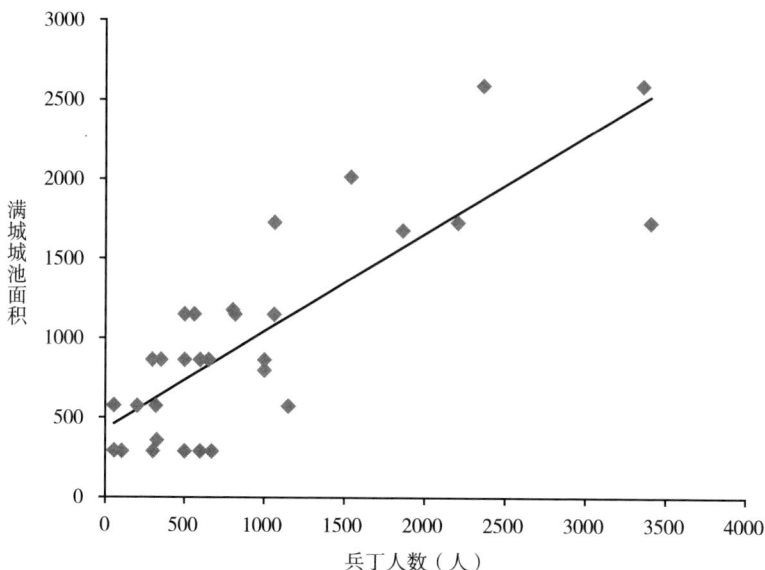

图 33　新建驻防城面积与兵丁人数关系

0 为完全不符合）。这可以充分说明,在影响新建驻防城空间规模大小的诸多因素之中,兵丁数量更为重要。由数据统计并结合史实综合分析,新建驻防城空间规模极大地受到初派时兵丁人数的影响,改建型驻防城也大致体现出这一规律。可见,兵丁人数是城市规模的重要参考因素,并反映出军事活动的不稳定特征。

需要注意的是,相关系数与"完全符合"数值 1 又有一定差距。经统计,雍正至乾隆时新建驻防城,周长为 1 里的驻防城有 7 个,周长为 2 里的有 4 个,周长为 4 里的有 7 个,周长为 6 里的有 4 个,周长为 9 里的有 2 个,数量并不太均衡。

结合清朝军事情况总体分析可以得知,建于雍正时期的驻防城,一般规模较大,驻兵人数规模很大;建于乾隆时期的驻防城,一般规模较小,且分布地域很广。这与区域地理特征、不同时期军事策略,以及用兵实际情况密切相关。具体表现为相同空间规模的驻防城之内,实际驻军人数有时会有所变化,R^2

这个数值的变化,还与历史时期的实际军事活动、城市建设等具体情况有一定
关联。

第三节　内部地块的空间规划

城池的内部结构,在八旗制度的深刻影响下,演化成了若干个面积相等的
"地块空间"。这些地块空间主要用于驻防官员和八旗士兵的居住,其布局细
致且均衡,确保了不同旗色的旗人在各个地块中得到公平的分配和安置。需
要特别注意的是,新建的驻防城市在内部空间规划上展现出独到的特色。本
书着重探讨的是这些驻防城内部地块空间的规划布局,这些布局不仅仅是城
市"面"的简单划分,而是构成了比城池更为精细的城市空间结构。这种结构
不仅体现了军事防御的需要,也反映了当时社会政治结构的特点,为我们提供
了一个独特的视角来理解当时的城市规划和社会组织。

一、城池地块空间的划分

在探讨城市内部空间规划的过程中,我们发现空间布局是其核心要素之
一。特别是在中国传统的都城规划中,以周王城为代表的城市设计理念,采用
了"九经九纬"道路系统,形成了在礼制和伦理制度框架下划分的"地块"空
间。这种规划不仅反映了当时的社会结构,也体现了对空间的精心组织。城
市空间被划分为不同的功能区,包括居住区、商业区、工匠作坊以及祭祀场
所等。

这样的空间布局和功能划分,不仅仅是城市规划的技术问题,它们深刻地
体现了那个时代人们的行为模式、观念和文化。例如,居住区通常围绕着城市
的中心,显示出尊重中心权威的文化价值;商业区和工匠作坊的设置则反映了
市场经济和手工业在城市生活中的重要性;祭祀场所的布局则体现了宗教和
仪式在社会生活中的核心地位。这些空间安排不仅满足了日常生活的需要,

也在无声中传递着社会规范和文化价值。从这个角度来看,城市内部空间的规划和布局,实际上是对一个时代文化和社会结构的直观映射,它们告诉我们关于过去社会生活方式和思想观念的丰富信息。

在深入分析前文所述的城市规划原理后,我们得出结论:在具体的规划过程中,建设者通常会首先确定驻扎兵力的人数。基于这一人数,接着决定城池的总面积。城池设计中通常采用四门对称布局,每门通过道路相连,形成一个十字形的结构。这种设计有效地将城池的"面"划分为四个"大地块空间"(图34)。以新疆惠远城的布局为例,我们可以看到八旗官员的衙署分布相对分散。城市中部偏北区域通常是高级别官员的衙署,而其他区域则是中低级别官员的衙署。这些地块空间的边界相对清晰,受道路布局的影响,不同地块的划分变得明显。不同级别的官员衙署被安置在不同的地块空间内。

具体来说,这种分布方式是由八旗官员和士兵的"等级性"以及八旗制度的"空间化"这两个因素共同决定的。不同旗色的官员和士兵拥有各自的旗地,按照八旗的方位进行分布,从而形成面积相等的地块空间。每个旗的官员和士兵驻扎在自己的地块内,进而在各自的地块下建造不同类型的建筑。这种布局不仅体现了军事和行政的需要,也反映了当时社会结构和文化的独特性。通过这种方式,城市规划成为一种体现社会等级和政治体系的空间艺术,进一步强化了城市空间与社会组织的紧密联系。

通过对以上式样图的分析,我们可以看到,在新建的驻防城市内部,当4个大地块空间被确立后,每个大地块下进一步划分出了多个"次地块空间"。以新疆惠远和惠宁的驻防城为例,在每个"主地块空间"内部,城池空间被细分为36个"次地块空间"。相比之下,拱宸城的规模较小,因此在每个大地块空间下只划分了8个"次地块空间"。

出于军事防卫的目的,这些"次地块空间"在规划时将不同旗色的官员和兵丁安排在各自的空间内。按照八旗方位的传统分布规则,每个次地块空间内安置不同的旗色人员。通常的布局是:两黄旗居北,两白旗居东,两蓝旗居

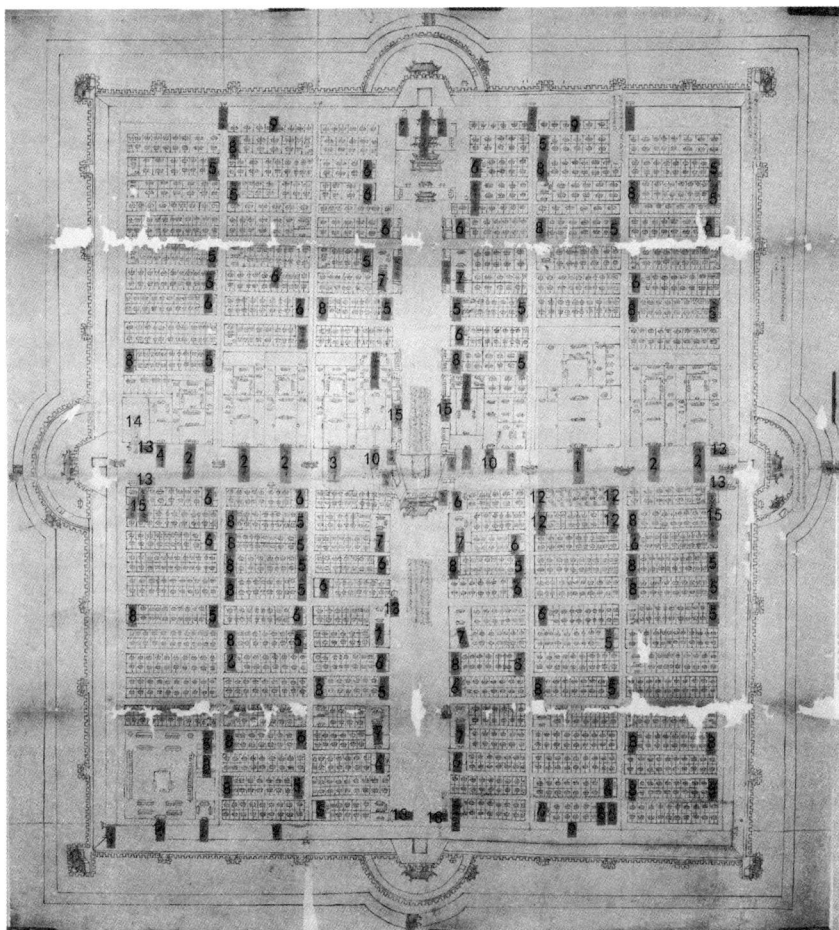

1. 将军衙署　2. 办事大臣衙署　3. 参赞大臣衙署　4. 理事同知衙署　5. 防御衙署　6. 佐领衙署　7. 协领衙署　8. 骁骑校衙署　9. 八旗营房　10. 公所　11. 仓库　12. 笔帖式衙署　13. 堆房　14. 水井

图 34　新疆惠远驻防城图

底图来源:(清)明瑞:《惠远城图》,中国第一历史档案馆藏,案卷号 03-182-2177-34(李江提供)

南,两红旗居西。因此,在驻防城内,每个旗的军事衙署和兵丁营房都被严格划分到相应的空间内,并各自占有旗地。

这种空间布局不仅有助于维持城市的秩序和安全,也反映了当时社会组织和军事结构的复杂性。它不仅仅是空间的物理划分,更是一种文化和社会

201

等级的体现。每个次地块空间的规划和使用，都与其所属的旗色官员和兵丁的社会地位、文化习俗以及军事职责密切相关。这种布局方式也有利于提高军事效率，因为每个旗色的兵丁都能快速集结并执行任务。此外，这种空间划分还促进了城市内部的社会和文化交流，不同旗色人员在日常生活中的互动，增强了城市的社会凝聚力和文化多样性。总之，这种空间规划方式不仅体现了当时的军事和行政需求，还反映了深厚的文化和社会结构。

二、两份"样式图"的空间观察

为了对衙署及营房空间作进一步的分析，我们先从样式图中进行再次观察。驻防城内部八旗衙署、八旗营房空间分布，除了有文献记载之外，还可从清朝档案中的惠远驻防城、宁夏驻防城的"样式图"中进行了解。惠远驻防城"样式图"详细绘制城内建筑空间及分布，并用红色纸条标记不同衙署具体分布位置。特别是八旗营房部分，具有整齐划一的风格，应是建城之前官员所绘制的"规划图"（图35）。

结合惠远、宁夏驻防城图，仅对官员衙署、兵丁营房空间进行标识，并以不同颜色进行区分，衙署空间、八旗营房空间亦一目了然。据《钦定八旗通志》文献记载，宁夏驻防城内衙署有：将军衙署、副都统衙署、协领衙署、佐领衙署、防御衙署、骁骑校衙署、笔帖式衙署以及理事同知衙署①。惠远驻防城内部空间之中，不仅有八旗官员衙署，还有参赞大臣、领队大臣衙署，官员身份虽有所不同，但都受到城中最高官员伊犁将军的管辖。从不同官员的职数看，将军1人、副都统2人、笔帖式3人，衙署并非按旗色进行分布。"协领、佐领、防御、骁骑校"这4种官职衙署，则平均分布于各"次地块空间"之中。这种空间布

---

① 关于宁夏驻防城内的衙署类型，《钦定八旗通志》中有详细的记载。宁夏新驻防城之制与旧城相同，其衙署如旧，并分布如下："将军衙署一所，一百二十四间。副都统衙署二所，各六十四间。协领衙署六所，各四十间。佐领衙署二十四所，各三十间。防御衙署二十六所，各二十三间。骁骑校衙署二十四所，各十二间。笔帖式衙署三所，各十八间。"

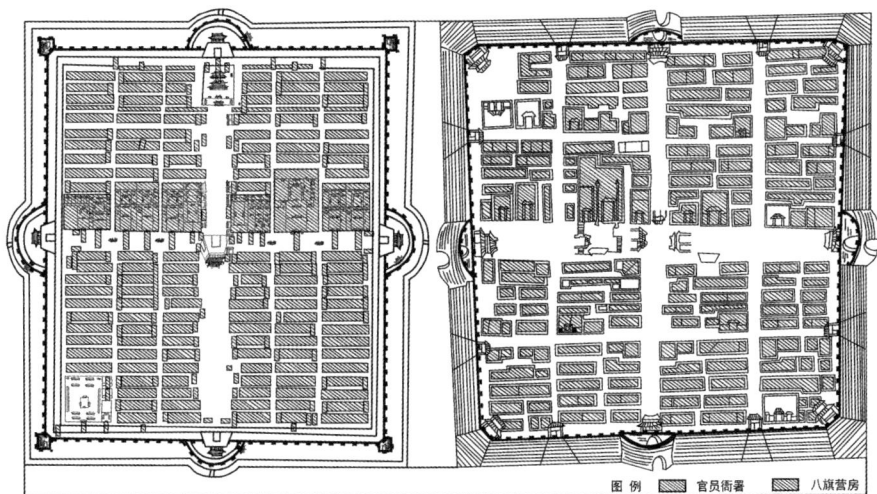

1. 新疆惠远驻防城内的衙署、营房　　　　2. 甘肃宁夏驻防城内的衙署、营房

图 35　新建驻防城内部空间示意图

（底图来源及相关说明:韦承君:《伊犁河谷传统建筑营造研究》,北京工业大学 2020 年硕士学位论文。惠远驻防城城垣周长为 9 里 3 分,宁夏驻防城城垣周长为 6 里 3 分,两城大小有所不同,本图为观察之便,因而并未考虑比例尺关系）

局与《钦定八旗通志》的文献记载是完全一致的。

　　由标示还可以看到,两城中部偏北位置,都分布有规模较大的官员衙署群。在宁夏驻防城图之中,标注有"将军衙署"位于驻防城中部北侧,另外还有两处副都统衙署,分布于将军衙署的东、西两侧,代表着左翼、右翼;新疆惠远驻防城中,标示的"将军衙署"位置偏城东侧,在将军衙署的东、西两侧,又各分布着领队大臣、参赞大臣衙署,惠宁驻防城内的衙署及营房分布亦与此相似(图 35)。整体城市坐北朝南,面向东西向大街,也遵循了传统建筑的布局模式。在以上两城之中,协领、佐领、防御(各旗皆有官员编制)的衙署及八旗营房,也都平均分布于各旗下"次地块空间"之内,多分布于街、道或巷的边缘位置并"各安其位"。

三、衙署空间的等级和规模分析

　　在全球历史的长河中,社会等级结构无疑对城市的居住空间布局产生了深刻的影响。特别是在前工业时代的城市中,这种影响表现得尤为明显。通常情况下,贵族阶级,作为城市的主要统治和文化力量,其居住区域通常位于城市的核心地带。这些区域不仅地理位置优越,而且通常拥有更为精致和宽敞的建筑,展示着其社会地位和经济实力。

具体到驻防城市的情况时,这种分布格局呈现出独特的特点。在这些城市中,八旗官员和兵丁的居住空间不仅体现了军事和行政功能的集中,还反映了清朝特有的社会和军事等级制度。八旗官员通常居住在城市的核心区域,这些地区配备有必要的行政和军事设施,同时也是社交和文化活动的中心。与此相对,普通兵丁的居住区域则多分布在城市的边缘或者相对偏远的地区,其居住条件相对简陋,反映了他们在社会等级中的地位。

这种居住空间的分布,不仅反映了社会等级和职能分工,还体现了当时的城市规划理念和社会治理模式。通过研究驻防城市内部的空间结构,我们可以深入理解当时的社会结构、文化特征以及城市发展的特殊路径。在经过以上分析之后,我们的视野更进一步深入驻防城居住空间下的"衙署空间"。八旗衙署是驻防城"次地块空间"之下又一层次的城市空间。在城市尺度的视野下,驻防城内部"居住空间"与"城池空间""地块空间",共同构成本书研究新建驻防城内部空间的三个空间尺度。

八旗衙署空间,在驻防城的内部构成中占据着极其重要的地位,它不仅是城市结构的核心元素,更是体现城市行政和社会层级的关键区域。这些衙署不仅是最高层级官员的办公场所,同时也作为他们及其家眷的居住空间,融合了公共职能与私人生活。

衙署的空间布局和分布,正是驻防城中心向外辐射的一种空间上的"等级性"体现。衙署通常位于城市的核心区域,这不仅便于行政管理和决策的高效运作,也象征着官员在社会层级中的高位。衙署的设计和建筑风格,往往强调尊严和权威,通过其雄伟的建筑布局和精美的装饰细节,反映出官员的社会地位和政治权力。

随着与城中心距离的增加,衙署的规模和装饰逐渐简化,这种从中心到外围的递减趋势,不仅揭示了城市空间的层级结构,也反映了驻防城内部社会和行政组织的细致划分。通过深入研究八旗衙署的空间分布和建筑特征,我们能够更加深刻地理解清代城市规划的原则,以及它如何反映和强化了当时的社会等级和权力结构①。衙署空间分布,由驻防城中心向外,表现为空间上的"等级性"。

驻防城居住空间的大小,还与八旗官员官职等级高低有关②。驻防城不同武职各有等级,并与"九品制"官级对应,八旗官员与绿营军事、行政官员也具有级别对应关系。不同等级官员对比看,驻防城官员也各有等级。从前章的分析可知,八旗官员的不同官阶,对驻防城的层级性也产生了决定性影响。

驻防城内部居住空间的"等级性",也由官员等级所决定。在整体空间规模上,表现为不同衙署建筑间数的不同。将军(或都统)、副都统衙署位于驻防城中相对中心的位置,是驻防城内最高军权的象征。不同旗下协领、佐领、防御、骁骑校等官员衙署,按各旗不同方位规定,在各自"次地块空间"之中平均进行分布③。总体而言,驻防城官员职级越高,其居住建筑规模就越大(表32)。同时,在一些八旗驻防的志书之中,史官还对部分衙署建筑进行了绘制。

---

①　光绪《钦定大清会典》卷五八记载:"各省文武官皆设衙署。其制:治事之所为大堂、二堂,外为大门、仪门,大门之外为辕门。宴息之所为内室,为群室。吏攒办事之所为科房。大者规制具备,官小者依次而减。"由此可见,衙署是官员居住和办公的场所。同时,据清制规定,不同品级官员的厅堂也有区别,一、二品官员厅堂七间九架,三品至五品官员厅堂五间七架,六品至九品官员厅堂三间七架。

②　据《清史稿》载:"各省驻防将军等官,将军,初制正一品,乾隆三十三年改从。都统,从一品,专城副都统,正二品,同城者分守各地。……城守尉,正三品。防守尉,正四品,掌本城旗籍。参领、协领俱从三品。"

③　对于八旗而言,有"上三旗""下五旗"的区别。"上三旗"为镶黄、正黄和正白旗,"下五旗"为其余各旗。两者有一定的等级差别,但并不是很大,在驻防城的内部空间中,"上三旗""下五旗"的差距并没有表现出来。

表 32　部分新建驻防城内部八旗官员衙署规模表

数据说明:所设职数/额设间数①

	将军	副都统	协领	佐领	防御	骁骑校	笔帖式
宁夏	1/124	2/64	6/40	24/30	26/23	24/12	3/18
天津	1/76	—	6/18	32/15	32/8	32/6	3/3
潼关	—	1/—	—		8/—	8/—	1/—
青州	1/76	1/47	4/18	16/15	16/8	16/6	3/6
凉州	—	1/123	6/40	24/30	24/23	24/12	3/18
绥远	1/132	2/54	12/38	60/24	60/19	60/14	4/14
庄浪	—	1/72	—	5/30	5/23	5/12	1/18
惠远	1/80	4/40	8/23	40/16	40/12	40/8	—
惠宁	—	1/40	4/23	6/16	16/12	16/8	—
会宁	—	1/74	4/23	12/16	16/13	16/9	2/5
巩宁	1/123	1/75	6/31	24/17	24/13	24/10	6/11
广安	—	1/77	2/27	4/18	4/13	4/10	1/10
孚远	—	1/89	2/35	8/17	8/13	8/10	2/6

表格数据来源:作者据《钦定八旗通志》《八旗通志初集》并参考赵生瑞《清代营房史料选辑》等资料制作。

由归纳可知,驻防城内不同衙署空间规模的不同,以其官级所拥有的标准建筑间数为区分标准。但是,每个驻防城内八旗衙署的单数标准又有所不同,这是由驻防城不同规模所决定的。

在衙署建筑空间的几份手绘历史图上,大体上有"内外之分""前朝后寝"的空间布局,可见驻防城中的衙署建筑,内在地仍然具有中国传统建筑空间特征(图 36、图 37)。至今,仍然有一些八旗衙署遗存,如绥远城将军衙署、伊犁将军衙署以及金州副都统衙署,是清代八旗驻防城市的重要遗存。

在新建的驻防市中,衙署空间的等级性特征是其显著的特点之一。这种等级性在空间构造上表现得尤为明显:在同一驻防城内,不同官员的衙署建

—————————

① 额设的间数,按具体的官职不同有所不同。在同一座驻防城中的不同武职所有的房间数,按职位高级成止比分布。

1. 右翼副都统衙署；2. 驻防将军衙署；3. 左翼副都统衙署

图36 荆州驻防城主要驻防官员衙署空间

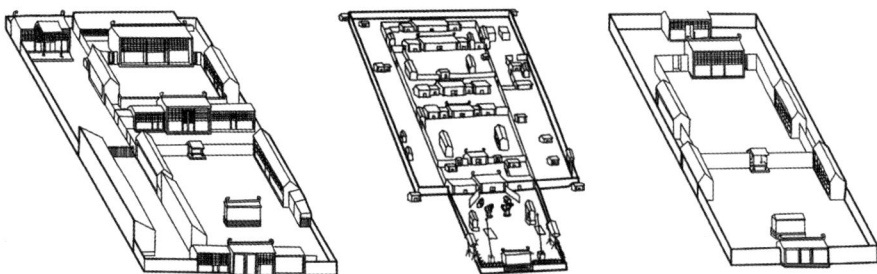

1. 右翼副都统衙署；2. 将军衙署；3. 左翼副都统衙署

图37 绥远城驻防都统、副都统衙署空间

筑在间数上有所区别,体现了官职的高低和权力的大小。具体而言,官员的级别越高,其衙署的间数也越多,这反映了其社会地位和政治权力的差异。

在空间分布方面,衙署的等级性同样显著。将军和左、右副都统的衙署不仅规模较大,而且通常位于驻防城的中心位置,象征着他们在行政体系中的核心地位和至高无上的权威。与此相对,其他武职官员的衙署则"各分旗色",平均分布于驻防城内各旗的"次地块空间"。这种分布方式不仅体现了八旗制度的空间布局,也反映了清朝特有的社会和军事组织结构。

通过这样的空间布局和建筑设计,驻防城精确地映射出了八旗制度下的社会等级和权力结构,同时也展示了清朝政权在城市规划和社会管理方面的独特见解。这种等级化的空间安排,不仅在历史上具有重要的政治和文化意义,对于现代城市规划和历史研究而言,也提供了宝贵的参考视角。

四、八旗营房的空间布局观察

在驻防城中,八旗兵丁的营房空间构成了一种独特且密集的"城市要素"。作为驻防城的主要居民,八旗兵丁的生活方式与传统中国古代居住习惯有着密切的联系。根据《周礼》的记载,古代中国有一种邻里空间布局方式,称为"五家为比,使之相保,五比为闾"。这种布局方式在驻防城内的八旗营房中得到了一定程度的体现。

《钦定八旗通志》中记录了一些具体的例子。例如,畿辅采育城内的八旗营房布局为"各营房二间分列",潼关驻防城内的营房为"三檩两椽房二间",而天津水师的八旗营房则是"每一连十间,隔作五段"。这些记载揭示了八旗兵丁营房在空间布局上的多样性和实用性。

另外,通过研究乾隆时期的《京师全图》和《京城全图》等历史地图,我们可以进一步了解八旗营房的空间分布形态。这些图纸详细描绘了北京内城旗人的居住区域,其中八旗兵丁主要居住在胡同。特别是惠远和惠宁驻防城中的营房,在样式图中被绘制得格外清晰,提供了宝贵的视角以理解八旗营房的空间布局与建筑特色。

为了更深入地探究清朝八旗营房空间的特点,本节选取了4幅具有代表性的历史地图局部进行分析。这些地图不仅展示了营房的空间布局,还反映了当时社会结构和文化特征,为我们理解清朝时期的城市规划和建筑风格提供了独特的视角。通过这些视角,我们可以更加全面地理解八旗兵丁营房空间的历史意义和文化价值(图38)。

通过对以上地图资料的细致分析,我们可以更加清晰地揭示清朝八旗营房的空间布局特点。在北京内城,镶蓝旗的营房呈现出一种有序而紧凑的布局模式。这些营房被分割成数个居住单元,前后排列整齐,彰显出明显的"军事化"特色。这种布局不仅促进了八旗兵丁的日常管理,也体现了清朝对城市空间的严格控制和规划。

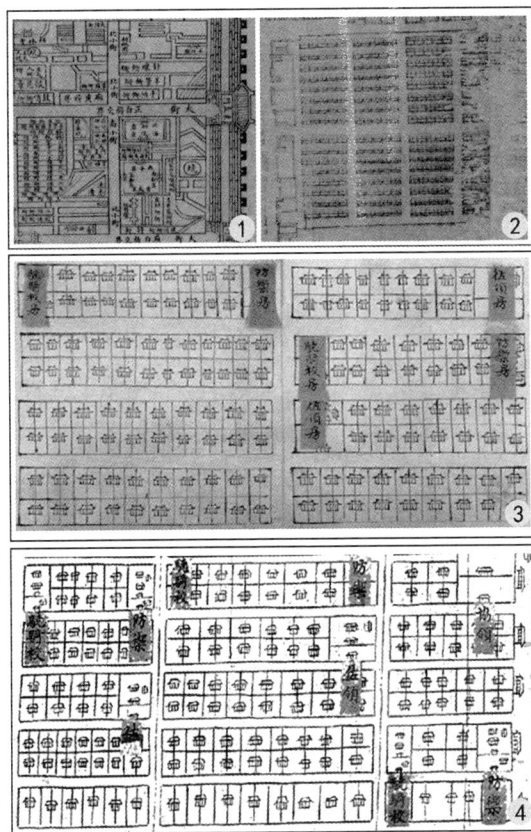

1.北京内城正白旗营房空间　　2.北京内城镶蓝旗营房空间
3.新疆惠远驻防城内营房空间　　4.新疆惠宁驻防城内营房空间

图38　乾隆时期八旗营房空间布局示意图

（底图来源:1.乾隆京师全图（局部）,清乾隆时期淡彩印本,1750 年,中国第一历史档案馆藏;2.乾隆京城全图（第十二排"镶蓝旗营房"局部）,1750 年,日本国立国会图书馆藏;3.（清）明瑞《惠远城图（局部）》,中国第一历史档案馆藏,案卷号:03-182-2177-34.（李江提供）;4.据韦承君《伊犁河谷传统建筑营造研究》、郝园林《"式样图"所见"伊犁九城"形态与布局》的相关插图改绘）

在新疆惠远驻防城内,八旗兵丁的营房空间布局更显得规整。每个营房空间以 20 间房屋为一排,两排相背而居,共同形成一个包含 40 间房屋的"居住区"。这些居住区不仅在空间规模上一致,而且前后均紧邻巷道,便于兵丁的行动和联络。在东西向的居住区之间,还设置了相互连通的道路,这些道路通往大街,从而构成了一个既封闭又开放的空间格局。

绥远城的八旗营房空间布局,根据早期学者对遗存的实地测量和调查,也展现出与北京内城和惠远驻防城相似的特点。这种一致性表明,清朝八旗营房的空间布局有着悠久的传承和稳定性,即使在不同地区,其核心设计理念和结构特征都保持了惊人的一致性(图 39)。

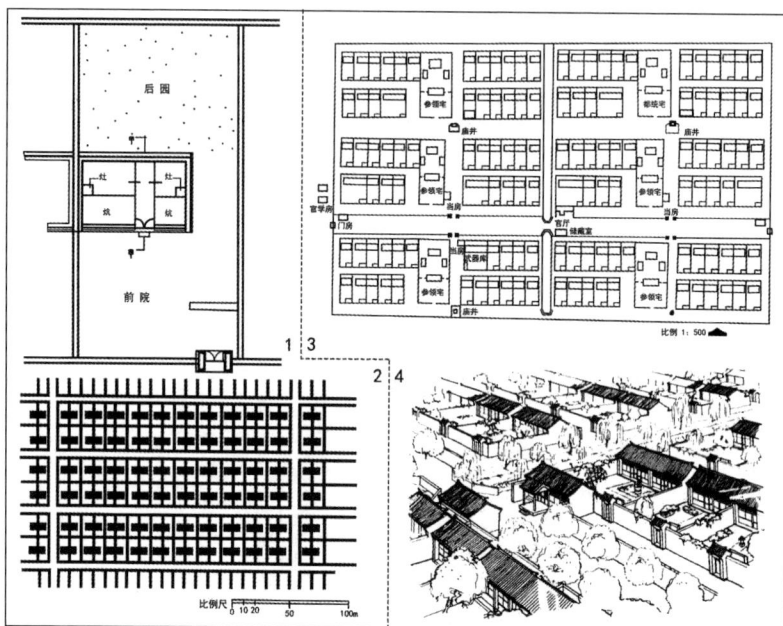

1. 绥远城八旗营房住宅平面图　　2. 绥远城八旗营房空间分布形态
3. 北京内城包衣八旗营房住宅平面图　4. 北京内城包衣八旗营房住宅复原图

图 39　八旗营房住宅空间示意图

(资料来源:据赵生瑞主编:《中国清代营房史料选辑》,第 475—476、555 页的相关插图改绘)

根据上述研究者的实测资料,我们可以得知绥远、惠远等地的驻防城内八旗兵丁营房空间布局呈现出一种规范化的模式。这些营房通常以"一连十间"或"一连二十间"的方式排列,与前文所提及的天津水师营房以及惠远八旗营房的样式图绘制的布局方式高度一致。这种一致性不仅体现了清朝对八旗营房空间布局的统一规划和严格控制,也反映了当时对城市空间的管理。

在这种布局中,单排八旗营房通常呈南北向排列,每一户房屋背向而开,共同形成一个紧密相连的院落结构。每个院落都可以向东、向西进入巷道,并与其他道路相通,这不仅便于兵丁的日常生活和行动,也方便了城市内部的交通流通。

更进一步,这种统一且有序的空间布局反映了清朝工部在城市规划和建筑设计方面的专业能力和细致考虑。通过这种布局,清朝成功地将军事需求、社会管理和居民生活紧密结合,创造了一种既适应军事防御需要,又便于居民生活的独特城市空间。

八旗营房在驻防城内扮演着基本的"空间单元"角色,其典型特征是采用了"前庭后院"的居住形态。通过对历史文献和地图的研究,我们可以观察到在京师包衣三旗、绥远驻防城以及惠远等地的八旗营房中,庭院的中间通常建有房屋,这是一种普遍的建筑布局。尽管一些外国旅居者在清末时期新疆所见的八旗营房已经破败不堪①,但仍能辨识出其传统建筑空间的基本格局。

在传统的中国城市建筑中,院落形态扮演着至关重要的角色,它以其"多层次""多院落""多变化"的独特特征著称。这种建筑形式不仅体现了复杂的社会结构和文化价值,而且展现了对和谐与平衡的追求。然而在清代的驻防城中,八旗营房的院落布局与这种传统形态有着显著的区别。这些院落更多的是出于实用主义考量,主要是为了满足驻军士兵的基本生活需求。这种设计的简洁性和实用性,直接源自其军事驻防的本质和功能要求。在此,院落不再是文化和社会复杂性的体现,而是变成了高效和功能性的象征,这反映了军事需求对城市空间规划的直接影响,也展示了军事与民用建筑在理念和实践上的根本区别。

总的来说,在驻防城内八旗营房的空间布局呈现出"并列"和"连排"的形态,这种分布方式在不同的驻防城中有所体现,其具体的营房数量也因驻守兵力的不同而各异。这种建筑空间结构的设计巧妙地保证了道路的畅通,同时

---

① ［澳］莫理循:《1910 莫理循中国西北行》(上),福建教育出版社 2008 年版,第 179—182 页。

在有限的城市用地中最大化地利用了"次地块空间"。这不仅满足了大量士兵的驻守需求,还提高了军事效率,体现了对城市空间的精心规划和有效管理。这种空间布局也反映了清朝政府在城市建设和军事防御方面的战略考虑。通过合理布局八旗营房,不仅可以快速动员和部署兵力,还能有效减少城市内部的拥挤和混乱。同时,这种布局方式还为士兵提供了便利的生活环境,兼顾了军事和生活的需要。

第四节　驻防城内部的道路空间

道路的基本功能是便于人车通行,是城市的基本"骨架",也是驻防城内部不同级别地块空间的"分界线"。道路自古有之,《考工记》记载了"经涂九轨,环涂七轨,野涂五轨"之制,明确了古代周王城内外有不同道路,分"经涂"、"环涂"和"野涂"。轨分不同,道路宽度不一,主次也不同,是王权下的"规划理想",道路之制是王权在空间中的表现之一。后世都城以及不同级别城市中的道路,更加具有了等级制度的文化内涵,并关乎权力、社会和生活空间,道路在"坊市制""街市制"演变过程中①,也都具有了不同的形制和发展脉络。

一、新建驻防城内街道的三种形制

驻防城内街道模式反映了军事布防的"空间逻辑"。对于新建的驻防城而言,道路不仅体现出对城市空间的"支撑"作用,更体现出了城市的军事功能。基于这一点,可以将驻防城街道划分为三个层次:街、道、巷。

驻防城中不同道路全为垂直相交,形成"直线""垂线"的格局,其最大的作用即是为了军事调派的方便。对于清朝驻防城而言,作为"军事街区"的驻防城,沿袭汉城道路旧制,利用所划定街区的原有道路体系,并不新建或另建

---

① 刘佳燕、邓翔宇:《权力、社会与生活空间:中国城市街道的演变和形成机制》,《城市规划》2012 年第 11 期。

道路;作为"军事城区"驻防城,在满汉文化的影响下,建设符合八旗军队驻守的新道路体系,城中并未考虑大面积"市"的存在,"街""道""巷"的建设,均出于军事目的,可谓是纯粹意义上的"军事通道"。

首先,"街"是所有驻防城内通向城门的大道,是城市中最大的街道空间。在新建驻防城中,这种"街"一般分为东、西、南、北4条,各自通向4座城门,并相交于驻防城中心。作为军权中心的将军(或都统)衙署,为保证大街之间的互通,并不位于驻防城绝对中心位置,而是让步于4条大街,分布于靠近中间区域"次地块空间"边缘。从"惠远驻防城图"中可以看到,"街"相对较宽,是连接4座城门的宽阔道路。另外,在清末西方旅居者在新疆乌鲁木齐驻防城的城门外拍摄的照片中,也可见笔直大街通向城池中心的位置。

在新疆惠远驻防城之内,从规划图上文字记载可知,此城内"大街"一共有东、南、西、北4条,大街宽度为16丈。前已论及,按照清营造尺,清朝1尺等于现代32厘米,1丈即为3.2米。因此,惠远老城的"街"宽度为51.2米。在青州驻防城建成后,官员王士俊视察青州驻防城,其所见"城内街道宽阔,房舍整齐"[1],即可能是在"街"这一空间中所看到的驻防城情形。

其次,"道"是次地块空间的"边界",也是新建驻防城的次级街道空间。在每个不同的地块之中,都有这种"道"的存在,在大街所划定的4个区域中,"道"是重要的街道空间,也是连接不同八旗衙署、营房的重要道路交通。在惠远驻防城图内的"道",实际是所绘惠远图中的"大巷""顺城街"。据惠远城图上所载文字,南北大巷有4道,各宽3丈,东西顺城街宽5丈、北顺城街宽3丈、南顺城街宽6丈,宽度各有不同。按清朝营造尺换算,东西顺城街宽为16米,北顺城街宽为9.6米,南顺城街宽为19.2米。受不同驻防城空间规模影响,实际上新建驻防城内"道"的宽度并无定制,因城不同、区域不同而又有所不同。

---

① (清)王士俊:《奏为巡视青州及青州满城情形(雍正十一年七月初八日)》,宫中档奏折,台北故宫博物院藏,档案编号:故宫 008303/402005201。

第三，"巷"是驻防城八旗营房之间的"巷道"，是成排营房之间的街道空间。重建的宁夏驻防城，据文献记载"后院再留夹道五尺，以作后路"①，其中"夹道"即是本节所谓的"巷"。为了方便八旗兵丁集散，新建驻防城中的营房均是以"多排""连排"的规划方式进行空间布局的，巷道四通八达，不同巷道两边均可到达"街"或"道"，确保城内军事交通的畅通。

梁江对西安驻防城内新建营房排布初步判断，连排布置八旗营房，分析营房院落为6米，进深为4—5米，不同院落之间应还留有巷道相连②。在惠远城图中所绘东西向小路共有23道，据样式图文字所载，宽2丈至3丈不等，也即本书所谓的"巷"（图34）。由营造尺度标准，这些巷道的宽度为6.4—9.6米，但这并非是定制，如宁夏驻防城内巷道并不宽阔，按照清朝营造尺制与现代单位换算，宁夏驻防城巷道宽度约为1.6米③，仅可供兵丁纵列贯出，这种宽度和新疆区域内的驻防城相比有很大差异性，主要是因为所驻兵丁人数太多所带来的影响。

二、新建驻防城的道路空间关系分析

作为"军事城市"或"军事城区"的新建驻防城，"道路"在历史地图中并未直接进行标识，但对八旗的旗地却起到了空间划定的作用，这实际上暗示了驻防城内部主要交通要道基本走势、空间形态和相互关系。驻防城军事功能主要体现在城门、道路的直线互通，这有利于城内的行军（图40）。与历史上具有多功能的都城道路空间不同，驻防城内部道路活动空间更主要

① 元展成：《为题请核估宁夏移建满城修造城垣等项需用银两事（乾隆五年九月初八日）》，军机处满文附录奏折，中国第一历史档案馆藏，档案号：02-01-008-000164-0008.转引自张玉梅：《第一历史档案馆藏清宫档案所见宁夏新满城的修建与形制》，《西夏研究》2020年第2期。

② 梁江、沈娜：《西安满城区城市形态演变的启示》，《城市规划》2005年第2期。

③ 张玉梅：《第一历史档案馆藏清宫档案所见宁夏新满城的修建与形制》，《西夏研究》2020年第2期。

地表现为军事功能。

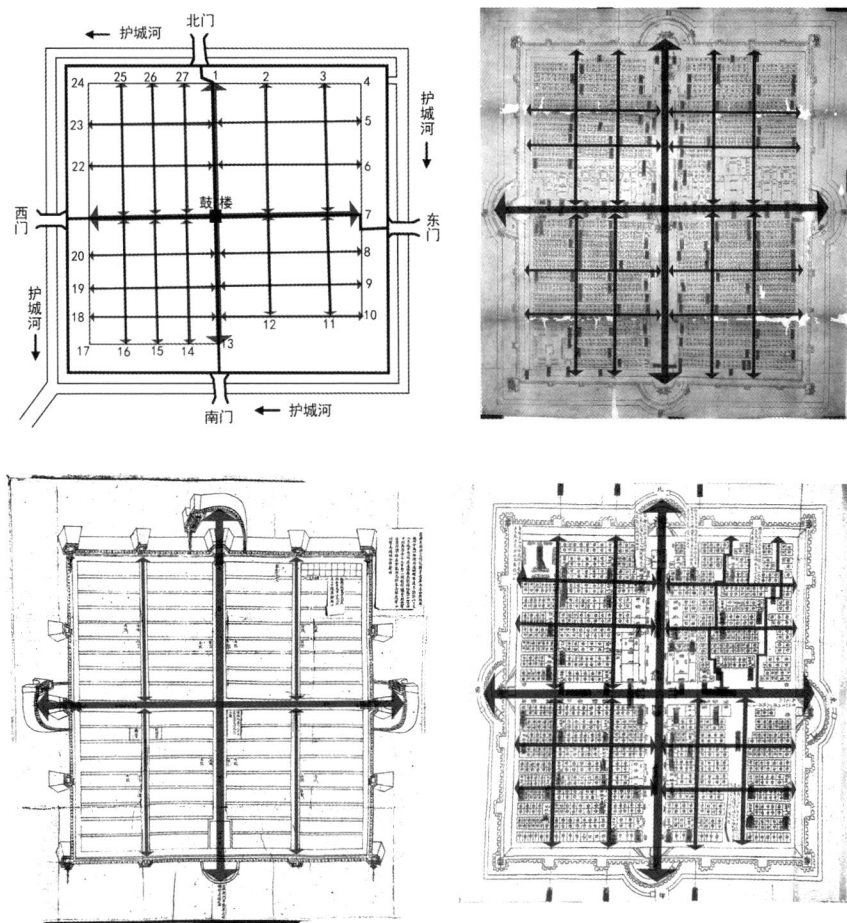

1. 绥远城 2. 惠远城 3. 拱宸城 4. 惠宁城

图 40　新建驻防城内部道路关系示意图

以绥远驻防城内部道路为例，城中通向 4 座城门的"大街"形成"十字形"道路形态。这是驻防城内重要的交通"骨架"，是"街"与"街"之间的骨架关系。这种"十字形"道路格局与明代卫所城的道路格局基本一致①。据文献记

①　李孝聪：《明代卫所城选址与形制的历史考察》，载《徐苹芳先生纪念文集》（上），上海古籍出版社 2012 年版，第 59—78 页。

载,新疆广安城的4门相通,正中街道也交叉形成"十字型",中间还建有正方形两层鼓楼;新疆惠远新、旧城中心也都建有鼓楼1座,4条大街直通城门①,道路形态十分清晰。据惠远城样式图观察,城内官员衙署、兵丁营房都直接或间接与"大街"相连或相通,方位明确易辨,因此"十字形"是新建驻防城内部道路空间的主要形态特征。

驻防城内部道路具有"层次性"。因为在"次地块空间"之中,还再次出现了"十字形"或"井字形"的道路关系。这种道路关系有利于通向不同"次地块空间"内部巷道,并到达不同居住区内的八旗营房,整体上表现为"道"与"道"之间的骨架关系。

不同驻防城的内部道路均体现出层次性。陕西潼关驻防城中,据《钦定八旗通志》卷一一七《营建志六》记载,驻防城城区内"十字大街东西,设街道八条,八旗甲兵分住于城北";在成都驻防城中,据《四川通志》记载,成都驻防城街区内"每旗官街一条,披甲兵丁小胡同三条,八旗官街共八条,兵丁胡同共三十三条",驻防城内有"官街""胡同"的不同道路。以上潼关、成都驻防城中所载"街道",即是兵丁居住的"次地块空间"内部的最窄道路,均与乾隆时期北京内城中所见营房巷道形制一致。

在驻防城不同层级的地块空间之中,还分布有"丰字形"道路。道路连接不同八旗营房,表现为"街""道""巷"三者之间的多级道路关系。《钦定八旗通志》对天津水师营驻防城中的营房建设过程有所记载,"兵丁营房四千间,每一连十间,隔作五段,前后量留院落,中分街巷,设水立沟,以泄积水。建造桥梁,以便行人",这段文献中所谓"量留院落""中分街巷"的做法,即是形成"巷"空间的规划过程。

八旗营房的房间与房间之间都设有"巷"。左连(排)和右连(排)之间有"街"或"道",街、巷的路面边侧,还设有水沟以散水,并架桥以利通行。北京

---

① 苏奎俊:《清代新疆满营研究》,新疆大学 2006 年硕士学位论文。

内城中八旗营房居住空间,也可清晰看到八旗营房空间中存在两种宽窄不一的道路,一种是较宽的道路,可以通达四方,另一种是前后营房之间有较窄的巷道,连接南北向的八旗营房,整体表现为"丰字形"的道路关系。

　　驻防城内部道路体系,在雍正至乾隆时期新建的驻防城中,都有相似的空间布局,可见形成了定制。经文献归纳和观察,宁夏驻防城、潼关驻防城、凉州驻防城及新疆所新建的一些驻防城的内部道路,共同体现出以下空间布局模式,并存在几种模式关系(图41)。

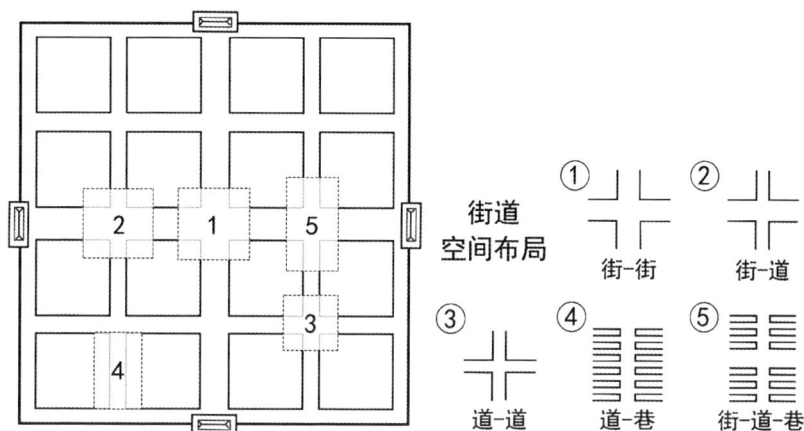

图41　新建驻防城内部道路空间关系模式图

　　综合来看,新建驻防城内的道路空间,充分考虑到了军事因素,以"十字形""井字形""丰字形"形态为主,这也是不同形制道路连接的方式。在以上各新建驻防城空间中,"街与街""道与道""巷与巷",以及不同层级道路之间都可相连。八旗兵丁在遇到军情需要集合时,只需要从"巷"转到"道"再转到"街",加之驻防城道路多垂直、平行,方位明确,可按照指定方位快速到达城门,不至于行军时产生方位上的混乱。这是基于军事考虑而形成的道路空间形态,八旗制度对城市空间的影响得到突显。

第五节　驻防城内部空间的布局特征

综合以上研究和思考,本书认为,清朝的驻防城空间具有"传统性""军事性""民族性"三个特征。

一、传统性

如前所述,清朝新建驻防城规模虽有所不同,但多为方形城制,充分体现驻防城对传统城市空间结构的内在承袭关系。"四方""四象"等传统方位概念影响深远而广泛。从周王朝王城开始,一直到明朝卫所城市,均采取的是"四方之制"。从本质上来说,这种选择是古代城市制度的内在传承模式,驻防城形制也受到了这一模式的内在影响。

周礼"九经九纬"之制在清人观念中尤为深刻。清朝重视《周礼》在祭祀、历法等政治权威中的作用。《考工记》中对都城最终形态的描绘,是后世都城的"模仿对象"。制度、秩序、道路系统以及格网规划,形成后世城市对"王城"的历史印象。"定之方中"即是将宫城设于城中心位置。《八旗通志初集》中的"营建志",开篇就将清人营建国都之事,与《周礼》"市朝""道巷""门渠"之法,匠人建城之规则相提并论。

清代驻防城规划者多为京官和地方官员,《周礼》对自幼接受儒家教育的官员们来说,是必须熟悉的"知识体系"。清朝从事城市规划官员对《考工记》的"内在记忆",也会在实际规划工作中产生潜在影响。他们的"知识体系"表现在对宋聂崇义《三礼图集注》、清朝戴震《考工记图》的重新描绘并有不同图解。对西周王城之制的"模数",从古至今学者均有固化思维模式认知①。

---

① 张蓉:《〈考工记〉营国制度新解——与规划模数相关的内容》,《建筑师》2008 年第5 期。

"方形"之城制的选择,是清朝驻防城对汉族传统城市营建知识的传承与利用。从文献记载来看,宁夏驻防城"周围六里三分",青州驻防城"周围长一千零四十九丈",密云驻防城"营城高二丈,周长四华里",潼关驻防城"周围四百九十二丈二尺",凉州驻防城"围长一千三百十四丈计七里二分",庄浪驻防城"长八百四丈计四里四分",此外,新疆所新建驻防城,虽然规模大小不一,但均建设方形城池,这一方面体现出清朝早期对明朝卫所军城城制的理解与沿袭,同时,对卫所城的更新与改建,也体现了对周王城规制的沿用,但也有创新。处于正中的宫城空间"消失",道路得以直线贯通,首要考虑的是军事要求,体现了八旗制度对驻防城内部空间的影响。

需要注意的是,中国传统儒家文化所提倡的"尊卑有别"的等级制度,在驻防城中也得到了充分体现和传承。首先,在官员等级上,驻防将军、副都统等不同等级官员,按照传统品级进行排列,这种等级性不仅体现在官员居住空间的大小规模上,同时还体现出不同官职居住空间的城市位置的不同,级别越高越处于城市的中心位置。从驻防城内部空间分布来看,兵丁居住于各自不同的地块空间,共同拱卫驻防将军、副都统等高级武职。身份不同、地位不同的等级制度,也影响到驻防城城市空间布局的特点。

二、军事性

古代城市的内部空间规划,深刻地体现了王权和军权的根本影响。这种空间布局以"宫城"和"廓城"为核心,其中宫城是专为君主和贵族设计的居住区,而廓城则为官僚、地主、商人和手工业者等社会各阶层提供居住空间。除此之外,城市中还分布着市场、手工作坊等经济功能区域。在空间方位的安排上,遵循了"坐西朝东为尊"(宗族文化)和"坐北朝南为尊"(礼制文化)的原则,从而在城市布局中融入了深刻的文化象征意义。这样的空间划分,在传统城市中不仅体现出尊卑、政治和伦理的特点,更严格区分了统治阶级与普通城市居民。

在驻防城的设计中,"军事性"特征尤为突出,这主要表现在采用八旗制度来规划城市的地块空间。在清朝时期,驻防城的官员居住空间按照军事等级划分,从最高军事官员到一般官兵,各有其特定的旗地和等级。八旗制度下的地块空间"分列"以及官员居住空间的等级划分,共同构成了一个清晰的军事等级体系。

这种体系不仅在清朝的直辖省份中普遍实施,甚至在新疆等新建的驻防城市中也有所体现和延续。在这些城市中,地块的数量和布局严格遵循八旗制度,不同旗色的官员衙署则均匀分布于各地块之间,使得驻防城的军事性质在空间上得以明显展现。通过这种空间规划,驻防城成为军事、政治和社会秩序的一个生动缩影。

三、民族性

随着清朝王权的巩固和疆域的不断扩张,驻防城在与传统城市的"空间关系"方面呈现出独特的特点。学术研究指出,从城市尺度来分析驻防城与汉城的关系,可以归纳为三种模式:"空间相离"、"空间相切"和"空间相邻"。无论采用哪种模式,驻防城的空间布局都深刻地反映了其独特的"民族性"特征,这成为其空间规划的核心意图。

驻防城的主要功能是驻扎军队,内部主要居住着满族和蒙古族的八旗军队及其家眷。因此,这些城市的居民主要由八旗兵丁和旗人组成,与汉族和回族聚居的城市保持一定的空间隔离。从居民身份来看,新建的驻防城在某种程度上可以被看作一个"民族城市"或民族聚居区。

然而,清朝的民族隔离政策,不论是基于"首崇满洲"还是"满汉一家"的政治目的,都未能阻止不同民族之间长期的文化交流。汉族文化对满族和蒙古族产生了深远的影响,反之亦然。无论是在官方层面还是民间,帝王将相和旗人民众都成为中华民族走向融合和团结的历史进程的一部分。这种融合和团结是历史发展的必然趋势,也是多民族国家长期稳定和谐的关键因素。

本 章 小 结

本章与前两章一样,仍然是在"城市"尺度视野下的研究,研究的是新建驻防城内部的空间。在研究上注重较为深入地研究,有所侧重地研讨,并不讲求面面俱到的"历史叙述"。

对于清朝而言,城市规划的历史之中,最为重要的特色即是驻防城规划。驻防城作为清朝城市发展史中的"新城市""新空间",是特殊的城市空间,因而其城市规划也具有"特殊性"。虽然规划程序在大体上还是遵循了清朝城市规划基本流程,但因实际规划者多为军事官员,因此,因军制宜的规划手段和原则,在驻防城规划过程中也就体现得更为突出。在某种程度上来说,驻防城空间的规划更突出的是军事功能。其次为了完善多民族共生共存城市功能,讲求军事策略相互配合,很少认真选址,大量规划因素都让位于"军事"首要因素。

本章还重点研究了城市尺度下新建驻防城空间的"城池空间"、"地块空间"和"道路空间"。驻防城城池空间规模各有不同,与驻守兵丁的人数有关;地块空间分为"主地块空间"和"次地块空间",在"次地块空间"之中,受八旗驻防制度、官员等级等因素影响,八旗衙署空间各有等级,八旗营房空间也有独特的分布规律。最后,新建驻防城内部规划设计有"街""道""巷"这三种道路,道路关系具有"十字形"、"井字形"和"丰字形"几种关系模式。基于以上分析和研究,本章进一步认为,清朝新建驻防城的内部空间具有"传统性"、"军事性"和"民族性"的特点。

从本章的研究可以进一步地认识到,驻防城的设计和规划体现了一种独特的军事战略思维。这种思维方式在城市空间的划分和建设中得到了明显的体现,如对城池、地块、道路的严格规划,直接反映了清朝统治者的军事策略和民族政策。此外,从社会学的视角来看,驻防城作为民族分隔与融合的空间,其空间规划和布局不仅服务于军事需求,还体现了清朝对于民族关系处理的复杂态度,这种态度对清朝时期的民族融合是非常有意义的。

学术上的讨论也延伸到了城市规划与民族政策之间的关系。新建驻防城作为一种特殊类型的城市,其规划不仅仅是为了军事防御,也是清朝统治者实施民族政策的一种"空间表达"。这种规划策略在一定程度上反映了清朝对内的统治逻辑及其对多民族国家管理的复杂性的应对。

第六章　驻防城空间的规划理念

　　城市规划理念的产生与城市的产生同步,甚至早于城市的诞生。同时,任何历史的发展都有其深厚的"思想史"背景。科林伍德(R.G.Collingwood)认为"思想""思想史"是唯一的历史。城市规划理念是规划行为的指导,外部形制、空间布局固然重要,但任何事物的外形都是由内容决定的,城市规划也是如此。因此,无论在人类历史上的哪个时期,规划理念都自始至终地体现在整体性规划、区域性规划,以及城市内部空间规划的不同规划行为之中。

　　一般认为,中国古代城市规划思想的发展与演变,在时序上是以汉代为界,被划分为"多样化"和"统一化"两个发展阶段。驻防城的城市空间规划理念,自然也属于中国古代城市规划思想中的特色内容。朱永杰在研究中将驻防城的规划思想和理念,初步归纳为"五行相胜""儒家思想",这实质上是针对驻防城内部空间规划而言的归纳,但仍有意犹未尽之感,还有进一步研究和探索的空间。从本书的几个研究维度进行思考,应还可从驻防城的整体宏观规划布局等角度,进行综合研究和深入剖析。

第一节　整体规划的理念

我国古代历史的发展,特别是清朝时期以及清朝灭亡后的近代、现代、当代历程,都可以被看作历史的必然进程。这一连续的历史演进在不同时期塑造了中国的面貌,为今天的社会和文化留下了深远的影响。驻防城的规划传承了前代城市规划文化的基因,并将其延续至今①。其整体布局充分展现了中国古代传统文化的系统性和体系性思维方式。通过前文的研究,我们可以看出,清朝在驻防城的整体规划方面,注重了整体观念和风水理论的应用,这体现了驻防城整体规划的核心理念。驻防城不仅延续了明朝旧有的城市体系,还融入了传统风水学的知识和运用,这一综合性的规划理念反映了当时社会文化和城市规划的特点。

总的来说,驻防城的规划和演进是中国历史发展的一部分,也是我国古代传统文化的重要组成部分。它代表了不同历史时期的思维方式和价值观念,为我们理解和传承中国的历史与文化提供了宝贵的线索。

一、传统整体观的继承

对于清朝驻防城规划而言,"整体观"的理念具体又表现为城市规划的传承和创新。首先,清朝并没有完全毁坏明朝旧有城市体系,而是倚重明朝原有城市军事防御功能,沿袭城市选址和规划历史经验,并加以改造和利用,这体现为整体观下的传承。

如前所述,努尔哈赤、皇太极对明朝卫所军城的改建,清人入关以后在明朝旧城中进行驻防城规划建设等,都体现出这种传承性。其次,驻防城规划者还贯彻了清朝统治者的规划意图,将满族八旗制度文化,充分融入驻防城整体布局、新建驻防城内部空间建构的规划实践之中,这又体现为整体观下的创新。由此,清朝驻防城规划理念,在整体上仍然体现为中国传统文化整体观的思想。

经过本书的研究,清代驻防城的规划与清朝开疆拓土的军事历程是相伴

---

① 张威:《清代直省驻防城对其所依附城市形态演变的作用研究》,中国建筑工业出版社2019年版,第175页。

始终的。在清朝区域尺度的视野下,不同区域内的驻防城规划,往往都充分借助区域城市、经济和交通的基础,大规模建设具有相互关系的驻防城,在空间格局上,直省驻防城具有"网络性"、新疆驻防城具有"多中心性",以及盛京和北部边疆驻防城具有"线性"的空间分布特征,无不是出于"整体观"的思想。因此,这也正是在传统"整体观"思想的浸润下所产生的清代城市规划智慧。

二、龙脉思想的内化

历史上的帝王,在认识地理空间之时,并非单纯认识和观察地形地貌、远近距离,往往归纳把握地理空间所具有的象征意义,重视王权在地理空间中的"象征性"。古代帝王自以为"天下"都是自己的,所谓的"地理格局"是王朝、城市及帝王个人的共同命脉。

结合传统思想史及驻防城整体空间格局特征,清朝驻防城的整体规划,还内在地暗合了中国传统风水学中的"龙脉"思想,体现出清朝对"龙脉"进行守护与控扼的"深层动机"。

从史书的记载看,清朝皇帝相当重视风水理论中的"龙脉"思想,之所以在驻防城规划过程中并未提及,是因为这一思想是帝王们非常看重和极力守护的"王朝秘密"。在《满洲实录》《建州闻见录》这些记载清朝早期历史的史书中,就反映出努尔哈赤、皇太极笃信"风水"的事情。在努尔哈赤担任明朝建州左卫都督之时,曾慎重地向明朝请求派遣风水师至建州卫"相地";继任者皇太极在营建盛京城之时,也曾请风水师勘查"龙脉"走向[1]。

据"实录"档案记载,清皇族成员和官员们,都曾多次公开谈及巩固维护"龙脉"的事情,并被史家记载在史书之中[2]。在清朝八旗专门志书《八旗

---

[1]　沈阳一宫两陵志编纂委员会:《沈阳故宫志》,辽宁民族出版社 2006 年版,第 279 页。

[2]　《清实录》记载了清朝皇帝、官员讨论守护龙脉的事情:"曹家路为陵寝龙脉,风水攸关,宜敬谨保护"(《清高宗实录》卷一四)、"福陵后水泉长岭一带,系龙脉攸关。近有车辆往来,请饬奉天将军等严禁"(《清高宗实录》卷一五)、"斯地不独龙脉蜿蜒,且咫尺昌陵,得遂依依膝下之素志"(《清文宗实录》卷五五)等等,可见,清朝官方对"龙脉"是相当敬畏和重视的。

通志》中的《旗分志》篇首,史家在追溯清朝开国史事之时,也慎重地以"国家龙飞东海"之句起笔,相当明显地透露出了清人对"龙脉"思想的敬畏之情。

"龙脉"是秦朝以后中国文人对古代中国境内山脉走势的"抽象性"认识。是在对自然环境和地理空间深刻认识基础上所形成的"观念体系"。经过漫长的发展,这种观念体系成熟于明朝时期,在其发展脉络之中,明朝刘基《乐效私语》、缪希雍《葬经翼》等文献,对龙脉的走势均有过详细的叙述。需要注意的是,1609年,也就是在后金汗国建立的数年前,晚明王圻和王思懿父子《三才图会》刚好刊行并问世。因此清朝皇帝必然会关注到此书中所记载的"龙脉"知识体系——"三大干图",并注重其内在寓意和象征意义①。

《中国三大干图》更为直观地描绘了我国境内的3条"龙脉",分为"北干"、"中干"和"南干",其说影响甚远。王圻、王思懿的《三才图会》成书于明末时期,清人对此书十分看重。该书"星图""地理"的内容及相应的绘法,多为后来清代最大类书《古今图书集成》所采用。由此可见,此书在清朝时期,受官方接受程度是相当高的。明清时期的风水家们一致认为,昆仑山为"龙脉"起源,为"万山之祖",也被称作"龙祖之脉"。以昆仑山为起点,一共有5条"龙脉"从此地衍生而出,其中有3条即向东、向南蜿蜒在我国境内。

对明朝王氏父子总结的"龙脉"走向进行分析和转译。"北干"包括黄河以北山脉,沿黄河通过北部地区(青海、甘肃、山西、河北及东北各省);"中干"为黄河、长江之间山脉,通过黄河与长江之间地区(四川、陕西、河南、湖北、安徽、山东);"南干"为长江以南山脉,沿长江通过南部地区(云南、贵州、广西、湖南、广东、福建、浙江、江苏)。

通过观察并与本书研究结合起来思考,清人所规划的、分布于不同区域内的驻防城群,与"龙脉"的数条"干线"的走势基本吻合。具体而言,新疆驻防

---

① 程建军、孔尚朴:《风水与建筑》,江西科学技术出版社2005年版,第21页。

城群在整体上分布于昆仑山以北的广大区域,伊犁地区建有"伊犁九城",东部(乌鲁木齐、古城、吐鲁番、巴里坤和哈密地区)有以巩宁为中心的"驻防城群",南部"线性"驻防城则围绕塔里木盆地,由北向西再折向南,形成一道弯曲"军事防线"。从整体上来看,新疆驻防城在地理上形成了对龙脉"起源"之地的军事控扼之势。

需要注意的是,由昆仑山向东延伸的"北干"龙脉,最终延伸至东北区域。在清朝统治者看来,"盛京"所在的"东北区域",是清朝的"龙兴之地",作为大清王权崛起的地方,是清朝历代帝王和"满洲人"所看重的"满洲根本"之地。在清盛京省一带,清廷采取密集驻守八旗军队的方法,即是出于此种考虑。清人在入关后,仍在"满洲根本"之地进行了八旗驻防,营建大量驻防城,围绕"陪都"盛京城,采取"多中心拱卫"(盛京、黑龙江、吉林)模式,维护"满洲根本"的军事安全。区域内的驻防城规划就与守护"北干龙脉"有着千丝万缕的关系。

此外,建于内地各省的驻防城,正好处于重要山脉、水系的附近,完全暗合明清时期风水师们所谓"中干""南干"龙脉的走势。除新疆、东北三省区域内的驻防城之外,清廷在全国 11 个直省内规划建设的驻防城,沿黄河、长江、沿海分布而形成"网络性"空间布局,即形成对"北干""中干""南干"龙脉的分割与控扼。

在长江、黄河之间八旗驻防所选择的城市,在南北方向上以山脉为屏障,在东西方向上以自然水系作为屏障,均设在黄河、长江、沿海和运河附近,如西安、河南驻防城扼守黄河流域,控扼龙脉"北干"中段;四川、湖北、江苏省内的驻防城则均近长江,控扼龙脉"中干",并在地理空间上切断与"南干"龙脉之间的联系;广东、福建、浙江省内的驻防城,控扼龙脉的"南干"。

顺治五年至乾隆二年(1648—1737),虽然各直省驻防城规划,与不同时期军事发展直接相关,但风水龙脉的观念,却深刻影响到了清朝帝王们对山脉、水系等自然肌理的深刻认识,并内在地反映在驻防城整体规划行为之中。

清人对有利自然地理条件的运用,内在地表现为对"三大龙脉"的"控扼"和"守护"。这也是清朝驻防城"体系化"空间规划中的"风水秘密"。

第二节　防内御外的规划理念

"内""外"本是相对的概念,既是空间上的,也是思想上的。空间上的"内""外",往往与王权密切相关。古代封建帝王"对内"要防异族,"对外"要防外敌。对于清朝来说,统治者的民族身份决定了军事防御既要"防内"也要"御外",体现出了多重防御的理念。

从区域军事防御角度而言,"防内御外"更是驻防城区域分布的重要规划理念。纵观我国古代军事史,特别是少数民族在中原建立政权时,多民族的交流往往伴随着长期的军事冲突。夏朝"五服四夷"、周朝"蛮夷狄戎"、秦朝"外攘四夷"、汉朝"北拒匈奴"、元朝"民分四等"、明朝"华夷之辨"等历史观念,均暗含了"防内御外"的观念。清朝"防内御外"多重军事防御的理念,是传统军事思想和理念在清朝的延续。中国古代城市本身就暗含"防内"功能。城市形态、街道形态、建筑形式所具有的象征意义,都是对"王权"的阐释和对统治秩序的维护。中国古代城市具有"城廓方正""街衢井然""轴线清晰""礼制建筑居中"等不同特点①,传统中国城市形态,又具有"天人合一"的世界观,"尊卑有序"的礼制观,以及注重象征的神秘观和实用观②。用礼制的方式实际上也是为了巩固统治秩序,也即"防内"思维的体现。

一、五行相克的演绎

清朝时期,从消灭南明政权、各农民政权,到"平定三藩""对准噶尔的战

---

① 胡俊:《中国城市:模式与演进》,中国建筑工业出版社 1995 年版,第 56 页。
② 栾峰、李德华、赵民:《改革开放以来快速城市空间形态演变的成因机制研究——深圳和厦门案例》,同济大学出版社 2019 年版,第 259 页。

争""平定回部大小和卓叛乱战争"等重要战事,无不是"防内"思想的具体
体现。

在驻防城规划理念中,除了军事性之外,还注重运用汉族传统文化中的
"五行思想"①来进行"防内"②。五行作为中国古代"思维模式",是中国古
代人认识世界的"思想律"。人们在认识世界时,五行是最先成为逻辑思
维的"先验知识"的。中国古代"五行说"产生于先秦时期,至战国时期,
五行学说发展成思想体系,邹衍将五行思想运用于认识社会,继而提出了
五德终始论,用于对朝代更迭的社会认识之中,其后有着漫长的发展
历程。

在我国古代,五行观念深刻影响到历史观、儒家思想等问题的阐释③。中
国古代风水学发展由来已久,明清时期,官方更将风水"规范化""图像化"。
清朝时期,大量风水古籍被编入大型丛书《四库全书》之中,成为当时官方和
民间的"一般知识"来源④。《四库全书》中的"宅经""撼龙经""疑龙经"等风
水著作⑤,经过清朝官方的选择和认定,具有很强的实践性和很高的认可度。
从这些著作的内容来看,不仅指导国家观念,而且还引导民间风水文化和实
践,风水学的影响都十分深远和广泛。古代城市规划中所反映出来的"体系

---

① 五行思想对古代人们认识社会有着深刻的影响。《尚书·大禹谟》载:"德惟善政,政在
养民,水、火、金、木、土、谷,惟修";《尚书·洪范》载:"五行一曰水,二曰火,三曰木,四曰金,五曰
土"。五行关系抽象表现为"相生""相克"。五行与五色相配,《黄帝内经·五色》以方位对五
行,东为木,色苍;南为火,色赤;中为土,色黄;西为金,色白;北为水,色黑。五行与方位相配,郑
玄注《易经》:"天一生水于北,地二生火于南,天三生木于东,地四生金于西,天五生土于中",是
基于对自然地理特殊的经验认识。在我国古代,五行观念产生甚早,有学者认为,五行学说与殷
商五方观念、古代计数方式、天象天体认识论、图腾观念或祖先崇拜有关,也有学者主张"多来源
说"。五行观念具有朴素唯物主义内涵,是自成体系的观念论述。总体而言,在中国传统哲学体
系之中,人们试图发现宇宙万物秩序及相互之间的关系。在认识、理解和归纳复杂物质世界之
时,将世界高度归纳为金、木、水、火、土五种物质体系。

② 朱永杰:《清代驻防城时空结构研究》,人民出版社2010年版,第337页。

③ 子思、孟子统称"思孟学派",推行道德五行论,善用五行观念解释儒家思想。

④ 葛兆光:《中国思想史》,复旦大学出版社2001年版,第14页。

⑤ 李定信:《四库全书堪舆类典籍研究》,上海古籍出版社2011年版,第47页。

化"风水理论①,更成为古代国家官方"营建典仪"②。

中国古代城市规划也深受五行观念的影响③,在古代城市选址及规划布局上也有着广泛的运用④。特别是五行思想中的"相克"思想,本身就表现为一种防御的"文化模式",也体现出明显的"防内"功能。

五行学说、"相生相克"的观念,在清朝仍然受到了极大重视和利用。清朝历代帝王和官员十分重视五行观念。在《清实录》中,就有 30 余处提及帝王和官员以五行论朝代、皇族葬礼时日以及五行要义⑤。同时,如《阴阳五要奇书》等术数文献,在清朝也有很大接受空间。《四库全书》"子部"专设"术数",其中就包括阴阳五行之说,可见官方对此是认可和接受的。由此可见,五行言论成为清朝政治话语中的重要"文化因素"。

驻防城作为军事城市,其规划事关军事大局,与国家存亡也是密切相关的。因此,驻防城规划不可能不与风水理论相关联,其"防内"的思想体现得非常明显。清朝建立以后,五行"相生相克"的观念,也被广泛运用于军事活动之中。在传统汉族的五行观念之中,方位、颜色、生克关系相对固定,在相当长历史时期内,成为人们的固化观念认知。具体为:东方属木,颜色为青,木能生火克土;南方属火,颜色为红,火能生土克金;西方属金,颜色为白,金能生水

---

① 关于城市规划与风水理论关系的专门研究相当丰富。20 世纪 90 年代以来,就有学者从城市规划学科角度对风水理论进行了研究,主要有:汪德华《古代风水学与城市规划》、杨柳《从得水到治水——浅析风水水法在古代城市营建中的运用》、陈宏《风水的空间模式对中国传统城市规划的影响》、武廷海《从形势论看宇文恺对隋大兴城的"规画"》、董卫《风水变迁与城镇发展》等文。在西方学术界,从 19 世纪起,"风水"(堪舆论)就开始受到学者们的关注。以高延(Jan Jakob Mariade Groot)、李约瑟(Joseph Needham)、王斯福(Stephan D.R.Feuchtwang)等为代表。

② 董卫:《风水变迁与城镇发展》,《城市规划》2018 年第 12 期。

③ 丁俊清:《古代城市规划和建筑受五行、阴阳、象数之学的影响》,《城市规划汇刊》1987 年第 3 期。

④ 吴庆洲:《中国古代哲学与古城规划》,《建筑学报》1995 年第 8 期。

⑤ 以清朝实录文献进行考察即可清晰地看出,在《清实录》中,"五行"以其本义出现达 17 次。如顺治十年(1653),户部官员周曾发上奏顺治帝,应停止修缮乾清宫之事,因动土而天降大雨,预示"土不胜水"。由此可见,清朝帝王和官员的认知和行为,仍深受五行观念的影响。

克木;北方属水,颜色为黑,水能生土克火;中部属土,颜色为黄,土能生金克水。于是,清朝八旗的不同旗色,也被赋予了五行的属性。

无论是驻防城的整体布局还是单个驻防城的内部空间布局,都体现出利用五行相克进行"防内"的规划理念。在京畿区域的驻防城整体布局上,所驻的八旗兵丁的颜色,也顺应了五行相克的观念。在新建的驻防城内部,地块空间的旗色分布上,也充分体现出了五行相克的演绎关系。无论是新建的军事城区,还是依附于汉城的军事街区,都讲求五行相克的观念,体现出驻防城的军事特征。

二、注重边防的谋略

从维护历史国家疆域空间安全角度,"御外"也是驻防城整体布局的重要理念之一。这在清朝东北边疆、西北边疆和沿海区域内的驻防城规划中,表现得尤为突出。

从后金汗国建立之初,清人就十分清楚"满洲根本"之地对清朝的重要作用。清军入关后,随着大量满洲、蒙古人跟随入关,关外人口大量减少,反倒为"东北三省"的边防带来了巨大压力。清初开始,沙俄即向国境东南扩张,并入侵了当时清朝边疆地区。黑龙江境内所设的驻防城,即是在注重边防的思想下逐步建立起来的。

乾隆时期之前,新疆本为西域之地,但到了乾隆时期,成为清朝"新的疆土",并成为大清帝国西北"边疆"。在平定新疆、处理民族关系的漫长过程中,清廷充分注重在"边防重地"建立中心驻防城,同时在这些中心驻防城的周围,建设一些次中心驻防城、一般驻防城等。乾隆时期,这些驻防城是为了"防内"的目的而建设,但新疆正式成为清朝疆域之后,至清中后期,在面对沙俄、英国和法国入侵之时,驻防城群就成为当时清朝"御外"的重要军事基地。围绕着同治、光绪时期的"外患",清廷主持重建新疆的部分驻防城。虽然当时主力军已并非八旗军队,但是新疆驻防城的存在,仍然作为当时清廷收复西北边疆的重要军事基地,为我国西北边疆描绘下了重重的"国界线",其历史贡献自然是十分明显的。

在沿海的直省驻防城,对于维护东南沿海的疆域也起到了重要作用。太平天国运动中,杭州、江宁驻防城遭到严重破坏,其后,仍从荆州驻防城调遣八旗军队。1840—1900年,英国军队、英法联军、八国联军攻破了广州、天津、京师。但无论驻守于广州、杭州等地的八旗军队的战斗力如何,这些驻防城充当了清廷在南方的"军事基地",在很大程度上仍然减缓了当时西方列强入侵的步伐。

第三节　城市规划与军事安全结合理念

早在商朝时期,商王既是王权中心又是军事统帅。内有"师""亚""史",外有"东史"、"西史"、封国、封邑、方国军职及伯长,在军权上与商王存在着领属关系,共同承担拱卫商王的军事职责。西周有"殷八师"并实行了分封制,各分封国共同拱卫周王城。这是清朝"军事拱卫"的渊源。不过,在清朝军事拱卫的理念之中,还有"八旗方位"观念的融入,而且还在更大的空间范围内,采取了多重拱卫的规划理念。

一、讲求八旗方位

清朝区域视野下的驻防城,具有多重拱卫的特征,其思想渊源即与"八旗方位"观念有关。八旗方位是军事作战的外在空间表现,表现为军事拱卫的目的。八旗军队遵循"五行相克",各据方位而不错乱。

"洛书九星"视觉的直观化,对八旗拱卫、区域驻防城分布产生了直观借鉴。宋元明时期,风水学发展为空间观念图像学。宋程颐、朱熹、邵雍等对"河图""洛书""九星"绘制图像,明代胡广、胡方平等人所绘后天八卦九星,"九宫"图像发展完善,完成了对"宪天垂象"的理论解释,易学在清早期就得到了广泛认可接受。顺治至康熙时期,清廷主持学人编写"易学三书",即《易经通注》《日讲易经解义》《周易折中》。清帝王认为"理莫详于《易》"。官方对"河洛""八卦"等易学知识体系的归纳总结,甚至还影响到亚洲其他国家同时期的王城规划①。

更深层次地说,"八旗方位"对应"八星"并在空间上体现为守护皇帝。八旗方位与星象也有关系。八旗虽然源于女真,但其仍然内在地具有汉族文化基因。清代学者永瑢(1743—1790)《历代职官表》考诸"八旗"时说:"古圣人皆宪天垂象,以旗为苣军征众之物。本朝始立八旗,其取义实本于此"。明确认为清人是以古代"宪天垂象"作为军事活动指导的。《八旗通志初集·旗分志》序言开篇,特意提及一段话:"粤稽《史记·天官书正义》,河鼓两旗,左旗九星在河鼓左,右旗九星在河鼓右,皆天之旗鼓以为旌表。又九斿九星,在玉井西南,则天子之兵旗也。""河鼓"左右"两旗"之制,正是"八旗两翼""建旗辨色"的主要思想来源。

相对于驻防城的内部空间分布而言,四色旗排列,内在地体现"融合"和"互助"。如按顺时针方向,黄旗与白旗相邻,属土生金;白旗与蓝旗相邻,属金生水;红旗与黄旗相邻,属火生土,实际上与前述五行相克的观念有着相融的特点。

相对于驻防城的整体布局而言,也体现出注重八旗方位的理念。清朝建立以后,八旗方位的排列方式得到系统总结。八旗方位在清史家笔下得到系统归纳:"两黄旗位正北,取土胜水。两白旗位正东,取金胜木。两红旗位正西,取火胜金。两蓝旗位正南,取水胜火。"

清人入关之前,即注意以八旗方位之制来守护辽阳。其后迁都于北京,在北京周围营建大量驻防城,并将不同旗色兵丁分布于各地驻防城之中,即充分体现了利用八旗方位的理念,选择驻防城的位置,黄色旗驻于昌平、顺义,位于

---

① 李百浩、丁替英、任小耿:《植入与延续:越南八卦城的规划史解读》,《城市规划》2018年第8期。

北京北边,白色旗驻于三河、宝坻,位于北京东边,蓝色旗驻于采育里、东安,位于北京南边,红色旗驻于良乡、固安,位于北京西边。充分反映清廷利用"八旗方位"的理念,在空间上表现为从八方"拱卫"帝王(或军事统领)的空间格局。而这些分布在北京周围的城市的选择,即是八旗方位的指导下所进行的区域军事空间规划。

"文化"以思想观念或观念"物化"形式,经过人为的创造及传承,留存于城市空间之中。源于行军、狩猎的八旗制度,对驻防城空间也有着深远的影响。在前文的研究中我们可以看到,无论是城市的整体分布,还是城市内部的空间布局,都体现出八旗制度文化的浸润。八旗制度下旗人的居住空间,因而也具有八旗文化的"空间规则",据《钦定八旗通志》记载:"至辛丑年,设黄、白、红、蓝四旗,旗皆纯色。每旗三百人为一牛录,以牛录额真一辖之。"万历四十二年(1614)"增设镶黄、镶白、镶红、镶蓝四旗,合为八旗。黄、白、蓝均镶以红,红镶以白"。八旗又分两翼,左翼为镶黄、正白、镶白、正蓝,右翼为正黄、正红、镶红、镶蓝。无论是满洲、蒙古还是汉军,都是以八旗进行统率的。

清人最早的都城赫图阿拉,内部空间还未完全受到八旗制度文化的影响。赫图阿拉原为女真城寨所改建,具有内外双城形态。但是,在《满洲实录》的手绘地图上,以赫图阿拉城为中心,周围就分布有"阿哈伙洛""河洛噶善""尼玛兰""章佳"等女真城寨,可能是按不同旗色进行分布的城寨,并对赫图阿拉城起到了拱卫的作用。不同城寨借助山脉、平原和水系,控扼山系、道路和关口。从历史地图观察,赫图阿拉城垣也并非完全的方形之制,也未按八旗方位进行空间规划,此时都城空间的规划目的,重在从区域上加强军事防御。

清代东京城为努尔哈赤所新建的都城。东京城距离明辽阳城不远,位于辽阳城太子河东畔。据史料记载,东京城"周围六里零十步,高三丈五尺,城门八",同时"创建宫室,迁居之,名曰东京",规划兴建了城池、宫殿、庙坛和衙署。该城所在地南高而北低,依山势而建,城为菱形。东京城作为都城的时间只有四年,并未完全建成,但其"八门"形制、宫殿、衙署又多见于文献记载,暗示了八旗文化在东京城中可能已经形成,其空间规划中充分融入军事的方法,在其后沈阳城的改建中得以继承。

　　沈阳城是"关外三京"最后一个都城,八旗制度在沈阳城的空间中得到了充分体现。清沈阳由明辽东都司沈阳中卫城改建而来①。王鹤、董卫认为,从明代卫城到清代盛京城,沈阳的城市形态受女真、汉族文化的多重影响,同时还认为其城市形态的发展也具有自身动力和演变规律②。在清代沈阳城市空间之中,皇宫位于中心位置,该城也建有外城,很显然是受到了赫图阿拉城的影响③。需要注意的是,内城空间中最大的变化,即是将以原明卫城鼓楼、钟楼为中心所形成的"十字形"干道,改变为"井字形"干道④。研究认为,这与周王城"九经九纬"形态中纵横各3条主干道较为相似。有所不同的是,盛京城内纵横各只2条主干道⑤。"井字形"道路体系各自连接8座城门,并将城市内部空间自然地划分为9个区域,而这种格局在清人入关后的北京内城也可以看到。都城中间为王宫所在的位置,周围8个区域刚好符合八旗之数。王鹤在研究中也注意到了这一点,但未将其与八旗制度联系起来⑥。在此时的沈阳城中,女真人按八旗制度分驻城内旗人,空间规划手法已经得到了具体实施和体现。八旗及八旗方位之制,开始影响到城市内部空间的结构,均暗示"八旗"之制度在清朝都城空间中已有所反映。

　　而在1644年清人入关以后的北京内城的空间之中,就更加明显地体现出

---

　　①　据《盛京通志》记载,努尔哈赤所主持兴建的盛京城(后定名),是对原来沈阳城进行"增拓",内城周长5里,外城10里。全城居住两万余户,约十万余人。

　　②　王鹤、董卫:《权力视角下的城市形态变迁——以沈阳为例》,《现代城市研究》2010年第7期。

　　③　张健、李萌、汤研:《康乾时期盛京的城市与园林建设》,《中国园林》2017年第6期。

　　④　苏小宁:《中国古代城市建设刍议——以古都盛京(沈阳方城地区)的建设为例》,载2010辽宁省城市规划协会编:《辽宁城乡规划论丛》,沈阳出版社2010年版,第64—66页。

　　⑤　李声能:《盛京城:大清帝国的理想城市空间》,载白文煜:《沈阳故宫博物馆2012第12辑》,现代出版社2013年版,第62页。

　　⑥　王鹤、董卫:《沈阳城市形态历史变迁研究——从明卫城到清盛京时期》,《城市规划学刊》2011年第1期。

了八旗文化对城市空间形态的影响,体现了军事和城市的充分结合,这也是八旗制度"空间化"的集中反映。清人入关后不久,北京内城即分置满洲、蒙古、汉军八旗,并使之成为全国最大的一座驻防城。后来,清朝在其他地方所建的驻防城,也均以京师内城的空间规划方法作为参考,将不同旗色的旗人,按固定方位分列于驻防城之中。具体的做法是"官司、学舍、仓禀、军垒,亦按旗分,罗列环拱"。

无论是在京师还是在各省内的驻防城,八旗制度在驻防城的空间规划之中,实际上起到了分区的作用。在改建型杭州驻防城内八旗分布之中,也可以看得出来。八旗文化的空间化,作为一种规划文化的手法,象征性地体现出了八旗军队分方位驻守的军事规划意图,这种做法源自于北京内城的八旗分列,对于京师的八旗分布,被清朝史官明确地记载在《八旗通志初集》之中:

> 自顺治元年,世祖章皇帝定鼎燕京,分列八旗,拱卫皇居。镶黄居安定门内,正黄居德胜门内,并在北方。正白居东直门内,镶白居朝阳门内,并在东方。正红居西直门内,镶红居阜成门内,并在西方。正蓝居崇文门内,镶蓝居宣武门内,并在南方。盖八旗方位相胜之义,以之行师,则整齐纪律;以之建国,则巩固屏藩。诚振古以来所未有者也。①

以上文献描述了北京内城八旗的"空间格局",体现出了"相胜之义",其目的在于"巩固屏藩"。清初北京内城未完全改变明京师内城空间布局,而是按不同旗色,形成不同居住区域。具体而言,参考《钦定八旗通志》所绘《八旗方位总图》,北京内城正黄、镶黄旗在德胜门、安定门一带,并列北方;正红、镶红旗在西直门、阜成门,并列西方;正蓝、镶蓝旗在崇文门、宣武门,并列南方;正白、镶白旗在东直门、朝阳门,并列东方。

---

① (清)鄂尔泰等:《八旗通志》,东北师范大学出版社1985年版,第17页。

北京内城不同旗人居住分区,与沈阳城内八旗方位略有不同。具体不同之处在于,北京内城充分利用了五行相克思想,具体思想表现为:黄色旗(属土)居北方,北方属水,象征着土克水;白色旗(属金)居东方,东方属木,象征着金克木;蓝色旗(属水)居南方,南方属火,象征着水克火;红色旗(属火)居西方,西方属金,象征着火克金,象征驻防城对其他区域、其他民族的防御与对立。这也是八旗文化"空间化"的重要表现。

二、注重多重拱卫

"拱卫而居"驻防城城市形态,早在后金汗国建立之初就已经形成。据 20世纪 90 年代以赫图阿拉女真遗址为中心的实地考察结果,包括赫图阿拉在内的 10 多个女真城寨,就已表现为"拱卫而居"城市空间形态。前已述及,这种形态产生的根本原因,是出于民族军事防御的目的,这也是与早期女真牛录的行军、农业等组织习惯是相符合的。

清人入关后,清廷规划了京师周围的多圈层的驻防城群,就是以"多重拱卫"的方法来进行整体空间规划的。依据这种"拱卫"帝都的基本思想,除了北京周围 8 座驻守不同旗色的驻防城之外,在更大的地理空间范围内,霸州、玉田、滦州、雄县,仍是以北京为中心进行布局。赵令志提出,以北京为中心还有第三层次的驻防城群,即以直隶为中心,将天津、沧州、保定、张家口、独石口、千家店、古北口、罗文峪、喜峰口、山海关作为北京外圈的"军事防御线"。赵生瑞先生称以京师为中心的军事防线作为"环形防线"[①],即是对这一多重拱卫形态的充分认识。

同时,围绕着太行山、燕山、长城以及渤海这些地理防线、空间节点,又规划建设了离京师更远的驻防城防线,在"西北用兵""开拓疆土"的雍正至乾隆时期,在太原、潼关以及绥远建驻防城,形成太行山以西的、京师的又一道遥远

---

① 赵生瑞:《中国清代营房史》上册,中国建筑工业出版社 1999 年版,第 180 页。

"军事防线"。

前已论及,驻防城空间格局具有"拱卫性"特征,体现为"多重圈层拱卫""多中心拱卫"的空间布局模式。清朝早期在东北一带崛起之时,并没有广袤土地进行管理和守护,在入主中原之后,清朝取代了明朝疆域,以京畿为中心,"多重圈层拱卫"的方式,极大地保证了京师的安全。

另外,在雍正、乾隆时期"开拓疆土"的过程之中,新疆区域内驻防城群分布的"多中心性"空间格局,也体现得特别明显。伊犁将军为新疆区域内的最高军事长官,但仍然有巩宁城、徕宁城作为东线和南线的中心驻防城,多中心性空间格局所体现出来的军事防御和联络功能,也就表现得更为突出。而迁都北京之后的东北,采取了多中心的驻防城分布格局,也是多重拱卫形态在区域中的具体反映。

处于"拱卫性"空间之中的诸多驻防城,共同对帝王和驻防将军(都统)所居住的驻防城进行拱卫,这种多重拱卫的思想,本身也是我国古代军事防御思想在清代的延续和发展。

第四节　注重多民族共存的规划理念

"民族隔离"(racial segregation)是指"某一特定的种族群体在特定城区大规模地过度集中的现象"[1],是隔离制度的特殊类别和表现。20 世纪 30 年代至今,西方民族隔离模式仍处于不断变迁之中[2]。我国古代隔离现象由来已久。我国古代民族隔离发展历程,大体经历了"部落—自然"(新石器时代)、"宫城—王城"(夏至唐)、"民族城—民族城"(宋元明清)的历史演变过程。夏商周之前,先民建立城垣与自然隔离以求生存;夏至唐朝,古代都城存在"宫城""王城"空间隔离模式,以城垣、城门作为隔离表征,形成制度性、阶层

---

① ［美］格林、［美］皮克:《城市地理学》,商务印书馆 2011 年版,第 358 页。
② 马戎:《西方民族社会学的理论与方法》,天津人民出版社 1997 年版,第 324 页。

性隔离现象；宋元明清时期，辽、金、元都城，都是以民族隔离作为都城规划重要考察因素。至公元 10 世纪左右，随着我国多民族融合趋势的发展，民族隔离现象更为普遍，以辽、金、元时期都城为代表。清朝时期的民族隔离，既是传统隔离制度的延续，又具有清朝的时代文化特征。

空间隔离是民族隔离在空间上的反映，是政治的、军事的，也是民族的。虽然空间隔离难免与阶层、种族挂钩，但长远看却是多民族共生共存的开始与尝试。早在辽朝时期，女真人即在都城中采取了空间隔离的规划方法，以处理多民族共同居住所带来的矛盾。对于清朝时期而言，注重民族共生共存，是对女真族民族制度、城市规划制度的延续和利用。

一、辽金都城的多民族共存

辽上京城可被视为中国历史上最早实行民族隔离的都城之一。辽朝（907—1125）位于中国北方，是由契丹族建立的少数民族政权。在辽朝时期，民族隔离成为城市规划的一项显著特征。根据董新林的研究，自唐朝以后，多民族共居的都城都采用了民族隔离的形式，这一规制被称为"辽上京规制"。辽上京城的建立始于神册三年（918），城市被分为"北城"和"南城"，呈现出明显的民族隔离空间。

金上京城则是金朝前期女真族所建的首都。与辽上京相似，金上京城的城市空间也被划分为"南城"和"北城"，并通过城垣进行了隔离。南城是女真族皇帝和贵族的居住区，而北城则主要由汉族居民组成，同时还包括工商业区和手工业作坊区。

辽和金两朝都城的民族隔离政策成为多民族城市在接触、交流和共享城市空间方面的重要举措。对于女真族来说，金朝在都城实行的民族隔离政策成为其城市规划的特色，这一特色也影响了后来清朝在驻防城内实行的民族隔离制度。这一历史现象反映了中国历史上多民族共存和互动的复杂性，同时也为我们理解和研究中国历史提供了重要的线索。

二、元明清北京的多民族共存

元大都是由蒙古人所建的都城,基本确立了元至清时期都城的核心空间所在。元大都由外城、皇城和宫城组成,充分贯彻周朝王城的规划思想①,是中国古代都城发展史上的里程碑。元大都西南侧为金朝中都所在。元朝利用新建的大都和金朝中都,形成了"南北"相切的双城形态。蒙古人居住于北城,汉人则居住于南城。

明清时期的都城"京师",位于今北京市旧城区,是在元大都基础上改建的。在城南新建的"南城"是为了军事防御目的,中轴线由北至南贯穿。明北京城空间格局,形成于明洪武元年至嘉靖四十三年(1368—1564)。明嘉靖三十三年(1554),明朝开始兴建外城,因当时财力有限,只修建了南面外城,与原内城形成"凸"字形轮廓,这也正是北京城"南城""北城"空间的肇始。南城、北城隔离空间形成的根本内因,是为了防御蒙古族的侵扰。至清朝时期,京师内城为清朝皇族及八旗旗人所居,汉人及官衙至南城居住,形成了空间隔离的形态。既是对明朝都城空间的一种利用和改建,同时也充分利用了金朝时期的民族隔离手法。这种民族隔离的制度是我国多民族从对立走向融合的必经阶段。

"清人入关"迁都北京,标志着明朝政治空间的解构和清朝政治空间的形成。这个过程也伴随着清朝"空间隔离"的形成。顺治元年(1644)清朝"举国搬迁",约10万满族、蒙古族和汉军旗人,随同顺治帝进入北京,满、汉、蒙古族杂居于此,北京内城形成了"参居杂处"格局,但不久就产生了尖锐的满、蒙、汉民族之间的矛盾。这种多民族的矛盾,引起了顺治帝的注意。在《清世祖实录》卷四〇中,就记载了顺治帝的一段话:

---

① 武廷海、王学荣、叶亚乐:《元大都城市中轴线研究——兼论中心台与独树将军的位置》,《城市规划》2018年第10期。

京城汉官、汉民原与满洲共处,近闻争端日起,劫杀抢夺,而满汉人等彼此推诿,竟无已时,似此何日清宁!此实参居杂处之所致也。朕反复思维,迁移虽劳一时,然满汉各安,不相扰害,实为永便。……凡汉官及商民人等尽徙南城居住。①

北京内城政治空间属性的变化,引发了城市空间内不同民族之间的矛盾。顺治帝为了解决北京内城旗民冲突,采取民族隔离的政策。表面上是为了达到"满汉各安,不相扰害"目的,但本质上是为了巩固满族贵族及旗人的群体利益。顺治五年(1648),清廷正式圈占北京内城,将内城原住汉人全部迁往外城居住。满族、蒙古族及汉军居住于北京内城,满、汉城对立"空间隔离"模式得以形成②。

清朝北京驻防城空间规划经验,被广泛用于其他驻防城的规划实践之中,成为驻防城空间的"规划参考"。"军事街区"驻防城的城市空间隔离,根本目的在于"旗民分治"。一方面是突出"满洲根本""首崇满洲"民族政策,另一方面也是满族贵族控制其他民族的重要手段。但是,无论其初衷如何,这些空间隔离的规划做法,最终成为各民族交流和融合的开始。

本 章 小 结

本章深入探讨了清朝驻防城规划理念,并综合概括出四个核心要素:整体布局、防内御外、军事拱卫和空间隔离。这四大要素共同描绘了清朝驻防城的规划规律,体现了其独特的历史背景和文化内涵。

在整体布局方面,清朝驻防城的空间规划继承并发展了中国古代的整体观念,不仅强调城市自身的统筹安排,还注重城市与周边疆域的和谐统一。这

① 《清实录》第三册,中华书局 1985 年版,第 319 页。
② 李孝聪:《历史城市地理》,山东教育出版社 2007 年版,第 341 页。

种规划选址多沿袭明朝的旧有城市体系,将军事战略与城市发展巧妙结合,并巧妙融入风水理论,尤其体现了追求"龙脉"相连的思想。这不仅是一种大国城市规划的传统,更体现了其系统性和战略性的深远考量。在这种整体布局中,城市不是一个孤立的单位,而是一个在更广泛领土范围内发挥作用的组成部分,这种思想在清朝的疆域军事布局中得到了充分体现。

从政治意图角度看,清朝驻防城规划突出了"防内御外"的理念。在城内,通过运用五行相克的思想精心规划不同八旗军队的驻扎地点,旨在维护内部的秘密性和安全,重点是加强内部防御机制。而在更宏观的疆域尺度上,驻防城的规划则更加聚焦于边防功能,强调构筑一道道坚固的屏障以抵御外来威胁。

在军事防御方面,无论是城市的空间结构还是整体的空间格局,都深受"军事拱卫"理念的影响。城市内部地块的布局巧妙利用了八旗方位的原则,同时,区域内的驻防城分布也深受八旗方位思想的指导。为了确保区域的军事安全,采用了层层叠加的圈层拱卫和多中心拱卫的空间布局策略,这些布局不仅体现了清朝对军事安全的重视,也反映出军事思想对驻防城规划的深刻影响。

在民族空间方面,清朝继承了金朝的民族隔离政策。都城的民族隔离制度成为这一政策的起点,而直辖省的驻防城,无论是依附于汉城还是与汉城相邻,均体现出"空间隔离"的规划理念。清朝虽然尝试通过八旗制度对不同民族进行阶层重组和内部权力重新分配,但满族始终占据中心地位。早期清朝的建国体制虽然"参汉酌金",但实际上延续并利用了后金汗国对金朝城市规划制度的传承,民族隔离思想深入根植,内在地影响了驻防城的规划,成为其空间规划的重要理念之一。

第七章 驻防城空间规划的历史价值分析

本书的研究立足《清实录》《八旗通志初集》《钦定八旗通志》《钦定工部则例》等原始文献,梳理并提炼了清代驻防城空间的规划史。在疆域、区域和城市的多维尺度视野下,结合前人的学术研究成果,重新探索了驻防城空间规划的历史规律。

中国城市规划历史与理论的研究,终极使命即是"以史为鉴"[1]。相比秦、汉、唐、宋、明等朝代而言,清朝历史与当下更为接近,所遗留下来的历史文献也更为丰富。著名清史学者戴逸先生曾说,"众多之历史和社会问题与今日息息相关。欲知今日中国国情,必当追溯清代之历史"[2]。在追溯历史、以史为鉴的过程中,需要关注驻防城空间规划的价值,主要体现在"历史使命""历史启示""历史意义"这三个方面。

第一节 驻防城规划的历史使命

驻防城规划在清朝历史上具有其特殊的使命。从概念归属和知识范围来

---

[1] 李浩:《以史为鉴 中国城市规划历史与理论研究的使命》,《城市规划》2018 年第 3 期。

[2] 国家清史纂修工程出版中心、吉林省社会科学院《社科战线》编辑部:《清史纂修研究与评论》,上海古籍出版社 2012 年版,第 147 页。

看,驻防城规划史既属于"清史"和"清代城市规划史"的范畴,作为清史和清代城市规划的特殊组成部分,也是中国近现代城市规划历史之前的必经"历史阶段"。

驻防城规划不仅记录了清朝时期的城市规划特点,还承载着清代社会政治、军事和文化等多方面的历史信息。它在清史研究中具有重要地位,同时也为研究近现代城市规划提供了有价值的历史背景和参考。因此,驻防城规划史在清朝历史和城市规划史的大背景下具有独特的历史使命,可以帮助我们更深入地了解中国历史的发展和城市规划的演变。

一、古代城市规划发展脉络中的驻防城规划

驻防城既属清朝特色的城市,因而也反映了清代城市规划特点,也具有产生、发展、变迁与衰亡的历史规律。本书围绕驻防城空间,探索了驻防城规划与清朝王权和疆域的变迁、军事脉络的发展、历史民族关系的处理之间的关系,在整体上为中国古代城市规划史、清代城市规划史的研究作出了有益的补充。

2002 年以来,伴随着国家重大文化工程"清史编纂工程"的深入开展,清朝历史得到了广泛揭示和研究。在全球视野下,"清史"知识体系不断得到构建、对话和推进。学术界对中国古代城市规划史的整体研究,具有了宏观的历史背景和文化自信,较为清晰地勾勒了中国古代城市规划历史的发展脉络,按历史学的"通史"框架进行划分,进行了"规划史"的钩沉与书写。在以往中国古代城市规划史的梳理与框架中,大多是按中国古代史划分方法,将清朝与明朝并提,显然受到"清承明制"普遍认知观念的影响。相对于秦汉、隋唐、宋元明等朝代城市规划史的研究而言,清代城市规划历史整体研究,仍然比较薄弱。

随着"清史"研究的不断深入,为驻防城规划研究提供了更为宏大的历史背景。驻防城是清朝特殊城市空间,聚焦了清朝政治、社会、军事、民族和文化

的发展。驻防城的规划是变化的、具有规律的现象,但同时也并不是孤立的,而是与清朝政治、社会、军事和民族等密切相关,可以为"规划实践的历史过程提供一种有力的解释"①,驻防城规划是动态的、综合的,与清史发展相伴相随,也有其产生、发展和衰亡的过程,而且具有"特殊性"。清朝各时期的政治、军事与民族关系等因素,也综合影响到了驻防城规划历史的发展走向。驻防城规划历史不仅和政治、军事和民族等"外史"不可分割,而且相互影响、相互促进,并共同促进了清朝历史的发展。

二、驻防城规划史与近代城市规划史

清朝城市规划历史的发展,开启了我国近代城市规划历史的进程,并处于"古代"和"近代"的转型时期。从中国城市规划史的发展脉络看,驻防城规划历史具有"承上启下"的规划史意义。

清朝接续后来即将进入世界体系的近代中国,吸取了历代城市规划的制度、技术和理念,并不断进行传承和创新。1840—1949年,中国城市规划步入了近代史的历史时期,而清朝正好界于古代、近代这两个时期之间。

中国近代城市规划"多源流、多体制、多形式",与时代特点相呼应,是"外国城市规划的接受与影响史"②。在规划的思想上,近世以来中国不仅接受了西方田园城市、西方空想城市、苏联城市规划范式③等思想,并进行了合理借鉴、调整和运用。同时,仍对中国传统城市规划思想范式进行了继承和发扬。

在众多研究近代城市的个案之中,只要涉及了八旗驻防城市,学者们就无法绕开所研究城市的驻防城历史,并不约而同地回归到清朝文献之中,挖掘驻防城规划历史,补足个案城市规划史和城市史的历史脉络,这也暗示了驻防城

---

① 张兵:《我国近现代城市规划发展过程》,载顾朝林、武廷海、刘宛:《国土空间规划经典》,商务印书馆2019年版,第256页。

② 李百浩、郭建:《中国近代城市规划与文化》,湖北教育出版社2008年版,第8页。

③ 许皓、李百浩:《从欧美到苏联的范式转换——关于中国现代城市规划源头的考察与启示》,《国际城市规划》2019年第5期。

规划历史和近代城市规划历史之间,具有无法割舍的时序联系。

需要注意并肯定的是,中国近代城市是在清朝城市空间基础上进行发展的。特别是营建了驻防城的城市空间形态,受八旗驻防影响,城池空间、道路空间等,都受到了八旗文化的影响。这些城市发展至当下,仍然遗存有相当多驻防城时期的空间结构、历史文化等。成都宽窄巷子以近代遗存下来的驻防城胡同为空间基础,成为当代成都城市中最为完整的"历史记忆";西安古城、荆州古城的城垣保存完好,仍然在现代城市空间中划定过去驻防城的部分"空间边界"。在新疆区域内,有大量驻防城的城垣遗存仍然存在①,是清代驻防城存在的见证。

需要注意的是,清朝时期所建的大多数驻防城,在清朝灭亡以后,城市城垣普遍被销毁。城市规划在更大程度上接受了西方城市规划技术、思想的影响。城市空间得到持续更新,在与世界交流的历史时期中,有传统、有创新、有发展,也有阵痛,这都奠定了近代以来城市发展规划的文化内涵,也暗示了传统城市规划文化在当下所处的真实境况。

总而言之,驻防城规划史不仅是清代城市规划中的代表性内容,也是近代乃至现代中国城市规划演变的重要纽带。

第二节　驻防城空间规划的历史启示

综合前文研究,清朝驻防城空间规划,充分重视把军事防御这一重点放置于城市之中,并使之与城市规划结合起来。从更大的时空范围来看,清朝驻防城规划,既重视了整体观下驻防城体系建设,也重视了区域视野下驻防城的空间布局。

---

① 刘小萌:《新疆的清代遗迹——以八旗驻防为中心》,载赵志强:《满学论丛 第 3 辑》,辽宁民族出版社 2013 年版,第 167 页。

一、军事与城市相结合

古代帝王在更大疆域尺度内实行"分封",产生军事和行政管理相融合的思想。军事科学与城市规划互相促进,是古代城市建筑的特点之一。军事与城市产生同步,先秦时期城市规划即是为守卫"君"的安全和权威。在中国古代,"君"所住城市也即为王权和军事的中心。古代行政管理中还有一类特殊的"军管型准政区"[①],如两汉魏晋都尉制、两晋南北朝都督区、汉唐都护府制、北魏鲜卑镇戍制及明都司卫所制。清代八旗驻防制度与以上制度是一脉相承的。

上述军事性质的行政管理制度,在空间上往往落脚于城市之中,城市空间在历代都会有军事布防。清朝驻防城多与明代所形成的"三级行政体制"(省、府、县)的行政中心相依附,充分体现出了军事与城市相结合的规划思想。随着清朝行政制度的发展,在内地的地方行政区划系统上,与明朝又有所不同,三级行政体制未变,与"府"同级,还有直隶州、直隶厅,在"县"这一级,还有厅级县、州级县存在,驻防城的军事防御体系的构建,也都未曾离开过这些城市体系。驻防城与不同级别的城市相呼应,实际上成为各个城市地界中的"军事区域""军事城区",并与传统的城市空间相依相伴,共同发展。

需要注意的是,在清朝"京畿""直省"这两个区域内,驻防城与各省府行政中心联系紧密,中心驻防城依附在省城之中,充分注重到了省府城市所具有的军事防御功能。驻防将军与各省的官员,驻于同城之中却又相互独立,驻防将军拥有更大的军事权力,八旗军队和同城所驻绿营军队相辅相成。在边疆区域,军事和行政职能结合得更为紧密。在西北新疆区域,设置伊犁将军实行军府制管理[②],并兼具行政职能,直至新疆建省。乌鲁木齐都统不仅管理新疆东部区域军事,而且也管辖所属府、厅、州县。在东北满洲区域内,八旗驻防区

---

① 郭红、于翠艳:《明代都司卫所制度与军管型政区》,《军事历史研究》2004年第4期。
② 曾问吾:《中国经营西域史》,商务印书馆1936年版,第270—271页。

划与府厅州县政区交错重叠,实行旗民的双重管理。在部分区域内,因地制宜,军事与城市更为密切地结合,是清朝十分重要的城市规划和安全规划的启示。

总而言之,无论是在清朝疆域空间的哪个区域,军事总是与行政城市结合得十分密切。这也是在军事斗争环境下的自然选择,体现了清朝统治者对传统城市军事功能的利用和创新。

二、整体规划与区域规划相结合

如前所述,在驻防城规划的理念上,仍然体现出传统整体观思想。吴良镛先生认为,研究城市史不能忽略区域性。"区域性"也是城市在地理空间上的分布特征之一,不同空间有不同的内涵,包括地理、民族和文化等。

在历史研究范畴之中,"空间"即是历史地理。"地理是历史的舞台,历史即地理之骨相"[1],本书对驻防城城市空间分布研究,所依赖的地理空间,即是以清朝疆域(相当于今天的"国土")来研究驻防城空间规划的。清朝帝王早已形成整体规划意识,形成了类似于今天"国土空间安全"的规划活动。清朝时期,帝王观念中"国土"为"天下",国土空间安全、整体规划的思维贯彻始终。

在清朝历史视野中,驻防城规划"区域性"也有普遍的体现。驻防城的区域规划,使军事具有了相当明显的区域防御功能。对于清朝而言,新疆、东北区域的军事维护最受清人重视,清朝时期疆域扩张,重点在西北边疆。

基于历史的、学术的认识,本书明确区域视野下清朝驻防城空间格局及特点。无论是区域内驻防城"中心分布型""线性分布型",还是"点状分布型",都体现出传统政治模式下的"层级性",表现为"京都—地方""中心—次中心"两种具体层级模式。出于维护封建王权的目的,区域空间下的驻防城市

---

① 王恢:《中国历史地理·编著大意》,台湾学生书局 1978 年版,第 1 页。

群又具有了"拱卫性""网络性"的空间特征。区域视野下驻防城空间格局,体现了清朝统治者维护国土、扩张疆域的"规划意图"。也正是经过清朝时期军事和驻防城体系构建,使东北、新疆区域具有了"行省"的基本行政功能,清朝国土空间边界得以逐步明确。

受到清朝专制王权延续的影响,驻防城的区域规划实际上并不太均衡,因而也为清中后期御外军事埋下隐患。清中后期的"海防""塞防"之争①,实际上是针对清朝当时的区域规划并不均衡事实的冲突和讨论。虽然左宗棠提出兼顾两者的战略思想,清廷也接受了左宗棠的主张,但"满洲根本"(东北三省)、"京畿"之地被认为是事关帝王王权的存续,是最为重要的"王权空间",无论是"筹海"还是"筹边"都已无法挽回败局。

清朝驻防城规划及其规划历史发展演变的规律提示我们:城市规划既要体现疆域视野下的"整体观",又要重视区域视野下的"区域观"。两者都要重视,互有联系,不可偏废。清朝驻防城规划伴随着疆域扩张进程,以军事驻防为中心,充分考虑到了区域军事布防的特点,同时还注重不同区域之间的"军事联系"。以军事驻兵为基本功能的驻防城,为当时清朝的疆域形成,提供了坚实的军事保障,充分体现了"整体观"和"区域观"的结合。

但是,驻防城城市规划的教训却又是明显的。受到清朝历史区域视野及民族身份影响,清廷轻视了东南沿海、西南的军事布防,区域军事防御和城市规划重视程度并不均衡。这也是清中期"三藩之乱"的产生、清后期外敌自东南入侵的原因之一。在清中期以前,驻防城规划的确维护了清朝疆域安全,孕育出了边疆城市、口岸城市等不同的城市类型,在整体上只重防内,却忽视了海防,在扩张疆域、维护王权的历史过程中,西北边疆用兵尤重,时间也很漫长,也曾打破过西方列强从当时清朝西北入侵的企图②。但是,在清朝"闭关

----

① 马大正主编:《中国边疆经略史》,武汉大学出版社 2013 年版,第 614 页。

② 樊明方、孟泽锦:《阿古柏入侵时期英国对中国新疆地区的侵略》,《西域研究》2010 年第 3 期。

锁国"的基本国策之下,东南海防也逐渐松弛,并未受到清廷的重视,为清朝晚期的衰败与灭亡埋下伏笔,"海防""塞防"之争的本质起因即在于此。清人魏源《海国图志》即针对晚清时弊,提出要尽快建立系统化海防的策略,敏锐地看到了当时加强海防对于当时"国防"的重要意义,却没有引起清廷的注意①。而急于打开中国市场的西方列强,也正是看中了这一点,从海上打开了古老清朝的国门。

---

① 黄新田、孟彭兴:《魏源军事思想再研究——论魏源的海疆防御思想》,《史林》1989 年第 2 期。

主要参考文献

［1］《清实录》，中华书局 1985 年版。

［2］李洵等校点：《钦定八旗通志》，吉林文史出版社 2022 年版。

［3］董鉴泓：《中国城市建设史》第 3 版，中国建筑工业出版社 2004 年版。

［4］［美］刘易斯·芒福德：《城市发展史——起源、演变和前景》，中国建筑工业出版社 2005 年版。

［5］［美］施坚雅：《中华帝国晚期的城市》，中华书局 2000 年版。

［6］汪德华：《中国城市规划史》，东南大学出版社 2014 年版。

［7］汪德华：《中国古代城市规划文化思想》，中国城市出版社 1997 年版。

［8］贺业钜：《中国古代城市规划史》，中国建筑工业出版社 1996 年版。

［9］马协弟：《清代满城考》，《满族研究》1990 年第 1 期。

［10］定宜庄：《清代八旗驻防制度研究》，天津古籍出版社 1992 年版。

［11］定宜庄：《清代八旗驻防研究》，辽宁民族出版社 2003 年版。

［12］朱永杰：《清代满城历史地理研究》，知识产权出版社 2017 年版。

［13］朱永杰：《清代驻防城时空结构研究》，人民出版社 2010 年版。

［14］何一民等：《清代城市空间分布研究》，巴蜀书社 2017 年版。

［15］翁独健：《中国民族关系史纲要》，中国社会科学出版社 1990 年版。

［16］赵生瑞主编：《中国清代营房史料选辑》，军事科学出版社 2006

年版。

[17]刘子扬:《清代地方官制考》,故宫出版社 2014 年版。

[18]傅林祥等:《中国行政区划通史·清代卷》(修订本),复旦大学出版社 2017 年版。

[19]赵生瑞:《中国清代营房史》,中国建筑工业出版社 1999 年版。

[20]谭其骧主编:《中国历史地图集》第八册,中国地图出版社 1996 年版。

[21]张驭寰:《中国城池史》,百花文艺出版社 2022 年版。

[22]周振鹤:《中国地方行政制度史》,上海人民出版社 2019 年版。

[23]柴彦威:《城市空间》,科学出版社 2000 年版。

[24]胡俊:《中国城市:模式与演进》,中国建筑工业出版社 1995 年版。

[25]李孝聪:《历史城市地理》,山东教育出版社 2007 年版。

[26]刘小萌:《清朝史中的八旗研究》,《清史研究》2010 年第 2 期。

[27]朱永杰:《清代畿辅驻防城时空结构研究》,《博物院》2017 年第 4 期。

[28]黄治国:《漠南军府:清代绥远城驻防研究》,社会科学文献出版社 2018 年版。

[29]张威:《清代直省驻防城对其所依附城市形态演变的作用研究》,中国建筑工业出版社 2019 年版。

[30]朱永杰:《"满城"特征探析》,《清史研究》2005 年第 4 期。

[31]邱心田、孔德骐:《清代前期军事史》,军事科学出版社 1998 年版。

[32]傅熹年:《中国古代城市规划、建筑群布局及建筑设计方法研究》,中国建筑工业出版社 2001 年版。

[33]何一民等:《中国城市通史·清代卷》,四川大学出版社 2020 年版。

[34]赵寰熹:《清代北京城市形态与功能演变》,华南理工大学出版社 2016 年版。

［35］侯仁之主编:《北京城市历史地理》,北京燕山出版社2000年版。

［36］朱士光:《西安的历史变迁与发展》,西安出版社2003年版。

［37］史红帅:《明清时期西安城市地理研究》,中国社会科学出版社2008年版。

［38］薛冰:《南京城市史》,江苏凤凰文艺出版社2022年版。

［39］张学君、张莉红:《成都城市史》(修订本),四川人民出版社2019年版。

［40］陈代光:《广州城市发展史》,暨南大学出版社1996年版。

［41］郝园林:《"式样图"所见"伊犁九城"形态与布局》,《故宫博物院院刊》2021年第7期。

［42］韦承君:《伊犁河谷传统建筑营造研究》,北京工业大学2020年硕士学位论文。

［43］林正秋:《杭州古代城市史》,浙江人民出版社2011年版。

［44］傅崇兰编著:《城市史话》,中国大百科全书出版社2000年版。

［45］周执前:《国家与社会:清代城市管理机构与法律制度变迁研究》,巴蜀书社2009年版。

附录：清代驻防城规划大事记

清朝年号	公元纪年	重要规划事件
天命元年	1616	努尔哈赤建立后金，设都城于赫图阿拉
天命六年	1621	努尔哈赤于辽阳东建东京城，是后金关外的第二座都城，另于熊岳设八旗驻防
天命八年	1623	在明海州卫旧城东南隅，修建新城
天命十年	1625	努尔哈赤命耀州土穆布禄、阿尔代、毛海、光石等屯守耀州并加以修治城池
天聪三年	1629	在牛庄驿筑新城，建三门、腰台等，二月努尔哈赤前往察看
天聪五年	1631	改明沈阳中卫城为关外第三座都城
天聪六年	1632	于盖平县城北设衙署，南门大街西设学舍，东门外设八旗营房
天聪七年	1633	皇太极命杜度贝勒监筑碱厂城
崇德三年	1638	建凤凰城边门、暖阳边门，在凤凰城设八旗驻防
崇德六年	1641	皇太极派遣万塔什、塞冷、齐敕至归化，督促归化都统古禄格等营建归化城
顺治元年	1644	五月初二，多尔衮统率八旗兵进入北京，八月二十日顺治帝带盛京八旗南迁，九月初九进入山海关，十九日到达北京城，按八旗方位移居内城。关外锦州设城守官，派八旗官员进行驻防
顺治二年	1645	喜峰口设防御，建衙署及营房。在张家口驻八旗甲兵。采育里设防守尉，在采育大街中建衙署、营房等。昌平设防守尉，建衙署、营房。山海关设总管衙署一所，另在山海卫城内建八旗官兵房屋
顺治三年	1646	在独石口设八旗驻防，在赤城县内设衙署营房居住。古北口设防御衙署、甲兵营房

254

续表

清朝年号	公元纪年	重要规划事件
顺治五年	1648	在顺义县城东门内建衙署营房。在沧州城西北隅划地建衙署营房。于杭州府内西建驻防城,西临西湖,围长7里
顺治六年	1649	在东安县、三河县城内设八旗驻防建造衙署营房。保定设八旗驻防。巡抚祝世昌、巡按赵班玺、布政孙茂兰、按察张儒秀、知府曹时举、知县刘光汉等,在太原府西南划地为驻防城,设栅栏为界。江宁明皇城旧地建驻防城。西安府城内划东北地建驻防城,并筑界墙
顺治七年	1650	固安县城南门内划地建八旗衙署营房
顺治八年	1651	良乡县东门内北街一带设八旗衙署营房。建旺清边门、英峨边门
顺治十年	1653	建宁古塔城,以桅木隔石筑造
顺治十一年	1654	户部郎中莽佳萨马哈等,将德州城内东北隅所有民房划给八旗驻防官兵居住
顺治十六年	1659	将江苏京口城内西南文昌、儒林、黄祐、怀德等坊居民房屋征用后,分派给八旗官兵
顺治十七年	1660	广宁设八旗驻防,建衙署营房
康熙元年	1662	法库边门设防御
康熙五年	1666	重建宁古塔城,四围土坯砌城。东西南各一门,北无城门
康熙九年	1670	冷口驻防八旗于迁安县内设衙署营房;在罗文峪上关城内设衙署营房,设威远堡边门驻防
康熙十二年	1673	在玉田县、宝坻县、霸州、雄县以及永平各县内设八旗衙署营房
康熙十三年	1674	建黑龙江瑷珲城,方九百四十步,五门,为土城。建吉林城,城周八里半,南面倚江,东西北筑土为墙,城内五街,街道以木板铺垫。建打牲乌拉城
康熙十四年	1675	义州设驻防,于城内建衙署等
康熙十五年	1676	设九关台边门、清河边门、白土厂边门
康熙十七年	1678	设松岭子边门
康熙十八年	1679	设新台边门、白石咀边门、明水塘边门、梨树沟边门;于开原设城守尉,城内建衙署营房
康熙十九年	1680	于福州府城东南设八旗驻防,未筑界墙。金州设八旗驻防
康熙二十年	1681	设伊通边门、赫尔苏边门、巴拉山边门、巴延俄佛洛边门。在吉林宁远设佐领,城内建衙署营房
康熙二十一年	1682	划广州府城西为驻防城界,驻满洲、汉军八旗
康熙二十二年	1683	划荆州府城东侧为驻防城界,驻满洲、蒙古八旗

续表

清朝年号	公元纪年	重要规划事件
康熙二十三年	1684	黑龙江驻防将军萨布苏督建黑龙江木城,城内外立木,中间填土,四面四楼门成造。布特哈驻防城设总管,衙署营房设于嫩江西岸宜卧奇地方
康熙二十五年	1686	依黑龙江城样式,建造墨尔根木城,四角增四楼
康熙二十六年	1687	岫岩、复州设城守尉,城内设衙署营房。设彰武台边门
康熙二十九年	1690	设巨流河、闫阳驿、小黑山、白旗堡、小凌河、中前所、中后所等边门。铁岭、抚顺县内设防守尉
康熙三十年	1691	依黑龙江城样式,建造齐齐哈尔城
康熙三十二年	1693	建伯都讷城,四周土坯砌墙,两面细泥抹饰,东西南北各一门。山西右卫县设八旗驻防,将军衙署等建于县城偏北一带
康熙四十二年	1703	于吉林城北七十里,重建打牲乌拉城,建有衙署等
康熙五十年	1711	千家店设八旗驻防,于边墙之外建衙署营房等
康熙五十三年	1714	驻防将军唐保柱奏请设立旅顺口水师营,建造协领、佐领等官员衙署和兵丁水手营房
康熙五十四年	1715	珲春设驻防,建造衙署营房等。在三姓按伯都讷城建造城池
康熙五十七年	1718	于河南开封府城内西北建造驻防城一座。于四川成都府城西侧建造驻防城一座
雍正元年	1723	于郑家庄、喀喇河屯、热河、桦榆沟设八旗驻防
雍正二年	1724	陕西总督岳钟琪疏报建宁夏驻防城,在宁夏府城东北三里建宁夏驻防城一座,周围六里三分
雍正四年	1726	兵部右侍郎莽鹄立等人,踏勘地形丈量应筑营房地基,绘图进呈随经工部议准,照该侍郎所进图式,营建天津水师营驻防城
雍正五年	1727	陕西总督岳钟琪、布政司张廷栋、延信、图理琛等八旗官员,于潼关城西一里,建驻防城一座。在吉林阿勒楚喀建驻防城,周长五里半。设伊通八旗驻防。于新疆哈密设土城,于回城外东北处营建
雍正六年	1728	杭州将军鄂弥达在浙江乍浦城内偏北,按天津水师营驻防城之制,在乍浦县城之内建八旗衙署营房
雍正七年	1729	河东总督田文镜议在山东青州设八旗驻防,御史偏武、道员陈豫朋、天津都统拉锡等官员,在青州府北城外的东阳旧城基址,督建青州驻防城
雍正十年	1732	川陕总督宁远将军岳钟琪,奏建新疆木垒城。在黑龙江呼伦贝尔、博尔多设八旗驻防
雍正十二年	1734	设呼兰八旗驻防,利用废弃的古城苏苏古那之地,建衙署营房

清朝年号	公元纪年	重要规划事件
雍正十三年	1735	议于甘肃凉州府城外设凉州驻防城一座,周长七里余。乾隆二年建成。于归化不远处,建绥远驻防城一座,设驻防将军
乾隆二年	1737	于甘肃庄浪县建造驻防城一座,内建各级官员衙署以及八旗营房
乾隆三年	1738	十一月于宁夏府城西门外,重建宁夏驻防城
乾隆九年	1744	于拉林设副都统,并八旗驻防,仅建衙署营房,未建城垣
乾隆二十一年	1756	于新疆塔勒纳沁设都司驻守,于回城不远处建城一座
乾隆二十三年	1758	于新疆拜城设办事大臣,设衙署官房,并未建城垣。于赛里木回城内建衙署官房,设办事大臣。建喀喇沙尔土城一座
乾隆二十四年	1759	辟展、和阗、叶尔羌设办事大臣,在和阗、叶尔羌回城内,由回城旧房改建衙署营房
乾隆二十六年	1761	在新疆塔勒奇河修盖小堡一座,城周长一里五分,以山为名,称塔勒奇城,为守备驻地
乾隆二十七年	1762	在新疆建徕宁城、绥定城、宁边城和英吉沙尔城
乾隆二十八年	1763	在新疆建阜康城
乾隆二十九年	1764	伊犁将军明瑞等官员奏请,在伊犁建惠远城。在新疆建景化城、肇丰城。在乌里雅苏台建科布多城
乾隆三十年	1765	乌里雅苏台进行八旗驻防,设驻防将军,建乌里雅苏台城;在新疆建惠宁城
乾隆三十一年	1766	在新疆建永宁城、阿克苏城
乾隆三十二年	1767	在新疆建绥靖城
乾隆三十四年	1769	新疆惠远城建成,将军、参赞大臣以及八旗兵丁入驻城内。将军伊勒主持规划建设瞻德城、拱宸城、熙春城
乾隆三十七年	1772	在新疆建庆绥城、恺安城
乾隆三十八年	1773	在新疆迪化城八里处建巩宁城;建会宁土城一座,计六里余
乾隆四十年	1775	在新疆建孚远土城一座,专供八旗军队驻守,与古城相连
乾隆四十二年	1777	在新疆建绥宁城
乾隆四十四年	1779	在新疆建广安城
乾隆四十五年	1780	在密云县新建一座驻防城。在伊犁河谷一带建广仁城,此时"伊犁九城"全部建成
乾隆四十六年	1781	在新疆建安阜城
乾隆四十七年	1782	在新疆建嘉德城

续表

清朝年号	公元纪年	重要规划事件
乾隆四十八年	1783	重建新疆庆绥城
乾隆五十八年	1793	在新疆由伊桑阿主持改建回城为库车城
嘉庆二十年	1815	在吉林建双城堡城
同治七年	1868	帮办大臣文麟于哈密城西北一里处重建驻防城
同治八年	1869	在吉林建五常堡城,在黑龙江建巴彦苏苏城
光绪四年	1878	在吉林建海龙城
光绪五年	1879	在黑龙江建铁山包城
光绪六年	1880	在新疆迪化城东北重建新巩宁城
光绪八年	1882	在新疆旧惠远城附近十五里处,营建惠远新城。在吉林建富克锦城
光绪九年	1883	在黑龙江建兴安城,次年废
光绪十年	1884	在新疆旧孚远城东北,建新的孚远驻防城。重修新疆绥宁城。重修新疆广安城。在黑龙江重建兴安城,次年又废
光绪十二年	1886	太原驻防城毁于水灾,于府城内择地重建衙署营房;将迪化城和新巩宁城扩建为一城,平面呈五边形
光绪十四年	1888	在新疆重建绥靖城
光绪二十四年	1898	喀喇沙尔城毁于大火,重修喀喇沙尔新城。在黑龙江建通肯城
光绪三十一年	1905	在黑龙江建东兴城

责任编辑：赵圣涛

封面设计：胡欣欣

图书在版编目（CIP）数据

清代驻防城空间规划史研究 / 卢川著. -- 北京 ：
人民出版社，2024.7. -- ISBN 978 - 7 - 01 - 026744 - 9

Ⅰ．E294.9

中国国家版本馆 CIP 数据核字第 20242Y9J79 号

清代驻防城空间规划史研究

QINGDAI ZHUFANGCHENG KONGJIAN GUIHUASHI YANJIU

卢 川 著

人 民 出 版 社 出版发行

（100706 北京市东城区隆福寺街 99 号）

中煤（北京）印务有限公司印刷 新华书店经销

2024 年 7 月第 1 版 2024 年 7 月北京第 1 次印刷
开本：710 毫米×1000 毫米 1/16 印张：17
字数：300 千字

ISBN 978 - 7 - 01 - 026744 - 9 定价：99.00 元

邮购地址 100706 北京市东城区隆福寺街 99 号
人民东方图书销售中心 电话（010)65250042 65289539